俄罗斯对外俄语等级考试真题与解析

ELUOSI DUIWAI EYU DENGJI KAOSHI ZHENTI YU JIEXI

B1级

王利众　甄淼淼　孙晓薇　编著

哈尔滨工业大学出版社
HARBIN INSTITUTE OF TECHNOLOGY PRESS

图书在版编目(CIP)数据

俄罗斯对外俄语等级考试真题与解析. B1 级/王利众,甄淼淼,孙晓薇编著. —哈尔滨:哈尔滨工业大学出版社,2019.11(2024.8 重)
ISBN 978–7–5603–8572–3

Ⅰ.①俄…　Ⅱ.①王…②甄…③孙…　Ⅲ.①俄语–等级考试–题解　Ⅳ.①H359.6

中国版本图书馆 CIP 数据核字(2019)第 243024 号

责任编辑	苗金英
封面设计	刘长友
出版发行	哈尔滨工业大学出版社
社　　址	哈尔滨市南岗区复华四道街 10 号　邮编 150006
传　　真	0451–86414749
网　　址	http://hitpress.hit.edu.cn
印　　刷	哈尔滨市颉升高印刷有限公司
开　　本	787mm×1092mm　1/16　印张 16.75　字数 490 千字
版　　次	2019 年 11 月第 1 版　2024 年 8 月第 4 次印刷
书　　号	ISBN 978–7–5603–8572–3
定　　价	49.80 元

(如因印装质量问题影响阅读,我社负责调换)

前言

俄罗斯对外俄语考试(Тест по русскому языку как иностранному)是俄罗斯考核母语为非俄语者俄语水平而设立的国家级标准化考试。俄罗斯对外俄语考试性质相当于雅思(IELTS)、托福(TOEFL)和汉语水平考试(HSK)。

俄罗斯对外俄语考试共分五个等级,即基础级(A1和A2)、一级(B1)、二级(B2)、三级(C1)、四级(C2)。

级别	类型		目标
Элементарный уровень Базовый уровень	基础级	A1 A2	从零起点开始学习俄语,要求具备初步的语言能力。
Первый сертификационный уровень	一级	B1	通过该等级测试,有资格进入俄罗斯高等学校学习。
Второй сертификационный уровень	二级	B2	通过该等级测试,可以直接进入俄罗斯高校攻读语文系以外的硕士学位。
Третий сертификационный уровень	三级	C1	通过该等级测试,可以直接进入俄罗斯高校攻读语文系硕士学位。
Четвертый сертификационный уровень	四级	C2	通过该等级测试,在俄罗斯高校就读的学生有资格获得语文系硕士或副博士学位证书。

参加俄罗斯对外俄语考试是获取俄语等级证书的唯一合法途径。俄罗斯教育部授权的考官直接面对考生,根据俄罗斯对外俄语考试题库的统一标准进行测试,并由国家考试中心和考点共同颁发等级证书。中国学生除了在俄罗斯参加对外俄语考试外,还可以在黑龙江大学、黑龙江外国语学院等考点参加考试。我国的高中毕业生要想在俄罗斯就读大学,必须通过B1级考试(Первый сертификационный уровень B1)。俄罗斯对外俄语考试等级证书在全俄罗斯认可,有效期两年。

1. 考试题型。B1级考试由五个科目组成——词汇和语法(Лексика. Грамматика)、阅读(Чтение)、听力(Аудирование)、写作(Письмо)、会话(Говорение)。

考试科目	题数	满分	合格分数
词汇和语法(Лексика. Грамматика)	165	165	109
阅读(Чтение)	20	140	92
听力(Аудирование)	30	120	79
写作(Письмо)	2	80	53
会话(Говорение)	12	170	112

· 1 ·

2. 合格分数。词汇和语法（Лексика. Грамматика）、阅读（Чтение）、听力（Аудирование）、写作（Письмо）、会话（Говорение）五个考试科目均达到满分的66%即为合格。如果考生有四个科目成绩达到满分的66%，另一个科目成绩达到满分的60%～64%，也视为考试合格。一般考试第二天即可知道分数。

3. 考试时间。B1级考试总时间265分钟（包括会话答题准备时间25分钟）。考试分两天进行。

第一天		第二天	
考试科目	答题时间	考试科目	答题时间
阅读（Чтение）	50分钟	听力（Аудирование）	35分钟
写作（Письмо）	60分钟	会话（Говорение）	60分钟（包括答题准备时间25分钟）
词汇和语法（Лексика. Грамматика）	60分钟		

4. 补考。如果考生有一个科目未通过考试，需重交全部考试费用的一半补考未通过的科目。如果两个及以上科目未通过考试，需交全款补考全部科目。

5. 考试费用。在俄罗斯参加全部科目考试费用约为6 000卢布，单科补考费用约为3 000卢布。

随着中俄两国教育合作的加强，越来越多的中国高中毕业生到俄罗斯高等学校就读高等院校。为帮助这些学生顺利通过进入俄罗斯高校的俄罗斯对外俄语B1级考试，作者撰写了本书。本书的撰写是一种新的尝试，作者希望能够以此提高中国学生的俄语听、说、读、写的能力，大幅度提升中国学生俄罗斯对外俄语B1级考试的成绩。本书在编写过程中得到了俄罗斯乌里扬诺夫斯克国立技术大学（Ульяновский государственный технический университет）国际学院预科系老师们的大力支持，在此表示衷心感谢！

哈尔滨工业大学俄语系　王利众[*]
于俄罗斯乌里扬诺夫斯克国立技术大学
2019年秋

---

[*] 王利众，博士，哈尔滨工业大学俄语系教授，硕士生导师。研究方向：俄语语法学、修辞学、对比语言学、俄罗斯问题。黑龙江省精品课程"科技俄语阅读"负责人。普希金俄语学院访问学者。乌里扬诺夫斯克国立技术大学孔子学院教师。在《中国俄语教学》《外语学刊》《外语与外语教学》《解放军外国语学院学报》《外国教育研究》及其他刊物发表论文50余篇。在哈尔滨工业大学出版社、外语教学与研究出版社、上海外语教育出版社、北方文艺出版社出版专著、译著和各类教材及教学参考书50余部。

第一部分　俄罗斯对外俄语 B1 级考试解析及训练　// 1
　一、词汇和语法　// 3
　二、阅读　// 82
　三、听力　// 124
　四、写作　// 131
　五、会话　// 142

第二部分　俄罗斯对外俄语 B1 级考试真题及答案　// 147
　一、俄罗斯对外俄语 B1 级考试：词汇和语法　// 149
　二、俄罗斯对外俄语 B1 级考试：阅读　// 171
　三、俄罗斯对外俄语 B1 级考试：听力　// 178
　四、俄罗斯对外俄语 B1 级考试：写作　// 186
　五、俄罗斯对外俄语 B1 级考试：会话　// 190

第三部分　俄罗斯对外俄语 B1 级考试词汇表　// 197

参考文献　// 261

第一部分

俄罗斯对外俄语 B1 级考试解析及训练

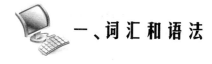
一、词汇和语法

俄罗斯对外俄语 B1 级考试词汇和语法(Лексика. Грамматика)部分共 165 道选择题,答题时间为 60 分钟。词汇和语法部分考试分为 4 个部分。一般情况下,1～25 题考查名词、动词、形容词的词义辨析,26～80 题考查名词、动词、形容词的接格关系,81～130 题考查动词的时、体及运动动词,131～165 题考查复合句中的连接词。见下表:

总计	第一部分	第二部分	第三部分	第四部分	考试时间
165 题	词义辨析	接格关系	动词	连接词	60 分钟

答对全部题目的 66%(109 分)被认为是单科合格。

词汇和语法是学习俄语的难点,但是我们应该看到,词汇和语法的题型基本是重复出现的,因此归纳总结出规律并加以训练就可以达到事半功倍的效果。

我们一起做练习吧!

(1) 词义辨析

1. В 12 часов пришел	(А) фильм (Б) друг (В) дождь
2. Отношение человека к природе — важная	(А) задача (Б) проблема (В) цель
3. Сохранить памятники культуры —	(А) трудная задача (Б) трудное задание (В) трудное занятие
4. Ночью мама почти не спала: у нее сильная головная	(А) больно (Б) болезнь (В) боль
5. Миша решил все задачи, и мама сказала, что он	(А) хорошо (Б) молодой (В) молодец
6. Я очень люблю фрукты, особенно	(А) виноград (Б) помидоры (В) картофель

7. Врач принимает ... №9.	(А) в кабинете
	(Б) в зале
	(В) в аудитории
8. Антон купил билеты на	(А) футбол
	(Б) театр
	(В) зоопарк
9. До какой ... нам надо ехать на 12-ом автобусе?	(А) станции
	(Б) стоянки
	(В) пересадки
	(Г) остановки
10. Л. Толстой писал, что все счастливые семьи ... друг на друга.	(А) одинаковые
11. Возьми любой карандаш, они все	(Б) похожи
12. Мы с Леной случайно купили ... сумки.	
13. На фотографии братья очень	
14. Вымой руки, они очень	(А) грязные
	(Б) чистые
	(В) холодные
15. Моя сестра не учится в школе, она еще	(А) младшая
	(Б) молодая
	(В) маленькая
16. Моя ... дочь еще не умеет ходить.	(А) меньшая
17. Мне досталась ... часть яблок.	(Б) младшая
	(В) небольшая
	(Г) маленькая
18. На фотографии был ... артист.	(А) свежий
	(Б) известный
	(В) старинный
19. Такого озера больше нигде нет, оно ... в мире.	(А) редкое
	(Б) единственное
	(В) единое
20. Хлеб очень свежий, посмотри, какой он	(А) крепкий
	(Б) твердый
	(В) мягкий
21. Бабушка не пьет очень ... чай.	(А) крепкий
	(Б) сильный
	(В) твердый
22. Я очень ... , что вы пришли!	(А) люблю
	(Б) нравится
	(В) рад

23. ... студент у нас может подготовить доклад на такую простую тему.	(А) Каждый (Б) Любой (В) Всякий (Г) Весь
24. Мы тщательно изучили ... вопрос.	(А) всякий (Б) любой (В) каждый (Г) весь
25. Сейчас у нас в деревне почти в ... семье есть телевизор.	(А) каждой (Б) любой (В) всякой (Г) всей
26. ... утро я занимаюсь физзарядкой.	(А) Всякое (Б) Любое (В) Каждое (Г) Все
27. Зайди в ... книжный магазин и купи эту книгу.	(А) каждый (Б) всякий (В) любой (Г) весь
28. Я могу прийти к вам в ... день, я сейчас в отпуске.	(А) всякий (Б) каждый (В) любой (Г) разный
29. Вы можете прийти ко мне в ... время.	(А) каждое (Б) любое (В) всякое (Г) все
30. В жизни я встречал ... людей: умных и глупых, добрых и злых.	(А) всяких (Б) любых (В) каждых (Г) всех
31. Теперь женщины ... : доктора, педагоги, инженеры и др.	(А) всякие (Б) любые (В) каждые (Г) все

32. В этом магазине продают ... товары.	(А) всякие (Б) любые (В) каждые (Г) все
33. В библиотеке бывают ... книги.	(А) всякие (Б) любые (В) каждые (Г) все
34. Марина и Олег уже давно	(А) замуж (Б) женаты (В) замужем
35. Кому еще ... расписание занятий?	(А) нужно (Б) нужна (В) нужен (Г) нужны
36. Мне сегодня ... получить деньги.	(А) нужен (Б) нужно (В) должен (Г) могу
37. Я ... заказать номер в вашей гостинице с 21 по 31 декабря?	(А) могу (Б) нужно (В) можно
38. На этом автобусе ... доехать до вокзала?	(А) нужно (Б) нужен (В) можно
39. — Мне уже можно заниматься спортом? — Нет, еще	(А) не можете (Б) не нужен (В) нельзя (Г) необходимо
40. Ты думаешь, это хорошо, а ... это плохо.	(А) по-твоему (Б) по-моему (В) по-своему
41. Мы поднялись....	(А) наверх (Б) вниз (В) вверху
42. Пойдем дальше, я ... не устал.	(А) много (Б) очень (В) совсем

43. На уроках студенты говорят только . . . . 44. Переведите текст с русского языка	（А）английский язык （Б）по-английски （В）английским языком （Г）на английский язык
45. Мой друг хорошо . . . по-английски, по-немецки и по-русски.	（А）может （Б）понимает （В）знает
46. Я плохо . . . , что говорят по радио.	（А）запомню （Б）понимаю （В）вспоминаю
47. Я никак не могу . . . номер ее телефона. 48. Нужно всегда . . . правила.	（А）запомнить （Б）запоминать （В）вспомнить
49. Я плохо себя чувствую — голова	（А）болит （Б）балет （В）билет
50. Мне нравятся часы, которые . . . на стене.	（А）лежат （Б）стоят （В）висят
51. Я не . . . , как называется эта улица.	（А）спрошу （Б）знаю （В）узнаю
52. Саша . . . у Тани, свободна ли она вечером? 53. Брат часто . . . меня помочь ему решить задачи.	（А）попросил （Б）спросил （В）просил
54. Неужели Вы не . . . , как здесь красиво? 55. Вы вечером . . . фильмы по телевизору?	（А）смотрите （Б）видите
56. Я . . . Вас, молодой человек. Что у Вас болит? 57. Доктор, я плохо . . . . 58. Здесь шумно, я не . . . , что ты говоришь! 59. Утром я обязательно . . . радио.	（А）слушаю （Б）слышу
60. Говорите! Мы вас внимательно . . . . 61. Что случилось? Мы . . . в соседней комнате шум. 62. Говорите, пожалуйста, громче, мы вас плохо	（А）слышим （Б）слушаем （В）услышим
63. Пожалуйста, . . . вазу с цветами на стол.	（А）положи （Б）повесь （В）поставь

64. Кто . . . на столе свой словарь?	(А) оставил
	(Б) остановил
	(В) остановился
	(Г) остался
65. Мы все вышли из класса, а он . . . дописывать работу.	(А) остановился
	(Б) остался
	(В) оставил
66. — Лена, ты пойдёшь в библиотеку? — Нет, я люблю . . . дома.	(А) учиться
	(Б) изучать
	(В) заниматься
67. У меня ноутбук, я могу . . . читать по-русски самостоятельно.	(А) научиться
	(Б) изучить
	(В) выучить
68. В университете . . . много студентов.	(А) учат
69. Опытные тренеры . . . маленьких детей плавать.	(Б) учится
70. На уроках мы . . . фонетику, грамматику.	(В) учимся
	(Г) изучаем
71. Мы попросили Виктора Ивановича . . . новые слова.	(А) обсудить
	(Б) объяснить
	(В) рассказать
72. Ты был на этой встрече? Пожалуйста, . . . о ней.	(А) объясни
	(Б) обсуди
	(В) расскажи
73. Мы стояли у магазина и	(А) сказали
	(Б) рассказали
	(В) разговаривали
74. Сестра любит . . . по телефону с утра до вечера.	(А) разговаривать
	(Б) повторять
	(В) ответить
75. Я не знаю, как . . . на этот вопрос.	(А) рассказывать
	(Б) изучать
	(В) говорить
	(Г) отвечать
76. Иван . . . нам, как он отдыхал летом на море.	(А) пересказал
	(Б) рассказывал
	(В) разговаривал
77. Нина любит . . . на коньках.	(А) ездить
	(Б) ходить
	(В) кататься

78. Я не умею … машину.	(А) ездить (Б) возить (В) водить
79. Автобус … людей на работу.	(А) ведет (Б) везет (В) едет
80. Катя … ребенка на руках.	(А) везла (Б) несла (В) вела
81. Концерт … 2 часа.	(А) начинался (Б) продолжался (В) кончался
82. Спектакль … два часа.	(А) начался (Б) продолжался (В) кончался
83. Похолодание … в октябре.	(А) начиналось (Б) продолжалось (В) кончилось
84. Как … директора школы?	(А) называют (Б) зовут (В) называется (Г) зовется
85. Эта станция метро … "Университет".	(А) зовут (Б) называют (В) называется
86. Как тебя … ? 87. Эта улица раньше … по-другому. 88. Извините, Вы не скажете, как … этот музей?	(А) называли (Б) называется (В) называлась (Г) зовут
89. После жаркого дня наконец … вечер.	(А) выступил (Б) поступил (В) наступил
90. Он хорошо … на музыкальном конкурсе.	(А) выступил (Б) поступил (В) наступил
91. Наташа … квартиру весь день.	(А) убирала (Б) собирала (В) собиралась

92. Простите, как ... до центра города? 93. — Ты в школу? — Да, но мне нужно ... за Катей.	(А) переехать (Б) заехать (В) приехать (Г) доехать
94. Банк работает ... 9 часов.	(А) во время (Б) от (В) с
95. Мы долго ходили ... музею.	(А) по (Б) к (В) в
96. Мы долго гуляли ... парку.	(А) к (Б) на (В) по
97. Марина пришла ... концерта очень довольная. 98. Дети пришли ... парка очень веселые. 99. У цирка мы вышли ... автобуса. 100. Вечером ... вокзала мы поехали на такси.	(А) с (Б) из

答案解析

1. 答案:Б。解析:приходить-прийти(徒步)来,所以答案是 фильм(电影)、друг(朋友)、дождь(雨)中的друг。译文:朋友12点来了。

2. 答案:Б。解析:задача(阴)任务;проблема(阴)问题;цель(阴)目的。译文:人类对待自然界是一个重要的问题。

3. 答案:А。解析:задача(阴)任务;задание(中)习题;занятие(中)课,作业。译文:保护文物古迹是艰巨的任务。

4. 答案:В。解析:больно(副)疼;болезнь(阴)疾病;боль(阴)疼痛。译文:夜里妈妈一直没睡:她的头剧痛。

5. 答案:В。解析:хорошо(副)好;молодой(形)年轻的;молодец(阳)好样的(在句中做谓[表]语)。译文:米沙做出了所有的习题,妈妈说他是好样的。

6. 答案:А。解析:виноград(阳)葡萄;помидор(阳)西红柿;картофель(阳)土豆。译文:我非常喜欢水果,特别是葡萄。

7. 答案:А。解析:кабинет(阳)办公室;зал(阳)大厅;аудитория(阴)教室。译文:医生在第九诊室接诊。

8. 答案:А。解析:футбол(足球)、театр(剧院)、зоопарк(动物园)中只有 футбол 与前置词 на 连用。译文:安东买了足球赛的票。

9. 答案:Г。解析:станция(阴)(火车)站;стоянка(阴)停车场;пересадка(阴)换车,转乘;остановка(阴)公共汽车站。译文:我们坐12路公共汽车到哪站?

10. 答案:Б。解析:одинаковый(形)相同的;похожий(形)(答案中的选项 похожи 是短尾形

式,在句子中只能做谓语)相似的,像……的,接格关系为 на кого-что。译文:列夫·托尔斯泰写道:所有幸福的家庭都是相似的。

11. 答案:А。解析:одинаковый(形)相同的。译文:随便拿一支铅笔,它们都是一样的。
12. 答案:А。解析:одинаковый(形)相同的。译文:我和列娜偶然买了一样的包。
13. 答案:Б。解析:похожий(形)на кого-что 相似的,像……的。译文:照片上的兄弟很像。
14. 答案:А。解析:грязный(形)脏的;чистый(形)干净的;холодный(形)凉的。试题中 они 指代 руки。译文:洗洗手,太脏了。
15. 答案:В。解析:младший(形)年纪相对较小的(可能已经成年);молодой(形)年轻的;маленький(形)小的。译文:我妹妹还没上学,她还很小。
16. 答案:Б。解析:младший(形)年纪相对较小的。译文:我小女儿还不会走路。
17. 答案:В。解析:небольшой(形)不大的,不多的。译文:我得到了一小部分苹果。
18. 答案:Б。解析:свежий(形)新鲜的;известный(形)著名的;старинный(形)古老的。译文:照片上是一个著名演员。
19. 答案:Б。解析:редкий(形)少有的,罕见的;единственный(形)唯一的;единый(形)统一的。译文:那样的湖在哪儿都没有,它是世界上唯一的。
20. 答案:В。解析:крепкий(形)坚固的;твердый(形)硬的;мягкий(形)软的。译文:面包很新鲜,看,它多软。
21. 答案:А。解析:крепкий(形)浓烈的,如 крепкий чай(浓茶),крепкая водка(烈酒);сильный(形)强大的;твердый(形)硬的。译文:奶奶不喝浓茶。
22. 答案:В。解析:любить(未)кого-что 爱,喜欢;нравиться-понравиться кому 喜欢;рад(形容词短尾)кому-чему 高兴。译文:你们来我很高兴。
23. 答案:А。解析:каждый(代)可以表示一定范围内所有同类事物中的每一个,无一例外,意义相当于 все,此时不能用 всякий,любой 替代。例如:На уроке отвечал на вопросы преподавателя *каждый* студент.(在课堂上每个学生都回答了老师的问题。)В *каждом* экзаменационном билете три вопроса.(每个考签有三个问题。)译文:每个大学生都能准备出那么简单的报告。
24. 答案:В。解析:каждый(代)每一个。译文:我们认真研究了每一个问题。
25. 答案:А。解析:каждый(代)每一个。译文:现在我们农村几乎每家都有电视。
26. 答案:А。解析:каждый(代)每一个。译文:每天早上我都做操。
27. 答案:В。解析:любой(代)表示同类事物中随意的一个(注意,涉及的只是一个),这时不能用 каждый 或 всякий 替代。例如:Приходите ко мне в *любое* время.(你任何时候都可以来我这儿。)译文:你随便去一个书店买这本书。
28. 答案:В。解析:любой(代)任何的。译文:我哪天去你那儿都可以,现在我休假。
29. 答案:Б。解析:любой(代)任何的。译文:你们可以任何时候来我这儿。
30. 答案:А。解析:всякий(代)表示"各式各样的",一般为复数形式。如果名词没有复数形式,всякий 可用单数形式。这时,不能用 каждый 或 любой 替代。例如:В жизни я встречал *всяких* людей.(在一生中我遇到过各种各样的人。)В реке плавает *всякая* рыба.(河里游着各种鱼。)译文:生活中我遇到过各种人:聪明的、愚蠢的、善良的、凶恶的。
31. 答案:А。解析:всякий(代)各种各样的。译文:现在女性各种各样:博士、教师、工程师等。
32. 答案:А。解析:всякий(代)各种各样的。译文:商店里卖各种商品。
33. 答案:А。解析:всякий(代)各种各样的。译文:图书馆有各种书。

34. 答案:Б。解析:замуж(副)出嫁(与 выйти 连用)。例如:Она вышла замуж за врача.(她嫁给了医生。)замужем(副)已出嫁。例如:Она замужем за врачом.(她嫁给了医生。)женат(形容词短尾)结婚。例如:Они женаты уже 5 лет.(他们结婚五年了。)译文:马丽娜和奥列格结婚很长时间了。

35. 答案:А。解析:нужен, нужна, нужно, нужны(形容词短尾)需要。"谁"需要"谁"变第三格,需要的"东西"是主语。例如:Мне нужен мобильник.(我需要手机。) Мне нужна книга.(我需要书。) Мне нужны деньги.(我需要钱。) 译文:谁还需要课程表?

36. 答案:Б。解析:нужно(谓语副词)кому 需要。用在无人称句中,"谁"需要"谁"变第三格。试题中 нужен, должен, могу 用在人称句中,主语用第一格。译文:我今天需要收到钱。

37. 答案:А。解析:нужно 和 можно 都是谓语副词,要求句中主体用第三格。могу(мочь 的单数第一人称)用在人称句中,主语用第一格。前置词"по + 第四格"表示"到某天,并且包括这一天",如 с первое по пятое мая(从5月1号到5号,包括5号)。译文:我可以订你们宾馆21~31日的房间吗?

38. 答案:В。解析:можно(谓语副词)可以。译文:坐这辆公共汽车可以到火车站吗?

39. 答案:В。解析:нельзя(谓语副词)不可以。俄语中没有 не можно 的表达方式,要说成 нельзя。译文:"我可以运动了吗?""不行。"

40. 答案:Б。解析:по-твоему(副)依你看;по-моему(副)依我看;по-своему(副)按自己的方式,独特地。译文:你觉得这样好,而依我看不好。

41. 答案:А。解析:наверх(副)向上(表示运动方向);вниз(副)向下(表示运动方向);вверху(副)在上方(表示静止状态)。译文:我们向上攀登。

42. 答案:В。解析:只有 совсем(副)可以与 не 连用(не 在其后),意思是"完全不"。译文:我们继续走吧,我不累。

43. 答案:Б。解析:俄语中"听(слушать)、说(говорить)、读(читать)、写(писать)、明白(понимать)"与 по-английски 连用,不与 английский язык 连用。译文:课堂上大学生们只说英语。

44. 答案:Г。解析:переводить-перевести что с какого языка на какой язык 把……从……语译成……语。译文:请把课文从俄语译成英语。

45. 答案:Б。解析:мочь-смочь 能够(后接动词不定式);понимать-понять что 明白,理解;знать(未)что 知道,通晓。俄语中"听(слушать)、说(говорить)、读(читать)、写(писать)、明白(понимать)"与 по-английски 连用,不与 английский язык 连用。знать 与 английский язык(第四格)连用。译文:我的朋友能听懂英语、德语和俄语。

46. 答案:Б。解析:запоминать-запомнить кого-что 记住,记下来;понимать-понять кого-что 明白,理解;вспоминать-вспомнить кого-что 想起来,回忆起来。译文:我不明白收音机里说什么。

47. 答案:В。解析:запоминать-запомнить кого-что 记住,记下来;вспоминать-вспомнить кого-что 想起来,回忆起来。译文:我怎么也想不起来她的电话。

48. 答案:Б。解析:запоминать-запомнить кого-что 记住,记下来;вспоминать-вспомнить кого-что 想起来,回忆起来。试题中有 всегда(经常),所以用未完成体 запоминать。译文:需要经常记住规则。

49. 答案:А。解析:болеть(未)疼,变位为 болит, болят;балет(阳)芭蕾舞;билет(阳)票。译文:我感觉不舒服:头疼。

50. 答案:В。解析:三个动词都是不及物动词。лежать(未)躺着;стоять(未)站着;висеть

(未)悬挂着。译文:我喜欢挂在墙上的钟。

51. 答案:Б。解析:спрашивать-спросить кого-что 问;знать(未)кого-что 知道;узнавать-узнать кого-что 得知,了解。译文:我不知道这条街叫什么。

52. 答案:Б。解析:спрашивать-спросить что у кого 问,向……打听;просить-попросить кого-что 请,请求。译文:萨沙问丹尼娅,晚上她有没有时间。

53. 答案:В。解析:спрашивать-спросить что у кого 问,向……打听;просить-попросить кого-что 请,请求。译文:弟弟经常请我帮他做题。

54. 答案:Б。解析:смотреть-посмотреть ①кого-что 看,如 смотреть телевизор(看电视)②往……看,如 смотреть на доску(看黑板);видеть-увидеть кого-что 看见。译文:难道你没看见这里很美吗?

55. 答案:А。解析:смотреть-посмотреть кого-что 看;видеть-увидеть кого-что 看见。译文:晚上你看电视中播放的电影吗?

56. 答案:А。解析:слушать(未)что 听;слышать-услышать что 听见,听清。译文:年轻人,我在听你说。你哪儿疼?

57. 答案:Б。解析:слушать(未)что 听;слышать-услышать что 听见,听清。译文:医生,我听不见(耳朵不好)。

58. 答案:Б。解析:слушать(未)что 听;слышать-услышать что 听见,听清。译文:这很吵,我听不清你说什么。

59. 答案:А。解析:слушать(未)что 听;слышать-услышать что 听见,听清。译文:早上我一定听收音机。

60. 答案:Б。解析:слушать(未)что 听;слышать-услышать что 听见,听清。译文:说吧! 我们在认真听你说。

61. 答案:А。解析:слушать(未)что 听;слышать-услышать что 听见,听清。译文:发生了什么事? 我们听见隔壁房间吵吵嚷嚷。

62. 答案:А。解析:слушать(未)что 听;слышать-услышать что 听见,听清。译文:请大声讲话,我们听不清。

63. 答案:В。解析:класть-положить что 把……平放;вешать-повесить что 把……挂起来;ставить-поставить что 把……立放。译文:请把花瓶放到桌子上。

64. 答案:А。解析:оставлять-оставить кого-что 把……留下;останавливать-остановить кого-что 使……停下;останавливаться-остановиться 停下来;оставаться-остаться 留下,剩下。译文:谁把词典落在桌子上了?

65. 答案:Б。解析:остановиться-стать 开始;оставаться-остаться 留下来;оставлять-оставить кого-что 把……留下。译文:我们从教室里走出来,而他留下来补写作业。

66. 答案:В。解析:учиться(未)学习(指系统学习,一般在学校);изучать-изучить что 研究;заниматься 学习(在家、在图书馆等自己学习)。译文:"列娜,你去图书馆吗?""不,我喜欢在家学习。"

67. 答案:А。解析:научиться(完)学会(之后接未完成体动词不定式),如 научиться ездить на велосипеде(学会骑自行车);изучать-изучить что 研究;выучить(完)学会(之后接名词第四格),如 выучить новые слова(学会生词)。译文:我有一台笔记本电脑,我可以学会自己说俄语。

68. 答案:Б。解析:учиться(未)学习(指系统学习,一般在学校)。译文:大学里学生很多。

69. 答案:А。解析:учить-выучить ①что 学习,如 учить новые слова(学生词)②кого чему 教,如 учить детей петь(教孩子们唱歌), учить детей музыке(教孩子们音乐)。译文:经验丰富的教练教孩子们游泳。

70. 答案:Г。解析:изучать-изучить что 研究,学习,如 изучать русский язык(学习俄语)。译文:课堂上我们学习语音和语法。

71. 答案:Б。解析:обсуждать-обсудить что 讨论;объяснять-объяснить что 讲解;рассказывать-рассказать о чем 讲述。译文:我们请维克托·伊万诺维奇讲解生词。

72. 答案:В。解析:объяснять-объяснить что 讲解;обсуждать-обсудить что 讨论;рассказывать-рассказать о чем 讲述。译文:你参加聚会了吗?请讲一讲。

73. 答案:В。解析:говорить-сказать 说;рассказывать-рассказать о чем 讲述;разговаривать(未) 交谈。译文:我们站在商店旁边交谈。

74. 答案:А。解析:разговаривать(未)交谈;повторять-повторить что 重复;отвечать-ответить на что 回答。译文:姐姐爱从早到晚煲电话粥。

75. 答案:Г。解析:отвечать-ответить на что 回答。译文:我不知道怎样回答这个问题。

76. 答案:Б。解析:пересказывать-пересказать что 转述;рассказывать-рассказать о чем 讲述;разговаривать(未) 交谈。译文:伊万给我们讲述了他夏天怎么在海边休息。

77. 答案:В。解析:ездить(未)(乘车)走;ходить(未)(徒步)走;кататься(未)滑行。译文:尼娜喜欢滑冰。

78. 答案:В。解析:ездить(未,不定向)意思是"(乘车)走",不及物动词,不能接第四格;возить(未,不定向)кого-что 意思是"(乘车)运送",如 возить детей в школу(乘车、开车送孩子上学);водить(未,不定向)кого-что(徒步)运送,领,如 водить детей в школу(徒步领孩子上学),водить машину 意思是"开车"。译文:我不会开车。

79. 答案:Б。解析:везти(未,定向)кого-что 意思是"(乘车)运送",如 везти детей в школу(乘车、开车送孩子上学);вести(未,定向)кого-что(徒步)运送,领,如 вести детей в школу(徒步领孩子上学)。译文:公共汽车送人们上班。

80. 答案:Б。解析:везти(未,定向)кого-что 意思是"(乘车)运送",如 везти детей в школу(乘车、开车送孩子上学);вести(未,定向)кого-что(徒步)运送,领,如 вести детей в школу(徒步领孩子上学);нести(未,定向)кого-что(徒步抱着)走。译文:卡佳手里抱着孩子。

81. 答案:Б。解析:三个动词都是不及物动词。начинаться-начаться 开始;продолжаться-продолжиться 继续,持续(试题中 2 часа 是第四格,表示动作持续的时间);кончаться-кончиться 结束。译文:音乐会持续了两个小时。

82. 答案:Б。解析:三个动词都是不及物动词。начинаться-начаться 开始;продолжаться-продолжиться 继续,持续(试题中 два часа 是第四格,表示动作持续的时间);кончаться-кончиться 结束。译文:话剧持续了两个小时。

83. 答案:А。解析:三个动词都是不及物动词。начинаться-начаться 开始;продолжаться-продолжиться 继续,持续;кончаться-кончиться 结束。译文:十月开始变冷。

84. 答案:Б。解析:звать кого-что кем-чем 叫什么名字。例如:Меня *зовут* Андрей.(我叫安德烈。)本来 Андрей 应该变成第五格 Андреем,但此处比较特殊,为了使大家能够知道名字的原形是什么,此处使用第一格。называть-назвать кого-что кем-чем 把……称作……。例如:Мы *называем* уголь одним из главных источников энергии.(我们称煤为最主要的能源之一。)называться-

назваться кем-чем 被称作,被叫作。例如:Уголь называется одним из главных источников энергии.(煤被称为是最主要的能源之一。)译文:校长叫什么名字?

85. 答案:В。解析:звать кого-что кем-чем 叫什么名字。例如:Меня зовут Андрей.(我叫安德烈。)该句中 Андрей 应该用第五格,但 Андрей 是人名,为了让人们知道他到底叫什么名字,此处比较特殊,用第一格。называть-назвать кого-что кем-чем 称作,叫做。例如:Мы называем уголь одним из главных источников энергии.(我们称煤为最主要的能源之一。) называться-назваться кем-чем 被称作,被叫作。例如:Уголь называется одним из главных источников энергии.(煤被称为是最主要的能源之一。) 此句中 станция 是第一格,做主语。университет 应该用第五格,但因为其是车站名,放在括号里,所以用第一格(也可以用第五格)。译文:这一站叫作大学站。

86. 答案:Г。解析:звать кого-что кем-чем 叫什么名字。例如:Меня зовут Андрей.(我叫安德烈。)本来 Андрей 应该变成第五格 Андреем,但此处比较特殊,为了使大家能够知道名字的原形是什么,此处使用第一格。译文:你叫什么名字?

87. 答案:В。解析:называться-назваться кем-чем 被称作,被叫作。例如:Уголь называется одним из главных источников энергии.(煤被称为是最主要的能源之一。)译文:这条街以前叫另一个名字。

88. 答案:Б。解析:называться-назваться кем-чем 被称作,被叫作。例如:Уголь называется одним из главных источников энергии.(煤被称为是最主要的能源之一。)译文:请问,您能不能告诉一下,这个博物馆叫什么名字?

89. 答案:В。解析:выступать-выступить с чем 发言;演出,如 выступать на собрании(在会上发言);поступать-поступить 进入,加入,参加,如 поступать на работу(参加工作),поступить в университет(考上大学);наступать-наступить 来临,到来。例如:Наступило лето.(夏天到了。)译文:酷热的白天之后夜晚终于来临。

90. 答案:А。解析:выступать-выступить 表演,演出。译文:他在音乐比赛中表演得很好。

91. 答案:А。解析:убирать-убрать что 整理,收拾,如 убирать стол после обеда(饭后收拾桌子),убирать постель(整理床铺);собирать-собрать кого-что 收集,如 собирать грибы(采蘑菇);собираться-собраться 集合。例如:Студенты собрались.(大学生聚集在一起。)译文:娜塔莎收拾了一整天房间。

92. 答案:Г。解析:переезжать-переехать 搬迁,搬家;заезжать-заехать(顺便)去;приезжать-приехать(乘车)来;доезжать-доехать до чего 到达。试题中有前置词 до,所以用 доехать。译文:请问,到市中心怎么坐车?

93. 答案:Б。解析:переезжать-переехать 搬迁,搬家;заезжать-заехать(顺便)去;приезжать-приехать(乘车)来;доезжать-доехать до чего 到达。试题中 за Катей(第五格)意思是"接卡佳"。译文:"你去学校吗?""是的,但我要顺路接一下卡佳。"

94. 答案:В。解析:三个选项都是要求第二格的前置词。во время чего 在……时候;от чего 从……;с чего 从……。但表示时间只用前置词 с,如 с 9 часов(从9点)。译文:银行9点开始工作。

95. 答案:А。解析:по + 第三格表示"在……范围内",如 гулять по саду(在花园散步),путешествовать по стране(在国内旅行)。译文:我们在博物馆逛了很久。

96. 答案:В。解析:по + 第三格表示"在……范围内",如 гулять по саду(在花园散步),путешествовать по стране(在国内旅行)。译文:我们在公园逛了很长时间。

97. 答案:A。解析:前置词 с 和 из 都要求第二格,意思是"从……(回来)"。如果"去……"用前置词 в,那么"从……(回来)"就用前置词 из。如果"去……"用前置词 на,那么"从……(回来)"就用前置词 с。表示地点的名词与前置词 с 还是 из 连用,需要分别记忆。концерт 与 на 和 с 连用。译文:马丽娜听音乐会回来很满意。

98. 答案:Б。解析:парк 与 из 连用。译文:孩子们从公园回来很高兴。

99. 答案:Б。解析:из автобуса 下车。译文:我们在杂技场下车。

100. 答案:A。解析:вокзал 与 с 连用。译文:晚上我们从火车站坐出租车回来。

(2) 接格关系

1. Я знаю, что … находится в Петербурге.	(А) Русский музей (Б) Русского музея (В) Русскому музею (Г) о Русском музее
2. Детям нужна … .	(А) новая квартира (Б) новой квартиры (В) новую квартиру (Г) в новой квартире
3. Для работы мне нужны … .	(А) большие словари (Б) больших словарей (В) большим словарям
4. Сегодня у меня … .	(А) хорошее настроение (Б) хорошего настроения (В) хорошему настроению (Г) с хорошим настроением
5. У нас на работе есть …	(А) хорошая столовая (Б) хорошую столовую (В) хорошей столовой (Г) в хорошей столовой
6. Вадиму 21 … .	(А) год (Б) года (В) лет
7. У него нет … .	(А) интересного романа (Б) интересном романом (В) интересному роману
8. У этой проблемы нет … .	(А) быстрое решение (Б) быстрого решения (В) быстрому решению (Г) с быстрым решением

9. Всю эту неделю не было	（А）дождем （Б）дождя （В）дождю （Г）дождь
10. Было холодно, ... не осталось на улице.	（А）никто （Б）никого （В）некто （Г）некого
11. Он очень старался, но... не получилось.	（А）ничто （Б）ничего （В）нечто （Г）нечего
12. В кабинете висела фотография	（А）об известном композиторе （Б）с известным композитором （В）известному композитору （Г）известного композитора
13. Мы очень любим уроки	（А）русская литература （Б）русской литературы （В）о русской литературе （Г）русской литературой
14. Мы пошли гулять после	（А）ужин （Б）ужину （В）ужином （Г）ужина
15. В понедельник ... будут экзамены.	（А）все школьники （Б）ко всем школьникам （В）у всех школьников
16. Телевизор и холодильник ... в номере есть, а телефона нет.	（А）для меня （Б）мне （В）со мной （Г）у меня
17. Наш поезд быстро проехал мимо	（А）маленькая станция （Б）маленькой станции （В）маленькую станцию （Г）маленькой станцией
18. Птицы прилетели ... юга.	（А）из （Б）с （В）от （Г）из-за

19. Холодный ветер дул ... моря.	(А) от (Б) с (В) у (Г) на
20. Вера не слышала шума ... улицы.	(А) из (Б) от (В) из-за (Г) с
21. — Откуда приехали ваши друзья? —	(А) В Новгород (Б) В Новгороде (В) По Новгороду (Г) Из Новгорода
22. Мы можем узнать много интересного	(А) из газет (Б) от газет (В) с газет (Г) на газетах
23. ... окна птица вылетела.	(А) От (Б) С (В) Из (Г) Из-за
24. Мебель сделана ... дерева.	(А) с (Б) от (В) из-за (Г) из
25. Учитель сказал, что ... Тани выйдет настоящая певица.	(А) из (Б) у (В) от (Г) с
26. Вчера я получил письмо....	(А) моему старому другу (Б) у моего старого друга (В) от моего старого друга
27. Недавно она получила письмо	(А) из матери (Б) с матери (В) с матерью (Г) от матери
28. Газеты продаются в киоске слева ... входа.	(А) у (Б) от (В) из (Г) до

29. У него болит голова. Дай ему что-нибудь . . . головной боли.	(А) от (Б) к (В) по (Г) с
30. К сожалению, мы не поехали на эту экскурсию	(А) от сильного дождя (Б) благодаря сильному дождю (В) из-за сильного дождя
31. Она закричала	(А) от радости (Б) для радости (В) к радости
32. В Доме книги я купила . . . и	(А) два журнала, четыре книги (Б) два журналов, четыре книг (В) две журнала, четыре книги (Г) две журналов, четыре книг
33. Во дворе растут	(А) два дерева (Б) две дерева
34. Студенты принесли	(А) двадцать две скамьи (Б) двадцать два скамьи (В) двадцать две скамей (Г) двадцать два скамей
35. В прошлом году на наш факультет поступили тридцать четыре	(А) студент (Б) студента (В) студентов (Г) студенты
36. Олег путешествует уже 5	(А) неделя (Б) недели (В) недель
37. У него две сестры, . . . они окончили институт недавно.	(А) две (Б) оба (В) обе (Г) двое
38. У него . . . сына, . . . они учатся в университете.	(А) два, оба (Б) двое, оба (В) два, двое (Г) двое, двое
39. Обычно папа получает много	(А) письмо (Б) письма (В) писем

40. Пока вас не было, вам звонили несколько	(А) женщины (Б) женщине (В) из женщин (Г) женщин
41. Интересно, сколько . . . в московском метро?	(А) станция (Б) станции (В) станций
42. Работа водителя автобуса требует	(А) большое внимание (Б) большого внимания (В) с большим вниманием (Г) о большом внимании
43. Настя с детства . . . боится.	(А) уколы (Б) уколов (В) уколам
44. Без умения преодолеть трудностей нельзя добиться	(А) большие успехи (Б) больших успехов (В) от больших успехов
45. Если ты борешься за что-либо, то достигнешь	(А) своя цель (Б) свою цель (В) своей цели
46. Количество специалистов будет зависеть . . . необходимых работ.	(А) объем (Б) к объему (В) от объема
47. По болезни я пропустил много занятий, не отстать бы	(А) товарищам (Б) от товарищей (В) из товарищей
48. Лес защищает урожай	(А) от засухи и ветров (Б) с засухи и ветров (В) из засухи и ветров
49. Мои родители живут в центре города, недалеко от нас. Их квартира состоит	(А) в четыре комнаты (Б) из четырех комнат (В) от четырех комнат
50. Саша часто пишет письма	(А) своего друга (Б) своему другу (В) своим другом (Г) своем друге

51. Мама каждое Рождество посылает … поздравления.	(А) своих подруг (Б) своим подругам (В) своими подругами (Г) у своих подруг
52. … знакомо это слово.	(А) Я (Б) Мне (В) Со мной
53. Максим позвонил … научному руководителю и договорился с ним о времени защиты.	(А) его (Б) своим (В) своем (Г) своему
54. Получать письма от детей … всегда приятно.	(А) родители (Б) родителей (В) родителям
55. Мы сидели далеко, и … было плохо видно.	(А) нам (Б) мы (В) нами
56. … нездоровится.	(А) Брат (Б) Брата (В) Брату (Г) Братом
57. Анна очень рассердилась и даже … всю ночь не спалось.	(А) она (Б) ее (В) ей (Г) ней
58. Несмотря на болезнь, … не лежится.	(А) она (Б) ее (В) ей (Г) с ней
59. Вчера вечером … удалось попасть на концерт.	(А) мы (Б) нас (В) нам (Г) у нас
60. Было уже очень поздно, и … пришлось взять такси.	(А) нам (Б) мы (В) у нас (Г) нас

61. ... следует овладеть современной наукой.	(А) Молодежь (Б) Молодежи (В) Молодежью (Г) Молодежам
62. Я знаю, что ... очень много лет.	(А) Русскому музею (Б) в Русский музей (В) в Русском музее (Г) Русского музея
63. ... исполнилось 22 года.	(А) Брат (Б) Брата (В) Брату (Г) Братом
64. ... исполнился 41 год.	(А) Я (Б) Мне (В) Мной
65. У меня болит рука, завтра пойду	(А) к хирургу (Б) с хирургом (В) у хирурга
66. Путешественники плыли по ... 2 дня.	(А) Белым морем (Б) Белого моря (В) Белому морю (Г) Белом море
67. Самолет прилетел точно	(А) по своему расписанию (Б) в своем расписании (В) своим расписанием (Г) своего расписания
68. Завтра у моей дочери экзамен	(А) математики (Б) о математике (В) с математикой (Г) по математике
69. Идите сюда, ... передают погоду.	(А) в телевизоре (Б) от телевизора (В) на телевизоре (Г) по телевизору
70. Эту передачу я слышал ... радио.	(А) в (Б) по (В) на (Г) через

71. ... у нас бывают уроки русского языка.	(А) По вторнику (Б) По вторникам (В) Во вторник (Г) За вторник
72. Мальчишка отлично учится благодаря ... способностям.	(А) его (Б) её (В) своим (Г) себе
73. Директор не позволил ... уезжать за границу.	(А) помощника (Б) помощнику (В) помощником
74. Мама велел ... купить молоко.	(А) сына (Б) сыну (В) сыном
75. Брат предложил... купить планшет.	(А) меня (Б) мной (В) мне
76. Друзья посоветовали ... поехать на море.	(А) родителей (Б) родителям (В) родителями
77. Я обещала ... позвонить вечером.	(А) моя подруга (Б) мою подругу (В) моей подруге (Г) с моей подругой
78. Командир приказал ... поехать на фронт.	(А) солдат (Б) солдатам (В) солдатами
79. Вы сказали мне об этом слишком поздно, я ничем не могу ... помочь.	(А) вы (Б) вас (В) вам
80. ... предстоит решить много проблем.	(А) Мы (Б) Нас (В) Нам
81. Передача «Спокойной ночи, малыши» нравится	(А) наши дети (Б) нашим детям (В) у наших детей (Г) наших детей

82. Этот костюм ... идет.	(А) мой муж (Б) моего мужа (В) моему мужу
83. Все радуются....	(А) яркое весеннее солнце (Б) яркого весеннего солнца (В) яркому весеннему солнцу
84. Студенты нашего института учатся	(А) иностранный язык (Б) иностранному языку (В) иностранным языком
85. Наступила пора учить его	(А) языки и музыку (Б) языкам и музыке (В) языками и музыкой
86. Мы предпочитаем зиму	(А) лето (Б) лету (В) летом
87. Наш университет уделяет большое внимание ... студентов.	(А) развития (Б) развитию (В) развитием
88. О, нет, ... жизнь не надоела. Я жизнь люблю, я жить хочу.	(А) я (Б) мне (В) мной
89. Он работал необыкновенно много, и так как днем ... часто мешали, то он стал работать по ночам.	(А) его (Б) ему (В) им
90. С шести часов утра мы уже начали готовиться	(А) выезда (Б) к выезду (В) по выезду
91. Проект нужно утвердить и как можно быстрее приступить	(А) его осуществление (Б) от его осуществления (В) к его осуществлению
92. Кто стремится ... , тот мало о себе думает.	(А) к великой цели (Б) довеликой цели (В) ввеликой цели
93. Студенты уже привыкли	(А) холодную зиму (Б) от холодной зимы (В) к холодной зиме
94. У него нет интереса	(А) к языку (Б) на язык (В) по языку

95. У сына способность	(А) к музыке (Б) на музыку (В) по музыке
96. Эта радиостанция обычно передает	(А) современную музыку (Б) современной музыкой (В) современная музыка (Г) современной музыке
97. Мы хотим пригласить в гости. . . .	(А) школьного учителя (Б) школьному учителю (В) школьный учитель (Г) со школьным учителем
98. — Вы долго будете в командировке? — Нет, только	(А) через неделю (Б) на неделю (В) в неделю (Г) неделю
99. В следующем месяце я не буду здесь	(А) за три дня (Б) на три дня (В) три дня (Г) в три дня
100. Завтра надо будет выйти из дома . . . раньше.	(А) на десять минут (Б) в десять минут (В) за десять минут (Г) к десяти минутам
101. Он пришел на урок . . . позже меня.	(А) на две минуты (Б) через две минуты (В) двух минут (Г) две минуты
102. Мы любим	(А) народ (Б) народа (В) народы (Г) народов
103. Алеша любит	(А) свой дедушка (Б) своя дедушка (В) своего дедушку (Г) своего дедушки
104. Нельзя бить	(А) животные (Б) животных (В) животным

105. В детстве братья хотели пойти	(А) на летчики
	(Б) на летчиков
	(В) в летчиков
	(Г) в летчики
106. Бабушка часто ходит к подруге	(А) в гость
	(Б) в гостя
	(В) в гостях
	(Г) в гости
107. Каждый человек имеет право	(А) к образованию
	(Б) на образование
	(В) в образование
108. Вагон московского метро похож	(А) читальному залу
	(Б) читальным залом
	(В) на читальный зал
	(Г) с читальным залом
109. Спортсмены были одеты	(А) на синие брюки
	(Б) в синих брюках
	(В) в синие брюки
110. Люди долго боролись	(А) свободу
	(Б) за свободу
	(В) на свободу
111. Он с интересом взялся	(А) на работу
	(Б) за работу
	(В) к работе
	(Г) о работе
112. Каникулы кончились, пора приниматься	(А) на учебу
	(Б) за учебу
	(В) к учебе
	(Г) об учебе
113. При температуре 0°С вода превращается	(А) на лед
	(Б) в лед
	(В) ко льду
	(Г) об лед
114. Не сердись . . . за долгое молчание.	(А) мне
	(Б) на меня
	(В) ко мне
115. Вчера вечером Настя жаловалась	(А) головную боль
	(Б) на головную боль
	(В) заголовную боль

116. Ярко розовый цвет очень сильно действует ... и может менять настроение человека.	(А) организм (Б) организму (В) на организм
117. Мы никак не надеемся	(А) такого человека (Б) такому человеку (В) на такого человека
118. Ядро входит ... каждого атома.	(А) в состав (Б) на состав (В) к составу
119. Китайский народ внёс гигантский вклад	(А) в мировую науку (Б) на мировую науку (В) за мировую науку
120. Каждый день я трачу полтора часа ... в институт и обратно.	(А) дороге (Б) на дорогу (В) в дорогу
121. Учёные обращают внимание ... этого интересного явления.	(А) наблюдению (Б) на наблюдение (В) на наблюдении
122. Обратите внимание ... расписания занятий на будущей неделе.	(А) к изменению (Б) на изменение (В) в изменение
123. ... я получил много подарков.	(А) В день рождения (Б) На день рождения (В) За день рождения
124. Наша правительственная делегация вчера вернулась ... Японии ... Родину.	(А) с, на (Б) из, на (В) из, в
125. Буду ждать тебя ... у себя дома.	(А) на субботу (Б) на субботе (В) в субботу (Г) в субботе
126. Экскурсия по городу состоится ... с 9 до 12 часов.	(А) на среду (Б) от среды (В) в среду (Г) среду
127. Рабочие продолжали работать	(А) при дожде (Б) на дождь (В) в дождь (Г) за дождь

128. ... на дне оврага обыкновенно нет никакой воды.	(А) В сухой погоде (Б) В сухую погоду (В) Среди сухой погоды (Г) Сухую погоду
129. Он ушел с работы ... назад.	(А) на две минуты (Б) через две минуты (В) двух минут (Г) две минуты
130. Поставьте торт в холодильник	(А) час (Б) на час (В) час назад
131. Студенты уезжают на экскурсию в Москву	(А) на месяц (Б) месяц (В) за месяц (Г) в месяц
132. Петр Иванович написал этот доклад ... один вечер.	(А) на (Б) за (В) под (Г) по
133. Саша прочитал роман	(А) месяц (Б) за месяц (В) на месяц
134. Катя написала статью ... 3 дня.	(А) на (Б) за (В) под (Г) по
135. ... месяц до отъезда в экспедицию ученые уже начали собираться в дорогу.	(А) За (Б) Через (В) В (Г) На
136. ... 10 минут после начала спектакля они пришли в театр.	(А) За (Б) Через (В) В (Г) На
137. Он пишет	(А) ручка (Б) ручке (В) ручкой (Г) ручку

138. Напишите, пожалуйста, цену … .	(А) цифрами (Б) с цифрами (В) по цифрам (Г) цифры
139. Что касается городского транспорта, то здесь я предпочел ездить метро, чем … .	(А) автобус (Б) автобусом (В) автобусу (Г) автобуса
140. Геологи шли … .	(А) лес (Б) лесу (В) лесом (Г) леса
141. Большая часть нефти идет … .	(А) море (Б) моря (В) морю (Г) морем
142. Мы поедем путешествовать … .	(А) в будущую весну (Б) будущая весна (В) будущей весной
143. Победа … — это большая радость.	(А) к врагу (Б) над врагом (В) под врагом
144. Наша деревня богата … .	(А) фрукт (Б) фруктам (В) фруктами (Г) в фруктах
145. … окнами теперь весна, приятный ветер.	(А) Перед (Б) За (В) Над (Г) Под
146. На вечере Тамара долго стояла перед … .	(А) большое зеркало (Б) большого зеркала (В) большим зеркалом (Г) большому зеркалу
147. … я обычно совершаю небольшую прогулку.	(А) До сна (Б) Перед сном (В) При сне (Г) К сну

148. Наша кошка всегда спит под	(А) кресло (Б) креслом (В) кресле
149. Наша школа рядом	(А) с немецким посольством (Б) от немецкого посольства (В) к немецкому посольству (Г) немецкое посольство
150. Наша мама работает	(А) детский врач (Б) детского врача (В) детскому врачу (Г) детским врачом
151. Почему ты говоришь, что Маша вчера слишком увлеклась . . . ?	(А) танцев (Б) танцам (В) танцами
152. Он так увлекся . . . , что не заметил, как прошел день.	(А) работу (Б) работе (В) работой
153. У каждого города свои традиции. Ленинград гордится	(А) свое революционное прошлое (Б) своим революционным прошлым (В) освоем революционном прошлом
154. Он интересуется	(А) современную музыку (Б) современной музыкой (В) современная музыка (Г) современной музыке
155. Мой друг интересуется	(А) русская литература (Б) русской литературы (В) о русской литературе (Г) русской литературой
156. Чтобы овладеть . . . , приходится много трудиться.	(А) иностранные языки (Б) иностранным языкам (В) иностранными языками
157. Инженер он, может, и неплохой, но руководить . . . не умеет.	(А) людей (Б) людям (В) людьми

158. Все белое обладает . . . отражать солнечные лучи.	(А) свойство (Б) свойства (В) свойством
159. Кто не занимается . . . , тот не имеет права высказываться.	(А) обследование и изучение (Б) обследованию и изучению (В) обследованием и изучением
160. В процессе своего исследования он пользовался . . . в нашей лаборатории.	(А) результаты (Б) результатам (В) результатами
161. Мы любовались	(А) красоту (Б) красоте (В) красотой
162. Юра очень талантливый, он станет	(А) известным ученым (Б) известный ученый (В) известному ученому
163. Они были близкие друзья и поделились . . . работы.	(А) опыт (Б) опыту (В) опытом
164. Прощаясь, друзья обменялись	(А) адресы (Б) адресам (В) адресами
165. Уголь является	(А) хорошее топливо (Б) хорошему топливу (В) хорошим топливом
166. Мы почти никогда не болеем	(А) грипп (Б) гриппа (В) гриппом
167. Нефть называется	(А) черное золото (Б) черному золоту (В) черным золотом
168. Мы называем уголь . . . из главных источников энергии.	(А) один (Б) одному (В) одним
169. Хозяйка угощает гостей	(А) фруктов (Б) фруктам (В) фруктами
170. Студенты избирают литературу	(А) свою специальность (Б) своей специальности (В) своей специальностью

171. Очки делают его	(А) молодого (Б) молодому (В) молодым
172. Я не могу согласиться ... в этом вопросе.	(А) ему (Б) к нему (В) с ним
173. Я не знаю, что мне делать, и хочу посоветоваться	(А) вам (Б) вами (В) с вами
174. Наука помогает людям бороться	(А) природой (Б) за природу (В) с природой
175. Я уже познакомился	(А) ваш старший брат (Б) вашего старшего брата (В) с вашим старшим братом
176. Ученые работают	(А) книгу (Б) книгой (В) за книгой (Г) над книгой
177. Тебе нельзя долго сидеть ... , ведь у тебя плохое зрение.	(А) книгу (Б) книгой (В) за книгой (Г) над книгой
178. Ученые следили на экранах телевизора ... ракеты.	(А) полет (Б) полету (В) за полетом
179. Я наблюдал ... : он постоянно в делах, ни минуты не теряет даром.	(А) моим другом (Б) моему другу (В) за моим другом
180. Я знаком	(А) русскую литературу (Б) русской литературе (В) с русской литературой
181. Они живут в	(А) новое общежитие (Б) новом общежитие (В) новом общежитии (Г) новое общежитии

182. Мы живём	(А) второму этажу
	(Б) на втором этаже
	(В) на второй этаж
	(Г) со второго этажа
183. Он стоит на	(А) берет
	(Б) берега
	(В) береге
	(Г) берегу
184. Вы уже получили информацию ... музеев?	(А) работы
	(Б) о работе
	(В) по работе
	(Г) работой
185. Этот писатель всегда ходит	(А) тёмному костюму
	(Б) тёмного костюма
	(В) с тёмным костюмом
	(Г) в тёмном костюме
186. Он разбирается	(А) музыку
	(Б) музыкой
	(В) в музыке
187. Его заслуга заключается ... новой теории.	(А) разработке
	(Б) разработкой
	(В) в разработке
188. Особенность проводника состоит ... проводить электрический ток.	(А) способности
	(Б) способности
	(В) в способности
189. Машина нуждается	(А) серьёзного ремонта
	(Б) на серьёзном ремонте
	(В) в серьёзном ремонте
190. Мы убедились ... этого вывода.	(А) правильности
	(Б) правильностью
	(В) в правильности
191. Все воды суши участвуют ... воды в природе.	(А) общий круговорот
	(Б) общим круговоротом
	(В) в общем круговороте
192. Современные дети больше уважают мать, если она работает и принимает активное участие	(А) общественную жизнь
	(Б) общественной жизнью
	(В) в общественной жизни

193. Я часто ошибаюсь … .	(А) ударениям
	(Б) ударениями
	(В) в ударениях
194. Я присутствовал … .	(А) это заседание
	(Б) на это заседание
	(В) на этом заседании
195. Мой брат женился … .	(А) учительницу
	(Б) учительнице
	(В) на учительнице
196. Талантливый мальчик хорошо играет … .	(А) рояль
	(Б) на рояле
	(В) в рояле
197. Мама заботится … .	(А) детей
	(Б) на детей
	(В) о детях
198. Мы уверены … .	(А) победе
	(Б) на победе
	(В) в победе
199. … написано, что будет большой дождь.	(А) В газете
	(Б) На газете
	(В) В газету
	(Г) На газету
200. Сегодня … была напечатана интересная статья.	(А) в газете
	(Б) в газету
	(В) на газете
	(Г) на газету
201. Утром я поехал … автобусе на работу и забыл свои вещи … автобусе.	(А) в, в
	(Б) на, на
	(В) на, в
	(Г) в, на
202. … я встретил друга.	(А) В автобусе
	(Б) На автобусе
	(В) В автобус
	(Г) На автобус
203. Я забыл вещи … поезде.	(А) на
	(Б) в
	(В) к
	(Г) при

204. Я ехал сюда . . . , боялся опоздать.	（А）на такси
	（Б）в такси
	（В）по такси
	（Г）с такси
205. Юра поехал в театр	（А）на новой машине
	（Б）с новой машиной
	（В）в новую машину
	（Г）к новой машине
206. Мы поедем путешествовать	（А）к будущей неделе
	（Б）будущая неделя
	（В）на будущей неделе
207. Дети поедут на экскурсию	（А）июнь
	（Б）с июня
	（В）в июне
208. Борис начал работать	（А）1995-ого года
	（Б）в 1995-ом году
	（В）1995-ый год
209. Я хочу поменять работу	（А）следующий год
	（Б）следующего года
	（В）в следующем году
	（Г）со следующим годом
210. Люди полетели в космос	（А）XX-ый век
	（Б）в XX-ом веке
	（В）XX-ого века

答案解析

1. 答案：А。解析：Русский музей 是主语。译文：我知道俄罗斯博物馆位于圣彼得堡。

2. 答案：А。解析：нужен，нужна，нужно，нужны（形容词短尾）需要。"谁"需要"谁"变第三格，需要的"东西"是主语。例如：Мне *нужен* мобильник.（我需要手机。）Мне *нужна* книга.（我需要书。）Мне *нужны* деньги.（我需要钱。）译文：孩子们需要新住房。

3. 答案：А。解析：主语是 большие словари，谓语是 нужны。译文：为了工作我需要一些大词典。

4. 答案：А。解析：У кого（есть）что.（谁有什么。）句式中 что 用第一格。译文：我今天心情很好。

5. 答案：А。解析：У кого（есть）что.（谁有什么。）句式中 что 用第一格。译文：我们单位有一个很好的餐厅。

6. 答案：А。解析：один 要求 год 用单数第一格。表示"某人多少岁"时，年龄做主语，用第一格，年龄的主体用第三格（Вадиму）。译文：瓦季姆 21 岁。

7. 答案:А。解析:нет(现在时)、не было(过去时)、не будет(将来时)要求第二格。译文:他没有有趣的长篇小说。

8. 答案:Б。解析:нет(现在时)、не было(过去时)、не будет(将来时)要求第二格。译文:这个问题没有得到快速解决。

9. 答案:Б。解析:нет(现在时)、не было(过去时)、не будет(将来时)要求第二格。译文:一整周都没下雨。

10. 答案:Б。解析:не 加某些不及物动词表示否定时,被否定的事物通常用第二格形式。例如:Разговора не получилось.(谈话未能进行。)Никого не осталось на улице.(街上没有一个人。)试题为无人称句,не осталось 相当于 не было 把 никого 否定,用第二格形式。译文:街上很冷,一个人也没有。

11. 答案:Б。解析:该句是无人称句,не 与带 ни-的否定代词连用,не получилось 相当于 не было 把 ничего 否定,用第二格。译文:他很努力,但一无所获。

12. 答案:Г。解析:известного композитора 是第二格,做 фотография 的非一致定语。译文:办公室里挂着著名作曲家的照片。

13. 答案:Б。解析:русской литературы 是第二格,做 уроки 的非一致定语。译文:我们都喜欢俄罗斯文学课。

14. 答案:Г。解析:после чего(前)在……之后。译文:晚饭后我们去散步了。

15. 答案:В。解析:у кого есть...谁有……。试题中 будут是 есть 的复数将来时形式,主语是 экзамены。译文:星期一所有学生都将有考试。

16. 答案:Г。解析:у кого есть...谁有……。译文:我的房间里有电视和冰箱,而没有电话。

17. 答案:Б。解析:мимо кого-чего(前)从……旁边。译文:我们的火车从一个小站旁边驶过。

18. 答案:Б。解析:с чего 意思是"自,从,由(表面、上部)",如 вернуться с завода(从工厂回来)。译文:鸟儿从南方飞回来。

19. 答案:Б。解析:с чего 意思是"自,从,由(表面、上部)",如 вернуться с завода(从工厂回来)。译文:海上吹来凉爽的风。

20. 答案:Г。解析:улица 与前置词 с 连用。译文:薇拉没听见街上传来的嘈杂声。

21. 答案:Г。解析:из чего 从……。译文:"你的朋友从哪儿来?""从诺夫哥罗德来。"

22. 答案:А。解析:из газет 从报纸里。译文:我们能从报纸里知道很多有趣的事情。

23. 答案:В。解析 из чего 意思是"自,由,从……里(往外)",如 выглянуть из окна(从窗里往外看)。译文:鸟儿从窗户飞走了。

24. 答案:Г。解析:из чего 指出制成事物的材料、人的出身、某一整体的组成部分,如 построить дом из камня(用石头盖房)。译文:家具用木头制成。

25. 答案:А。解析:из кого 指出由……发展、演变的人或事物。例如:Из него выйдет художник.(他将成为一个艺术家。)译文:老师说,丹尼娅会成为一个真正的歌唱家。

26. 答案:В。解析:от кого 从……那儿。译文:昨天我收到了老朋友的一封信。

27. 答案:Г。解析:от кого 从……那儿。译文:不久前她收到母亲的来信。

28. 答案:Б。от чего 意思是"从,自,由;离,距",如 в двадцати километрах от города(离城20公里地方),к востоку от площади(在操场东边)。译文:报纸在入口左边的报亭出售。

29. 答案:А。解析:от чего 指出摆脱、清除、分割或医治的对象,如 освободиться от ошибок(避免错误)。译文:他头疼,给他点儿头疼药。

30. 答案:В。解析:от 加名词第二格表示原因可以是主体自身的,也可以是外界的。常与 от 连用的名词有 боль(疼痛),радость(高兴),волнение(紧张)等。常与 от 连用的动词有 заболеть(得病),заплакать(哭),волноваться(激动),испугаться(害怕),крикнуть(叫喊)等。例如:Ребёнок громко плачет *от сильной боли*.(因为剧烈的疼痛孩子大哭。)前置词 из-за 与第二格名词连用,一般表示引起不良结果、不希望发生的事情的外部原因。例如:*Из-за дождя экскурсия не состоялась.*(游览因下雨而未能成行。)前置词 благодаря 在多数情况下表示引起良好结果的原因,它来源于由 благодарить 构成的副动词。例如:Я справился с этой работой только *благодаря вам.*(由于您的帮助,我才胜任了这一工作。)译文:很遗憾,因为下大雨我们没能去游览。

31. 答案:А。解析:от 加名词第二格表示原因可以是主体自身的,也可以是外界的。常与 от 连用的名词有 боль(疼痛),радость(高兴),волнение(紧张)等。常与 от 连用的动词有 заболеть(得病),заплакать(哭),волноваться(激动),испугаться(害怕),крикнуть(叫喊)等。例如:Ребёнок громко плачет *от сильной боли*.(因为剧烈的疼痛孩子大哭。)译文:因为高兴她叫了起来。

32. 答案:А。解析:два(две)有性的区别,два 与阳性及中性名词单数第二格连用,如 два *студента*(两个大学生),два *письма*(两封信);две 与阴性名词单数第二格连用,如 две *тетради*(两个练习本)。три 和 четыре 没有性的区别,与其连用的名词用单数第二格形式,如 три *студента* и четыре *студентки*(三个男大学生和四个女大学生)。译文:在书城里我买了两本杂志和四本书。

33. 答案:А。解析:дерево(树)是中性,与 два 连用变成单数第二格 дерева。译文:院子里长着两棵树。

34. 答案:А。解析:две 要求 скамьи 用单数第二格。注意:此时只考虑 две 的接格,与 двадцать 无关。译文:大学生搬来 22 把长椅。

35. 答案:Б。解析:четыре 要求 студента 用单数第二格。译文:去年考到我们系 34 名新生。

36. 答案:В。解析:пять 要求 недель 用复数第二格。译文:奥列格旅行了 5 周。

37. 答案:В。解析:оба(обе)的意思是"两个都……"。оба 用于阳性和中性名词或代词前,обе 用于阴性名词或代词前(有时也出现在代词之后)。例如:У него два сына, *оба они* на фронте.(他有两个儿子,他们都在前线。)У него две дочери, *обе они* учатся в институте.(他有两个女儿,她们都在上大学。)试题中 сестра 是阴性,所以用 обе(阴性)。译文:他有两个姐姐,她们两个都不久前大学毕业。

38. 答案:А。解析:试题中 сын 是阳性,所以用 оба(阳性)。译文:他有两个儿子,两个都在大学上学。

39. 答案:В。解析:много 要求 писем 用复数第二格。译文:通常爸爸会收到很多信。

40. 答案:Г。解析:несколько 要求 женщин 用复数第二格。译文:你不在的时候,有几个女士给你打了电话。

41. 答案:В。解析:сколько 要求 станций 用复数第二格。译文:感兴趣的是,莫斯科地铁一共多少站?

42. 答案:Б。解析:требовать-потребовать кого-чего 要求。译文:公共汽车司机的工作要求高度的注意力。

43. 答案:Б。解析:бояться(未)кого-чего 害怕。译文:娜斯佳从小害怕打针。

44. 答案:Б。解析:добиваться-добиться чего 获得,得到。译文:没有克服困难的能力就不能获得大的成就。

45. 答案:В。解析:достигать-достигнуть чего 达到。译文:如果你努力,就能达到自己的目标。

46. 答案:В。解析:зависеть(未)от кого-чего 取决于。译文:专家的数量将取决于所需工作量的大小。

47. 答案:Б。解析:отставать-отстать от кого-чего 落后。译文:由于生病我落下很多课,可别落在同学后边。

48. 答案:А。解析:защищать-защитить кого-что от чего 保护……防止……。译文:森林保护庄稼防止干旱和大风。

49. 答案:Б。解析:состоять(未)из чего 由……组成。译文:我的父母住在城中心,离我们不远。他们的住宅是由四个房间组成的。

50. 答案:Б。解析:第三格与及物动词连用,表示间接客体,如 купить пальто сестре(给姐姐买衣服),купить брату книгу(给弟弟买书),объяснять ученикам урок(给学生们讲课)。译文:萨沙经常给自己的朋友写信。

51. 答案:Б。解析:своим подругам(第三格)表示"给朋友们"。译文:每个圣诞节妈妈都给朋友送祝福。

52. 答案:Б。解析:знаком, знакома, знакомо, знакомы(形容词短尾)кому 熟悉的,了解的。"谁"熟悉,"谁"用第三格,熟悉的东西是主语(第一格)。译文:这个单词我认识。

53. 答案:Г。解析:своему научному руководителю(第三格)表示"给自己的导师"。另外,需要注意的是,свой 和 его 意义不同,свой 不能和 его, ее, их 互换。如果用 свой,则指代句中的主语 он, она, они。如果用 его, ее, их,则指另外的"他""她""他们"。试比较:Андрей не доволен *своей* работой.(安德烈不满意自己的工作。)Андрей не доволен *его* работой.(安德烈不满意他[另一个人]的工作。)译文:马克西姆打电话给自己的导师,和他商量好了答辩时间。

54. 答案:В。解析:谓语副词 приятно 要求句中主体 родителям 用第三格,句中动词用不定式(получать)。译文:收到孩子们的来信父母总是很高兴。

55. 答案:А。解析:谓语副词要求句中主体用第三格,客体用第四格。例如:Из окна мне видно красоту. 从窗户我可以看到美景。译文:我们坐得很远,我们看不清楚。

56. 答案:В。解析:无人称动词 нездороваться(未)(意思是:不舒服)要求句中主体用第三格。译文:哥哥不舒服。

57. 答案:В。解析:俄语中有一种无人称动词是由及物动词和不及物动词 + ся 构成,如 спаться, сидеться, писаться, читаться 等,这类无人称动词强调不受主体意志控制的行为或状态,一般用否定形式,句中主体用第三格。例如:Сегодня мне почему-то не *пишется*. И ему не *сидится*.(今天不知为什么我写不下去,而他也坐不下来。)译文:安娜很生气,甚至整夜都没睡好。

58. 答案:В。解析:лежаться 是无人称动词,句中主体用第三格。译文:尽管生病了,但她也躺不住。

59. 答案:В。解析:无人称动词 удаться(成功地……)要求句中主体 нам 用第三格。译文:昨天晚上我们去听了音乐会。

60. 答案:А。解析:无人称动词 прийтись(不得不)要求句中主体 нам 用第三格。译文:已经很晚了,我们不得不坐出租车。

61. 答案:Б。解析:следовать(应该)是无人称动词,句中主体 молодежи 用第三格。молодежь(青年)是集合名词,只有单数形式。译文:青年人应该掌握现代科学。

62. 答案:А。解析:表示年龄时,年龄的主体用第三格。译文:我知道俄罗斯博物馆已经有很多年的历史了。

63. 答案:В。解析:表示年龄的句子中,年龄的主体用第三格表示,年龄是主语。试题中主语是 22 года,谓语是 исполнилось。译文:哥哥年满 22 周岁。

64. 答案:Б。解析:表示年龄的句子中,年龄的主体用第三格表示。试题中主语是 41 год,谓语是 исполнился。译文:我年满 41 岁。

65. 答案:А。解析:к кому-чему(前)到……跟前。译文:我胳膊疼,明天去看医生。

66. 答案:В。解析:по чему 沿着。译文:旅行家沿白海航行了两天。

67. 答案:А。解析:по чему 按照。译文:飞机精准地按时刻表抵达。

68. 答案:Г。解析:по чему 表示"在哪方面"。译文:明天我女儿有数学考试。

69. 答案:Г。解析:по чему 表示动作的工具或手段。译文:过来一下,电视正在播报天气。

70. 答案:Б。解析:по радио 从收音机里。译文:这个节目我是从收音机中听到的。

71. 答案:Б。解析:во вторник 在星期二;по вторникам 每逢星期二。试题中动词 бывают 表示"总是这样"。译文:每星期二我们有俄语课。

72. 答案:В。解析:благодаря(前)кому-чему 由于,多亏。另外,需要注意的是,свой 和 его 意义不同,свой 不能和 его, ее, их 互换。如果用 свой,则指代句中的主语 он, она, они。如果用 его, ее, их,则指另外的"他""她""他们"。试比较:Андрей не доволен *своей* работой.(安德烈不满意自己的工作。) Андрей не доволен *его* работой.(安德烈不满意他[另一个人]的工作。)译文:小男孩因为自己的天分学习很好。

73. 答案:Б。解析:позволять-позволить кому 允许。译文:经理不允许助手出国。

74. 答案:Б。解析:велеть(完)кому 吩咐。译文:妈妈吩咐儿子去买牛奶。

75. 答案:В。解析:предлагать-предложить кому 建议。译文:哥哥建议我买平板电脑。

76. 答案:Б。解析:советовать-посоветовать кому 建议,推荐。译文:朋友们建议父母去海边。

77. 答案:В。解析:обещать(未/完)-пообещать(完)кому 答应。译文:我答应朋友晚上给她打电话。

78. 答案:Б。解析:приказывать-приказать кому 命令。译文:指挥员命令战士去前线。

79. 答案 В。解析:помогать-помочь кому-чему 帮助。译文:这件事您对我说得太晚了,我不能帮您任何事。

80. 答案:В。解析:предстоять(未)кому 面临。译文:我们面临很多问题需要解决。

81. 答案:Б。解析:нравиться-понравиться кому 喜欢("谁"喜欢"谁"就是主体,用第三格)。译文:孩子们喜欢《孩子们,晚安》这个节目。

82. 答案:В。解析:идти кому 适合。译文:这件西服我丈夫穿合适。

83. 答案:В。解析:радоваться-обрадоваться кому-чему 对……高兴。译文:大家都对春天明媚的阳光感到高兴。

84. 答案:Б。解析:учиться чему 学习。译文:我们学院的大学生都学习外语。

85. 答案:Б。解析:учить кого чему 教谁(第四格)什么(第三格)。译文:是教他语言和音乐的时候了。

86. 答案:Б。解析:предпочитать-предпочесть кого-что кому-чему 认为……(第四格)比……(第三格)好。译文:我们认为冬天比夏天好。

87. 答案:Б。解析:уделять-уделить внимание кому-чему 注意,注重。译文:我们的大学重视学生的发展。

88. 答案:Б。解析:надоедать-надоесть кому 讨厌。译文:噢,不,我没有厌倦生活,我热爱生活,我想活下去。

89. 答案:Б。解析:мешать-помешать кому-чему 打扰。译文:他工作非常多,因为白天经常有人打扰,他都是晚上工作。

90. 答案:Б。解析:готовиться-приготовиться к чему 准备。译文:从早上六点钟我们已经准备出发。

91. 答案:В。解析:приступать-приступить к чему 开始,着手。译文:方案需要得到批准并且尽可能快地着手实施。

92. 答案:А。解析:стремиться(未) к чему 渴求。译文:谁渴求伟大的目标,谁就很少想自己。

93. 答案:В。解析:привыкать-привыкнуть к чему 习惯于……。译文:大学生已经习惯了严寒的冬天。

94. 答案:А。解析:интерес к чему 对……的兴趣。译文:他对语言没有兴趣。

95. 答案:А。解析:способность к чему 对……的天赋。译文:儿子有音乐天赋。

96. 答案:А。解析:передавать-передать что 转达,转播。译文:这部电台通常播放现代音乐。

97. 答案:А。解析:приглашать-пригласить кого-что 邀请。译文:我们想请中学老师做客。

98. 答案:Г。解析:第四格 неделю 表示行为持续的时间。译文:"你要出差很长时间吗?""不,只有一周。"

99. 答案:В。解析:第四格 три дня 表示行为持续的时间。译文:下个月有三天我将不在这儿。

100. 答案:А。解析:на что 表示比较级的差额。译文:明天应该早出门10分钟。

101. 答案:А。解析:на что 表示比较级的差额。译文:他上课比我晚来两分钟。

102. 答案:А。解析:表示人的集合名词,如 народ(人民),молодежь(青年)等都是非动物名词,其第四格同第一格,如 любить свой народ(热爱自己的人民)。译文:我们爱人民。

103. 答案:В。解析:дедушка 的第四格为 дедушку;свой(阳性)与动物名词连用的第四格同第二格,为 своего。译文:阿辽沙爱自己的爷爷。

104. 答案:Б。解析:非动物名词与动物名词在语法上的区别在于它们的复数第四格(注意不是单数第四格)形式。动物名词的复数第四格同复数第二格形式,而非动物名词的复数第四格同复数第一格形式。例如:Я люблю книги.(我爱书。)(книга 的复数第四格同复数第一格)Я люблю детей.(我爱孩子。)(дети 的第四格同第二格 детей)Я люблю животных.(我爱动物。)(животное 的复数第四格 животных 同复数第二格)但单数第四格时,只有以辅音结尾阳性动物名词的第四格同第二格。例如:Я вижу брата.(我看见弟弟。)(брат 的单数第四格同第二格)而阳性非动物名词的第四格同第一格。例如:Я вижу стол.(我看见桌子。)(стол 的单数第四格同第一格)译文:不许打动物。

105. 答案:Г。解析:"动词 + в + 复数第四格"构成的词组表示身份、职务、社会地位的改变。在这类词组中,动物名词的复数第四格同第一格,如 поступить в инженеры(当工程师),идти в гости(去做客),пойти в летчики(去当飞行员)。译文:童年时兄弟们都想去当飞行员。

106. 答案:Г。解析:"动词 + в + 复数第四格"构成的词组表示身份、职务、社会地位的改变。在这类词组中,动物名词的复数第四格同第一格,如 поступить в инженеры(当工程师),идти в гости(去做客),пойти в летчики(去当飞行员)。译文:奶奶经常到朋友家做客。

107. 答案:Б。解析:право(中)на что 对……的权利。译文:每个人都有受教育的权利。

108. 答案:В。解析:похож(形容词短尾)на кого-что 像……。译文:莫斯科地铁车厢像阅览室一样。

109. 答案:В。解析:одет, одета, одето, одеты(形容词短尾) во что 穿着。译文:运动员穿着蓝裤子。

110. 答案:Б。解析:бороться(未)①за что 为……奋斗;②с кем-чем 与……斗争。译文:人们长时间为自由而斗争。

111. 答案:Б。解析:браться-взяться за что 着手,开始做。译文:他很有兴致地着手工作。

112. 答案:Б。解析:приниматься-приняться за что 着手,开始。译文:假期结束了,该着手学习了。

113. 答案:Б。解析:превращаться-превратиться во что 变成,化为。译文:0°C 时水变成冰。

114. 答案:Б。解析:сердиться-рассердиться на кого-что 对……生气。译文:请别为我长久的沉默而生气。

115. 答案:Б。解析:жаловаться-пожаловаться на что 抱怨。译文:昨天晚上娜斯佳抱怨头疼。

116. 答案:В。解析:действовать-подействовать на кого-что 影响。译文:鲜艳的粉红色能影响身体并且改变人的心情。

117. 答案:В。解析:надеяться на кого-что 希望。译文:我们怎么也不能相信这种人。

118. 答案 А。解析:входить в состав чего 成为……的组成部分。译文:原子核是每个原子的组成部分。

119. 答案:А。解析:вносить-внести вклад во что 为……做贡献。译文:中国人民为世界科学做出巨大贡献。

120. 答案:Б。解析:тратить-потратить что на что 花费。译文:我每天返回大学路上花费一个半小时。

121. 答案:Б。解析:обращать-обратить внимание на кого-что 注意,关注。译文:科学家集中精力观察这个有趣的现象。

122. 答案:Б。解析:обращать-обратить внимание на кого-что 注意,关注。译文:请关注下星期课程表的变化。

123. 答案:А。解析:有些名词既可以与 на 连用接第六格,表示地点意义,又可以与 в 连用接第四格,表示时间意义,如 на вечере(在晚会上)— в вечер(在晚上),类似的还有 на дне рождения(在生日晚会上)— в день рождения(在生日那天)等。译文:生日那天我收到很多礼物。

124. 答案:Б。解析:在俄语中哪些名词与 на 连用,哪些名词与 в 连用,需一一记忆,如 на стуле(在椅子上)— в кресле(在圈椅上),на заводе(在工厂)— на фабрике(在工厂),на аэродроме(在飞机场)— в аэропорту(在航空港),на улице(在街上)— в переулке(在胡同里),на предприятии(在企业里)— в учреждении(在机关里),на почте(在邮局)— на телеграфе(在电报局)。Япония(日本)与前置词 в,из 连用,родина(故乡)与前置词 на,с 连用。译文:我们政府代表团昨天从日本回到祖国。

125. 答案:В。解析:在星期几用"в+第四格"。译文:我星期六将在家里等你。

126. 答案:В。解析:在星期几用"в+第四格"。译文:城市游览将在星期三 9~12 点进行。

127. 答案:В。解析:一些表示自然现象的词,可用来表示时间概念,用 в+第四格。这些词有 дождь(雨), ветер(风), снег(雪), холод(寒冷), мороз(严寒), туман(雾)等。例如:В грозу этот домик загорелся от молнии. (暴风雨中这座小屋被雷电击烧毁。)译文:工人们在雨中继续工作。

128. 答案:Б。解析:在什么的天气里用"в+第四格"。译文:在干燥的天气里沟底通常没有水。

129. 答案:Г。解析:назад 是前置词,要求第四格,特殊的是第四格名词要放在 назад 之前。译文:他两分钟之前走了。

130. 答案:Б。解析:на что 表示动作达到结果后持续的时间。试题中 на час 表示"把蛋糕放冰箱里之后持续一个小时"。译文:请把蛋糕放冰箱一个小时。

131. 答案:А。解析:на что 表示动作达到结果后持续的时间。试题中 на месяц 表示"到莫斯科后在莫斯科停留一个月"。译文:大学生们要去莫斯科旅行一个月。

132. 答案:Б。解析:за(前)что 在……时间内。此时句中动词应是完成体将来时或过去时。译文:彼得·伊万诺维奇一个晚上就写完了这个报告。

133. 答案:Б。解析:за(前)что 在……时间内。此时句中动词应是完成体将来时或过去时。译文:萨沙一个月读完了长篇小说。

134. 答案:Б。解析:за(前)что 在……时间内。此时句中动词应是完成体将来时或过去时。译文:卡佳三天写完了文章。

135. 答案:А。解析:за что до чего(前)在……之前……时间内。此时句中动词应是完成体将来时或过去时。译文:离考察还有一个月科学家们已经开始准备出发了。

136. 答案:Б。解析:через что после чего(前)在……之后……时间。译文:话剧开演 10 分钟后我们来到剧场。

137. 答案:В。解析:第五格用来表示工具或方法。例如:Я пишу карандашом, а он — ручкой.(我用铅笔写,他用钢笔写。)译文:他用钢笔书写。

138. 答案:А。解析:第五格用来表示工具或方法。例如:Я пишу карандашом, а он — ручкой.(我用铅笔写,他用钢笔写。)译文:请用数字书写价格。

139. 答案:Б。解析:第五格可以表示乘坐某种交通工具,其同义结构是"на + 第六格"。例如:Дети ехали поездом (на поезде).(孩子们乘火车。)Делегация вернулась самолетом (на самолете).(代表团乘飞机归来。)译文:至于谈到城市交通,我认为乘坐地铁比乘坐公共汽车好。

140. 答案:В。解析:第五格表示运动的处所和途径。例如:Идите же этой дорогой!(走这条路!)Мы долго шли лесом.(我们在林中走了好久。)译文:地质学家在森林穿行。

141. 答案:Г。解析:第五格表示运动的处所和途径。例如:Идите же этой дорогой!(走这条路!)Мы долго шли лесом.(我们在林中走了好久。)译文:大部分石油走海路。

142. 答案:В。解析:表示时间的名词第五格表示在什么时间,在句中做时间状语,如 летом(在夏天)、зимой(在冬天)。译文:我们明年夏天去旅行。

143. 答案:Б。解析:победа(阴)над кем-чем 战胜……。译文:战胜敌人大快人心。

144. 答案:В。解析:богат, богата, богато, богаты(形容词短尾)чем 富有……的。译文:我们农村盛产水果。

145. 答案:Б。解析:за чем(前)在……之后;在……旁边。译文:现在窗外是春天,风儿和煦。

146. 答案:В。解析:перед(前)кем-чем 在……前面。译文:晚会上塔玛拉在镜子前站了很长时间。

147. 答案:Б。解析:перед(前)чем 表示行为或状态发生在临近某行为、现象、时间等之前,其时间间距较短,表示"临……之前"。译文:睡前我通常散一会儿步。

148. 答案:Б。解析:под(前)чем 在……下边。译文:我们的猫经常在椅子下睡觉。

149. 答案:А。解析:рядом с кем-чем(前)在……旁边。译文:我们学校在德国大使馆旁边。

150. 答案:Г。解析:работать(未)кем 做……工作。译文:我们的妈妈是儿科医生。
151. 答案:В。解析:улекаться-увлечься кем-чем 迷恋。译文:为什么你说昨天玛莎迷上了跳舞?
152. 答案:В。解析:улекаться-увлечься кем-чем 迷恋。译文:他那么迷恋工作,以至于没发现一天是怎么过去的。
153. 答案:Б。解析:годиться(未)кем-чем 以……为骄傲。译文:每个城市都有自己的传统,列宁格勒就以自己革命的过去而骄傲。
154. 答案:Б。解析:интересоваться-заинтересоваться чем 对……感兴趣。译文:他对现代音乐感兴趣。
155. 答案:Г。解析:интересоваться-заинтересоваться чем 对……感兴趣。译文:我的朋友对俄罗斯文学感兴趣。
156. 答案:В。解析:овладевать-овладеть чем 掌握。译文:为了掌握外语,不得不多努力。
157. 答案:В。解析:руководить(未)кем-чем 领导。译文:可能,他是一个不错的工程师,但不会领导人。
158. 答案:В。解析:обладать(未)чем 具有。试题中 отражать солнечные лучи 做抽象名词 свойство 的非一致定语。译文:白色的东西有反射太阳光的性质。
159. 答案:В。解析:заниматься(未)чем 从事;学习。译文:谁不研究,谁就没有发言权。
160. 答案:В。解析:пользоваться-воспользоваться чем 利用。译文:在自己研究过程中他使用了我们实验室的结果。
161. 答案:В。解析:любоваться-полюбоваться чем 欣赏,观赏。译文:我们欣赏美景。
162. 答案:А。解析:становиться-стать кем 成为。译文:尤拉很有才华,他会成为著名的科学家。
163. 答案:В。解析:делиться-поделиться чем 交流,分享。译文:他们是亲近的朋友,交流了工作经验。
164. 答案:В。解析:обмениваться-обменяться чем 交换。译文:分手时,朋友们交换了地址。
165. 答案:В。解析:являться-явиться кем-чем 是。译文:煤是好的燃料。
166. 答案:В。解析:болеть(未)чем 患……病。译文:我们几乎从来不得感冒。
167. 答案:В。解析:называться-назваться кем-чем 称作,叫作。译文:石油被称为黑色的金子。
168. 答案:В。解析:называть-назвать кого-что кем-чем 把……(第四格)称作……(第五格)。译文:我们称煤为最主要的能源之一。
169. 答案:В。解析:угощать-угостить кого чем 用……(第五格)招待……(第四格)。译文:女主人用水果招待客人。
170. 答案:В。解析:выбирать-выбрать кого-что кем-чем 选……(第四格)做……(第五格)。译文:大学生选文学作为自己的专业。
171. 答案 В。解析:делать-сделать кого-что каким 使(第四格)……变得……(第五格)。译文:眼镜使他看起来年轻。
172. 答案:В。解析:соглашаться-согласиться ①с кем-чем 同意(某人的观点);②на что 同意(做某事)。译文:这个问题上我不能同意他的观点。
173. 答案:В。解析:советоваться-посоветоваться с кем 和……商量。译文:我不知道该怎么

办,我想和您商量一下。

174. 答案:В。解析:бороться(未)①с кем-чем 和……作斗争;②за что 为……奋斗。译文:科学帮助人们和大自然做斗争。

175. 答案:В。解析:знакомиться-познакомиться с кем-чем 和……认识。译文:我已经认识了你的哥哥。

176. 答案:Г。解析:работать(未)над чем 钻研,研究。译文:科学家正在著书。

177. 答案:Г。解析:сидеть(未)над чем 钻研,致力于。译文:你不要每天看书,你的视力不好。

178. 答案:В。解析:следить(未)за кем-чем 照料,监视。译文:科学家在电视屏幕上观察火箭的飞行。

179. 答案:В。解析:наблюдать(未)за кем-чем 观察,观测。译文:我观察我的朋友:他总在工作,一分钟也不浪费。

180. 答案:В。解析:знаком, знакома, знакомо, знакомы(形容词短尾)с чем 熟悉,了解。译文:我熟悉俄罗斯文学。

181. 答案:В。解析:в новом общежитии(第六格)在宿舍里。译文:他们住在新宿舍。

182. 答案:Б。解析:на втором этаже(第六格)在第二层。译文:我们住二楼。

183. 答案:Г。解析:на берегу(第六格)在岸上。译文:他们站在岸上。

184. 答案:Б。解析:о чем 关于。译文:你知道博物馆的作息时间吗?

185. 答案:Г。解析:ходить(未)в чем 穿着。译文:这位作家经常穿深色西服。

186. 答案:В。解析:разбираться-разобраться в чем 研究明白,了解清楚。译文:他精通音乐。

187. 答案:В。解析:заключаться-заключиться в чем 在于,归结为。译文:他的功绩在于研究新的理论。

188. 答案:В。解析:состоять(未)в чем 在于。试题中 проводить электрический ток 做抽象名词 способность 的非一致定语。译文:导体的特性在其导电的能力。

189. 答案:В。解析:нуждаться(未)в чем 需要。译文:机器需要大修。

190. 答案:В。解析:убеждаться-убедиться в ком-чем 相信,确信。译文:我们确信这个结论是正确的。

191. 答案:В。解析:участвовать(未)в чем 参加。译文:地球上所有的水都参与自然界中的水循环。

192. 答案:В。解析:принимать участие в чем 参加。译文:现在如果孩子的母亲工作着并积极参加社会活动,孩子们会更加尊敬她。

193. 答案:В。解析:ошибаться-ошибиться в ком-чем 犯错,弄错。译文:我经常弄错重音。

194. 答案:В。解析:присутствовать(未)на чем 出席。译文:我出席了这个会议。

195. 答案:В。解析:жениться-пожениться на ком 娶……为妻。译文:我哥哥娶了女教师为妻。

196. 答案:Б。解析:играть-сыграть на чем 演奏。译文:天才的男孩很好地演奏钢琴。

197. 答案:В。解析:заботиться-позаботиться о ком-чем 关心。译文:妈妈关心孩子们。

198. 答案:В。解析:уверен, уверена, уверено, уверены(形容词短尾)в чем 相信。译文:我们相信会取得胜利。

199. 答案 A。解析:有些名词既可以与 в 连用,也可以与 на 连用,但意义不同,如 в уроке(在课文中)— на уроке(在课堂上),в работе(在工作中)— на работе(在班上),в газете(在报纸里,指内容)— на газете(在报纸上,指空间),в глазах(在眼里)— на глазах(在眼前)。译文:报纸上说,将有大雨。

200. 答案:А。解析:有些名词既可以与в连用,也可以与на连用,但意义不同,如в уроке(在课文中)— на уроке(在课堂上),в работе(在工作中)— на работе(在班上),в газете(在报纸里,指内容)— на газете(在报纸上,指空间),в глазах(在眼里)— на глазах(在眼前)。译文:今天报纸里登载了有趣的文章。

201. 答案:Б。解析:в 和 на 与表示交通工具的名词连用时,на чем 强调的是乘什么交通工具,而 в чем 表示处所,意为"在……里"。例如:Мы ехали *на поезде*. *В поезде* было много народу. (我们乘火车。火车车厢里的人很多。)译文:早上我坐车上班,把自己的东西落在公共汽车里。

202. 答案:А。解析:в автобусе 在车厢里。译文:在公共汽车里我遇见了朋友。
203. 答案:Б。解析:в поезде 在车厢里。译文:我把东西忘在火车车厢里了。
204. 答案:Б。解析:на такси 乘坐出租车。译文:我是坐出租车来的,怕迟到。
205. 答案:А。解析:на новой машине 乘坐新车。译文:尤拉坐新车去看剧。
206. 答案:Б。解析:"在哪周"用"на+第六格"。译文:我们下周去旅行。
207. 答案:В。解析:"在几月"用"в+第六格"。译文:孩子们6月去旅行。
208. 答案:Б。解析:"在哪年"用"в+第六格"。译文:鲍里斯1995年开始工作。
209. 答案:В。解析:"在哪年"用"в+第六格"。译文:我想在明年换工作。
210. 答案:Б。解析:"在哪个世纪"用"в+第六格"。译文:人类20世纪飞向了太空。

(3) 动词

1. Андрей отдохнул немного, потом стал … роман на русский язык.	(А) перевести (Б) перевел (В) переводить (Г) переводил
2. Автобуса все не было, мы стали …, что опоздаем на занятия.	(А) беспокоиться (Б) беспокоить (В) беспокоим (Г) беспокоимся
3. Маша пришла на почту, села за стол и начала … письмо подруге.	(А) писать (Б) написать (В) пишет (Г) напишет
4. К сожалению, он перестал … занятия кружка.	(А) посещать (Б) посетить (В) навещать (Г) навести

5. К этому времени мы закончили … .	(А) пообедали
	(Б) пообедать
	(В) обедать
	(Г) обедали
6. Когда я кончил … текст, я позвонил другу.	(А) перевести
	(Б) переводил
	(В) переводить
	(Г) перевел
7. Дома Наташа продолжала … текст.	(А) переводила
	(Б) переводить
	(В) перевела
	(Г) перевести
8. Мне надоело … на такие вопросы.	(А) отвечать
	(Б) ответить
	(В) отвечал
	(Г) ответили
9. Прошел месяц, и дети привыкли рано … .	(А) встать
	(Б) встали
	(В) вставать
	(Г) вставали
10. Он привык … новые слова перед сном.	(А) выучить
	(Б) учил
	(В) выучил
	(Г) учить
11. Брось … . Это вредно тебе и другим.	(А) курить
	(Б) покурить
	(В) курят
	(Г) курим
12. Он так спешил на лекцию, что даже забыл … .	(А) завтракать
	(Б) позавтракать
	(В) завтракает
	(Г) позавтракает
13. Утром Саша не успел … , потому что поздно встал.	(А) завтракать
	(Б) кушать
	(В) позавтракать
	(Г) есть

14. Мне удалось ... билеты.	（А）доставать （Б）достать （В）достаю （Г）достану
15. Отец обещал ... Сереже цифровой фотоаппарат.	（А）покупать （Б）покупал （В）купить （Г）купил
16. Отсюда нельзя ... : директор не разрешает.	（А）звонить （Б）было звонить （В）позвонить （Г）будет звонить
17. В комнату нельзя ... : там идет собрание.	（А）входить （Б）войти （В）войдешь （Г）входят
18. Нам нельзя ... по этому мосту вдвоем: он слишком узкий.	（А）проходить （Б）проходят （В）пройти （Г）пройдут
19. Дверь нельзя было ... : она заперта изнутри на ключ.	（А）открывать （Б）открыть （В）открываться （Г）открыться
20. Во время урока в школе нельзя громко	（А）поговорить （Б）разговаривать （В）сказать （Г）разговаривают
21. На этом вопросе не следует ... , все уже поняли.	（А）останавливать （Б）остановить （В）останавливаться （Г）остановиться
22. Фильм неинтересный. Его не стоит	（А）смотреть （Б）смотрят （В）посмотреть （Г）посмотрят

23. Книга скучная, не стоит её	(А) покупать (Б) купить (В) покупают (Г) купят
24. Я думаю, что тебе не нужно . . . , почему ты не пришел вчера.	(А) объяснять (Б) объяснить (В) объясняться (Г) объясниться
25. Завтра мы с отцом поедем . . . мне компьютер.	(А) покупать (Б) будем покупать (В) купили (Г) покупали
26. Она давно решила . . . в Уральский университет.	(А) поступить (Б) поступает (В) поступала (Г) поступать
27. Мы с друзьями давно собирались . . . этот фильм.	(А) посмотрим (Б) посмотреть (В) посмотрели
28. Брат попросил Артема . . . вечером.	(А) позвонить (Б) позвонил (В) позвонит
29. Новые часы плохо работали, и я потребовал . . . их.	(А) поменять (Б) поменяю (В) поменял
30. — Ты не видишь, что делает Сережа? — Он	(А) обедает (Б) пообедал (В) пообедает (Г) будет обедать
31. Смотри, вон там Наташа . . . с детьми.	(А) поиграла (Б) играет (В) играть (Г) поиграет
32. Обычно я . . . на дорогу до работы полтора часа.	(А) трачу (Б) потрачу (В) потратьте (Г) тратьте

33. Мы всегда ... в это время.	（А）обедать （Б）пообедали （В）пообедаем （Г）обедаем
34. Он всегда, что хочет, то и	（А）делает （Б）делал （В）сделал
35. Я часто ... соседям новые журналы.	（А）дам （Б）даю （В）дал
36. Вася уже второй месяц ... , до сих пор еще лежит в больнице.	（А）болеет （Б）болел （В）заболел （Г）болит
37. Когда я смотрю этот фильм, я ... свою школу.	（А）вспоминаю （Б）вспоминал （В）вспомнил
38. Вчера по телевизору ... президент России.	（А）выступает （Б）выступал （В）выступать （Г）выступит
39. Когда я переводил текст, друг ... мне.	（А）помогал （Б）поможет （В）помогает
40. Преподаватель проверял домашнее задание студентов, пока они ... сочинение.	（А）писали （Б）написали （В）пишут （Г）напишут
41. Раньше твой друг часто тебе	（А）позвонил （Б）звонил （В）звонит （Г）позвонит
42. Я долго ... над этой задачей, но так и не смог ее решить.	（А）думала （Б）думал （В）подумал （Г）подумала
43. Антон долго ... , как зовут этого журналиста.	（А）вспоминал （Б）вспомнил

44. В детстве я ... редко и только от обиды.	(А) плакал
	(Б) плачу
	(В) заплакал
	(Г) заплачу
45. В прошлом месяце мы с сыном каждый день ... в 6 часов утра.	(А) встали
	(Б) встаем
	(В) вставали
	(Г) будем вставать
46. Раньше каждый день он ... в 8 часов. А сегодня он ... в 9 часов.	(А) вставал, вставал
	(Б) встал, встал
	(В) вставал, встал
	(Г) встал, вставал
47. Мы вчера целый день сидели и ... телевизор.	(А) смотрели
	(Б) посмотрели
	(В) смотрим
	(Г) посмотрим
48. У меня были каникулы, и я ... целый месяц.	(А) отдохнул
	(Б) отдыхал
	(В) отдыхаю
	(Г) буду отдыхать
49. Виктор вчера весь вечер ... письма.	(А) писать
	(Б) написал
	(В) написать
	(Г) писал
50. В. И. Даль всю жизнь ... «Толковый словарь русского языка».	(А) создавал
	(Б) создает
	(В) создал
	(Г) создаст
51. Вчера Виктор ... , что скоро женится.	(А) объявляет
	(Б) объявит
	(В) объявил
52. Вчера Сергей был на концерте, поэтому ... спать поздно.	(А) лег
	(Б) ложится
	(В) ложился
	(Г) ляжет
53. Маша ... , когда было 9 часов вечера.	(А) уходит
	(Б) уйдет
	(В) ушла

54. Сегодня я проспал и ... в 9 часов.	(А) встал
	(Б) встаю
	(В) вставать
	(Г) встану
55. Только что Наташа ... спать, как ее поднял стук в дверь.	(А) легла
	(Б) ложилась
	(В) ложится
	(Г) ляжет
56. Мы уже ... и теперь мы можем продолжить работу.	(А) отдыхали
	(Б) отдохнули
	(В) отдыхаем
	(Г) отдохнем
57. Несмотря на дождь соревнования	(А) не состоялись
	(Б) состоялись
	(В) не состоятся
58. За прошедшие двадцать лет Николай сильно	(А) изменится
	(Б) изменялся
	(В) будет изменяться
	(Г) изменился
59. Борис быстро ... номер телефона.	(А) вспоминал
60. Я ... , что забыл ключи, и вернулся.	(Б) вспомнил
61. Когда мы с братом пришли домой, мы ... сок.	(А) пьем
	(Б) выпили
	(В) выпьем
62. Когда ты будешь ... этот текст?	(А) перевести
	(Б) переведешь
	(В) переводишь
	(Г) переводить
63. — Что вы собираетесь делать в выходные дни? — Мы	(А) отдыхаем
	(Б) будем отдыхать
	(В) отдохнем
	(Г) будем отдохнуть
64. Я ... в шесть часов каждый день в следующем месяце.	(А) встаю
	(Б) буду вставать
	(В) встану
	(Г) буду встать

65. С 1-го ноября первый урок ... в 8 часов утра.	(А) будет начинаться (Б) начнется (В) будет начинать (Г) начнет
66. Обязательно посмотрите этот фильм, он Вам	(А) нравится (Б) понравится
67. Я думаю, что через час Таня ... статью и будет свободна.	(А) перевела (Б) переведет (В) переводила (Г) переводит
68. — Ты написал доклад? — Нет еще, но вечером обязательно	(А) пишу (Б) писал (В) напишу
69. Когда я ... , тоже буду бегать на лыжах и прыгать с высоких гор.	(А) расту (Б) вырасту (В) рос (Г) вырос
70. Когда я прочитаю журнал, ...	(А) я дам его тебе (Б) я дал его тебе (В) я даю его тебе
71. Пойдем сегодня в кафе, как только уроки	(А) заканчивались (Б) кончатся (В) кончились (Г) кончались
72. Как только я прилечу в Москву, я ... вам телеграмму.	(А) буду отправлять (Б) отправляю (В) отправлю
73. Уже десять часов! Давайте ... немножко!	(А) отдыхаем (Б) отдохнем (В) отдыхают (Г) отдохнуть
74. Давайте ... что-нибудь из популярных песен.	(А) споем (Б) пить (В) поем (Г) спеть
75. Ира, давай ... какую-нибудь русскую песню.	(А) поем (Б) споем (В) пойте (Г) поешь

76. В нашей стране у всех детей ... возможность учиться.	(А) имеет (Б) имеют (В) имеется (Г) имеются
77. При нашем институте ... современная библиотека.	(А) имеет (Б) имеют (В) имеется (Г) имеются
78. Маша научилась ... на велосипеде еще в детстве.	(А) ездить (Б) ехать (В) водить (Г) вести
79. Мальчик научился	(А) идти (Б) ходить (В) пойти (Г) прийти
80. Я люблю ... на лыжах.	(А) ходить (Б) идти (В) ехать
81. Этой зимой Олег научился ... на лыжах.	(А) идти (Б) ходить (В) пойти (Г) прийти
82. Мой брат научился ... на велосипеде, когда ему было только шесть лет.	(А) идти (Б) ехать (В) ездить (Г) сидеть
83. Смотрите! Экскурсовод ... туристов в музей.	(А) ведет (Б) водит (В) везет (Г) возит
84. Мужчина бережно ... под руку старую женщину.	(А) ведет (Б) привез (В) везет
85. Смотри, мальчик быстро ... к другому берегу.	(А) плавает (Б) плывет (В) плыл (Г) плавал

86. Мы видим самолет, который ... на север.	(А) летел (Б) летит (В) летал (Г) летает
87. Сколько времени ... этот автобус до Красной площади?	(А) ходит (Б) идет (В) ездит
88. Скажите, пожалуйста, сколько времени ... самолет от Пекина до Шанхая?	(А) долетает (Б) летает (В) летит (Г) долетит
89. Мои часы ... быстро.	(А) идут (Б) ходят (В) пойдут (Г) будут ходить
90. Он студент. Он ... в университет каждый день.	(А) ходит (Б) идет (В) сходит (Г) шел
91. Он живет далеко от завода. Каждый день он ... на работу на автобусе или на метро.	(А) ходит (Б) ездит (В) идет (Г) едет
92. Он занимается спортом, поэтому 3 раза в неделю ... на стадион.	(А) идет (Б) ходит (В) сходил (Г) будет идти
93. Мы часто ... в цирк с детьми.	(А) идем (Б) ходим (В) придем (Г) приходим
94. Простите, здесь ... трамвай №5?	(А) ходит (Б) идет (В) едет
95. Таня прекрасно ... машину, хотя получила права недавно.	(А) водит (Б) ведет (В) водила (Г) вела

96. Когда Алеша ... в зоопарк на велосипеде, пошел сильный ветер.	(А) ехал (Б) ездил (В) шел (Г) ходил
97. Я его увидел в автобусе, когда я ... в школу.	(А) ехал (Б) поехал (В) выехал (Г) уехал
98. Утром, когда я ... в автобусе, встретил Андрея Петровича.	(А) поехал (Б) уехал (В) ездил (Г) ехал
99. — Откуда ты идешь? — Из библиотеки, я ... сдавать книги.	(А) ушел (Б) пошел (В) ходил (Г) зашел
100. — Я вам звонил утром, часов в десять, к сожалению, вас не было дома. — Да, я утром ... в магазин за покупками.	(А) шел (Б) походил (В) ходил (Г) заходил
101. — Где была Мария? — Она ... в магазин.	(А) ходила (Б) шла (В) ходит (Г) идет
102. — Я давно жду тебя! Где ты был? — Я ... в поликлинику.	(А) ходил (Б) шел (В) ушел (Г) вышел
103. Из-за сильного ветра лодка не могла ... к берегу.	(А) пройти (Б) подойти (В) перейти (Г) отойти
104. Я ... к окну и подал посылку.	(А) ушел (Б) отошел (В) зашел (Г) подошел

105. Очень хорошо, что скоро ... к нам на работу иностранный преподаватель.	(А) заезжает (Б) заедет (В) приезжал (Г) приедет
106. Подождите, пожалуйста, минуту, я скоро	(А) прихожу (Б) буду приходить (В) приду
107. Сегодня Антон ... раньше всех. 108. В трудный момент ... друг и всегда помогал мне. 109. Обычно папа ... с работы поздно.	(А) пришел (Б) приходил
110. Дверь открылась, и в комнату ... студенты.	(А) вошли (Б) вышли (В) входили (Г) выходили
111. Скажите, пожалуйста, как ... к станции метро?	(А) выехать (Б) проехать (В) приехать (Г) переехать
112. На следующей не выходите? Разрешите	(А) сойти (Б) зайти (В) пройти (Г) пойти
113. Всю дорогу он думал о своем, и так ... свою остановку.	(А) проезжал (Б) проехал (В) переезжал (Г) переехал
114. Врач ... за лекарством. Он скоро вернется.	(А) вышел (Б) выйдет (В) ушел (Г) уйдет
115. Почему вы ... с последнего места работы?	(А) пошли (Б) ушли (В) вышли (Г) пришли
116. Его сейчас нет, он	(А) уедет (Б) уезжал (В) уехал

117. Такси ... от дома и поехало налево.	(А) отъезжало
	(Б) отъехало
	(В) подъезжало
	(Г) подъехало
118. При зеленом свете светофора нельзя ... улицу.	(А) проходить
	(Б) пройти
	(В) переходить
	(Г) перейти
119. — У вас сейчас другой адрес? — Да, мы	(А) приехали
	(Б) поехали
	(В) переехали
	(Г) проехали
120. У нас было очень тесно, пока мы не ... на новую квартиру.	(А) переезжали
	(Б) переедем
	(В) переехали
	(Г) переезжаем
121. Девушка медленно ... к столу и взяла записку.	(А) подошла
122. Оля ... от окна и села на диван.	(Б) пришла
123. Бабушка ... улицу и остановилась около киоска.	(В) отошла
	(Г) перешла
124. Он ... озеро за сорок минут.	(А) обходил
	(Б) обходился
	(В) обошел
	(Г) обошелся
125. Маша ... все книжные магазины города, но так и не нашла нужную книгу.	(А) перешла
	(Б) прошла
	(В) обошла
	(Г) зашла
126. Наконец мы ... до дому.	(А) ехали
	(Б) доехали
	(В) уехали
	(Г) заехали
127. До нашего дома нельзя ... на троллейбусе, троллейбус туда не идет.	(А) ехать
	(Б) доехать
	(В) доезжать
	(Г) заехать

128. Мы ... до театра за 10 минут: это недалеко.	（А）зайдем
	（Б）пойдем
	（В）дойдем
	（Г）пройдем
129. Прозвенел звонок и учитель ... в класс.	（А）дошел
130. Сегодня мой друг ... до своего дома за полчаса.	（Б）вышел
131. — Виктор на месте? — Нет, он уже ... домой.	（В）вошел
	（Г）ушел
132. Сегодня вечером они ... на концерт.	（А）ходят
	（Б）будут ходить
	（В）пойдут
133. Куда вы решили ... летом?	（А）ехать
	（Б）приезжать
	（В）доехать
	（Г）поехать
134. Раньше я жил в деревне, а недавно ... в город.	（А）проехал
135. За час автобус ... 60 километров, но до реки не доехал.	（Б）заехал
	（В）ехал
	（Г）переехал

答案解析

1. 答案：B。解析：在表示开始、继续、结束、停止等意义的助动词之后使用未完成体不定式，常见的这类动词有 начинать-начать（开始），стать（开始），приниматься-приняться（着手），прекращать（终止），прерывать-прервать（中止），кончать-кончить（结束）等。例如：Этот банк *начинает работать* в 9 часов утра.（这家银行9点开始营业。）Обычно мы *заканчиваем заниматься* в 5 часов вечера.（通常我们到下午5点结束学习。）试题中 стать（开始）接未完成体动词不定式。译文：安德烈休息了一会儿，然后就开始把长篇小说翻译成俄文。

2. 答案：A。解析：стать（开始）接未完成体动词不定式。беспокоиться（未）担心；беспокоить（未）кого-что 使……担心。译文：没有公共汽车，我们开始担心上课会迟到。

3. 答案：A。解析：начинать-начать（开始）后接未完成体动词不定式。例如：Этот банк *начинает работать* в 9 часов утра.（这家银行9点开始营业。）译文：玛莎来到邮局，坐到桌旁，开始给朋友写信。

4. 答案：A。解析：переставать-перестать（停止）后接未完成体动词不定式。посещать-посетить что 一般去什么地方，навещать-навестить кого-что 一般指拜访什么人。译文：很可惜，他不再来小组参加活动。

5. 答案：B。解析：заканчивать-закончить（结束）接未完成体动词不定式。译文：在这时间以前我们已经吃完饭了。

6. 答案：B。解析：кончать-кончить（结束）接未完成体动词不定式。译文：我翻译完课文的时候,给朋友打了电话。

7. 答案:Б。解析:продолжать-продолжить(继续)接未完成体动词不定式。译文:在家里娜塔莎继续翻译课文。

8. 答案:A。解析:在表示学会、习惯、使……养成习惯、使……放弃习惯、喜爱、厌烦等意义的动词 бросать-бросить(放弃),привыкать-привыкнуть(习惯于),запрещать-запретить(禁止),надоедать-надоесть(厌恶),научиться(学会)之后,由于与行为的完成和结果无关,而只涉及行为本身,所以只用未完成体动词不完式。例如:Мне уже *надоело слушать* одну и ту же песню.(我已经厌倦了总听一首歌。)В пять лет ребенок уже *научился читать и писать*.(五岁时小孩就学会了读书、写字。)试题中 надоедать-надоесть(厌恶)接未完成体动词不定式。译文:我讨厌回答这样的问题。

9. 答案:В。解析:привыкать-привыкнуть(习惯于……)接未完成体动词不定式。译文:过了一个月孩子们已经习惯了早起。

10. 答案:Г。解析:привыкать-привыкнуть(习惯于……)接未完成体动词不定式。译文:他习惯在睡前背单词。

11. 答案:A。解析:бросать-бросить(抛弃)接未完成体动词不定式。译文:戒烟吧,吸烟对自己对别人都有害。

12. 答案:Б。解析:забыть(忘记)接完成体动词不定式。例如:Он *забыл выключить* свет, когда выходил из дома.(出门的时候,他忘了关灯。)译文:他那么着急上课,甚至忘了吃饭。

13. 答案:В。解析:успеть(来得及)接完成体动词不定式。例如:Мы не *успели выполнить* эту работу к сроку.(我们没来得及按期完成工作。)译文:早上萨沙没来得及吃早饭,因为他起晚了。

14. 答案:Б。解析:удаться(成功地……)接完成体动词不定式。例如:Мне *удалось сдать* экзамен на этот раз.(这次我通过了考试。)译文:我弄到了票。

15. 答案:В。解析:обещать(保证)接完成体动词不定式。译文:父亲答应给谢辽沙买数码照相机。

16. 答案:A。解析:нельзя 之后可接未完成体动词不定式,也可接完成体动词不定式。"нельзя + 未完成体"表示"不要""不应该",而"нельзя + 完成体"则表示"不可能""做不成"。例如:В аудиторию *нельзя входить*: там идет урок.(不要进教室去,那儿正上课。)В аудиторию *нельзя войти*: дверь запрета.(教室进不去,门锁上了。)译文:从这儿不能打电话,经理不允许。

17. 答案:A。解析:"нельзя + 未完成体"表示"不要""不应该"。译文:不应该进房间:那儿正开会。

18. 答案:В。解析:"нельзя + 完成体"表示"不可能""做不成"。译文:我们不可能两个人同时过桥:桥太窄了。

19. 答案:Б。解析:"нельзя + 完成体"表示"不可能""做不成"。译文:打不开门:它从里边用钥匙锁上了。

20. 答案:Б。解析:"нельзя + 未完成体"表示"不要""不应该"。译文:学校上课的时候不允许大声讲话。

21. 答案:В。解析:не следует(不应该)之后接未完成体动词不定式。例如:Нам не следует *останавливаться* на этом вопросе.(我们不必讲这个问题。)译文:不要在这个问题上花时间,大家都明白了。

22. 答案:A。解析:не стоит(不值得)之后接未完成体动词不定式。例如:Не стоит *брать* с

собой в санаторий книги. Там есть библиотека.(住疗养院不用带书,那儿有图书馆。)译文:电影没意思,不值得看。

23. 答案:А。解析:не стоит(不值得)之后接未完成体动词不定式。译文:书没意思,不值得买。

24. 答案:А。解析:не нужно(不需要)之后接未完成体动词不定式。例如:Не нужно *вызывать* его, он придёт сам.(没必要叫他,他自己会来的。)译文:我想,你没必要解释为什么昨天没来。

25. 答案:А。解析:未完成体 покупать 表示"买的过程很复杂,要看很多商店"。译文:明天我和父亲去给我买电脑。

26. 答案:Г。解析:未完成体动词 поступать 表示有这一行为,但不知道结果。译文:她很早就决定要考乌拉尔大学。

27. 答案:Б。解析:посмотреть 用完成体动词不定式表示一次的行为,即"看一次电影"。译文:我和朋友们早就打算看这部电影了。

28. 答案:А。解析:позвонить 用完成体动词不定式表示一次的行为,即"打一个电话"。译文:弟弟请阿尔乔姆晚上给他打个电话。

29. 答案:А。解析:поменять 用完成体动词不定式表示一次的行为。译文:新手表不好使,我要换一块新的。

30. 答案:А。解析:动词现在时可以表示在说话时刻正在进行或存在的行为、状态。例如:Сейчас я *иду* на работу.(现在我去上班。)Антон *сидит* там и *читает*.(安东正坐在那里看书。)译文:"你没看见谢辽沙正在做什么?""他正吃饭。"

31. 答案:Б。解析:动词现在时可以表示在说话时刻正在进行或存在的行为、状态。译文:看,娜塔莎正和孩子们玩。

32. 答案:А。解析:动词现在时表示经常重复的动作或习惯的行为,句中常用 всегда(经常),постоянно(总是),обычно(通常),часто(经常),иногда(有时)等做时间状语。例如:Я часто *читаю* текст.(我经常读课文。)句中有 обычно(经常),所以 трачу 用现在时。译文:通常去上班的路上我要花一个半小时。

33. 答案:Г。解析:句中有 всегда(总是),所以 обедаем 用现在时。译文:我们总在这个时候吃午饭。

34. 答案:А。解析:всегда(经常)要求与其连用的动词用未完成体。译文:他总是想什么就干什么。

35. 答案:Б。解析:часто(经常)要求与其连用的动词用未完成体。译文:我经常给邻居新杂志。

36. 答案:А。解析:未完成体现在时可以表示持续进行一定时间的行为,句中常有副词 весь день, всю неделю, три месяца, целый год 等不带前置第四格时间状语表示行为持续的时间。例如:Я читаю этот роман неделю.(这本小说我读了一周。)Дождь *идёт* целый день.(雨下了一天。)试题中有 второй месяц(一个多月)用第四格表示动作时间的持续,所以 болеет 用未完成体。译文:瓦夏已经生病一个多月了,到现在还躺在医院里。

37. 答案:А。解析:смотрю 和 вспоминаю 都用未完成体现在时,表示每次都是这样。译文:每次我看这部电影,都会想起中学。

38. 答案:Б。解析:выступал 用过去时,表示动作在以前发生。译文:昨天俄罗斯总统在电视上做了演讲。

39. 答案:А。解析:помогал 用未完成体过去时表示"帮助"这一动作在过去一段时间一直持续。译文:当我翻译课文的时候,朋友一直在帮我。

40. 答案:А。解析:未完成体动词过去时表示过去正在进行着的行为。例如:Вчера в это время я читал книгу.(昨天这个时候我正读书。)试题中 писали 意思是"学生们当时正在写作文"。пока 在该句中是连接词,意思是"当……时候"。译文:学生正写作文的时候,老师批改家庭作业。

41. 答案:Б。解析:часто(经常)要求连用的动词用未完成体。译文:以前你朋友经常给你打电话。

42. 答案:Б。解析:долго(长时间)要求连用的动词用未完成体。译文:我长时间思考这道题,但也没解出来。

43. 答案:А。解析:долго(长时间)与未完成体动词连用。译文:安东回忆了很长时间这个记者叫什么名字。

44. 答案:А。解析:редко(很少)要求连用的动词用未完成体。译文:童年我很少哭,只有委屈时才哭。

45. 答案:В。解析:каждый день(每天)是第四格,表示时间的持续,要求连用的动词用未完成体动词。译文:上个月我和儿子每天早上6点起床。

46. 答案:В。解析:каждый день(每天)是第四格,表示时间的持续,要求连用的动词用未完成体动词。第二个动词用完成体过去时 встал,因为今天发生的一次性行为已经结束。译文:以前他每天8点起床,今天他9点才起床。

47. 答案:А。解析:целый день(整天)是第四格,表示时间的持续,要求连用的动词用未完成体。译文:昨天我们整天坐在家里看电视。

48. 答案:Б。解析:целый месяц(整个月)是第四格,表示时间的持续,要求连用的动词用未完成体。译文:我去度假,休息了整整一个月。

49. 答案:Г。解析:весь вечер(整晚)是第四格,表示时间的持续,要求连用的动词用未完成体。译文:昨天一晚上维克托尔都在写信。

50. 答案:А。解析:всю жизнь(一生)是第四格,表示时间的持续,要求连用的动词用未完成体。译文:达里一生都在编写《俄语详解词典》。

51. 答案:В。解析:完成体过去时 объявил 表示一次完成的动作。译文:昨天维克托宣布,他很快会结婚。

52. 答案:А。解析:完成体过去时 лег 表示过去一次完成的动作。译文:昨天谢尔盖去听音乐会了,因此睡得很晚。

53. 答案:В。解析:完成体过去时 ушла 表示过去一次完成的动作。译文:晚上9点的时候,玛莎离开了。

54. 答案:А。解析:встал 表示一次完成的行为。译文:今天我睡过头了,9点才起床。

55. 答案:А。解析:только что 要求与其连用的动词 легла(动词原形为 лечь)用完成体过去时。译文:娜塔莎刚睡下,敲门声就把她叫起来了。

56. 答案:Б。解析:完成体过去时 отдохнули 表示"已经休息好了"。译文:我们已经休息好了,现在能继续工作了。

57. 答案:Б。解析:完成体过去时 состоялись 表示"已经举行了"。译文:尽管下雨比赛还是举行了。

58. 答案：Г。解析：完成体过去时表示过去发生并且已经达到结果的行为，在句中"за + 第四格"时间词组。例如：Я прочитал роман за неделю.（我一周内读完了小说。）试题中 за + 第四格时间词组要求动词用完成体。译文：尼古拉在过去20年变化很大。

59. 答案：Б。解析：быстро（很快）与完成体动词连用。译文：鲍里斯很快想起了电话号码。

60. 答案：Б。解析：вспомнил 和 вернулся 都用完成体过去时，表示动作先后完成。译文：我想起来我忘带钥匙了，于是回家了。

61. 答案：Б。解析：完成体过去时 пришли 和 выпили 表示动作先后完成。译文：当我和弟弟回家后，我们喝了果汁。

62. 答案：Г。解析：未完成体动词将来时可用来表示说话时刻以后主体将进行的行为。译文：你要什么时候翻译这篇课文？

63. 答案：Б。解析：未完成体动词将来时可用来表示说话时刻以后主体将进行的行为，不强调结果。例如：Что ты будешь делать завтра?（你明天做什么？）译文："周末你打算干什么？""我们要休息。"

64. 答案：Б。解析：未完成体动词将来时表示将来经常反复的行为。例如：Мы будем писать экзаменационную работу четыре раза в год.（我们每年要有4次考试。）Я буду часто писать письма родителям о моей жизни в Москве.（我将会经常给父母写我在莫斯科的生活。）译文：下个月我要每天6点起床。

65. 答案：А。解析：未完成体动词将来时 будет начинаться 表示将来经常反复的行为。译文：从11月1日开始第一节课在早上8点开始。

66. 答案：Б。解析：完成体动词将来时表示说话时刻之后一定要达到的结果（一定会喜欢）。译文：你一定要看看这部电影，你会喜欢的。

67. 答案：Б。解析：完成体动词将来时表示说话时刻之后一定要达到的结果。例如：— Ты уже написал письмо родителям? — Нет, еще. Но завтра обязательно напишу.（"你给父母的信写完了吗？""没有。但明天一定写完。"）译文：我觉得一小时后丹尼娅就能翻译完文章并且有空闲时间。

68. 答案：В。解析：完成体动词将来时 напишу 表示说话时刻之后一定要达到的结果。译文："你写完报告了吗？""还没有，但晚上一定写完。"

69. 答案：Б。解析：完成体动词将来时 вырасту（长大）表示说话时刻之后一定要达到的结果。译文：等我长大了也要滑雪和高山跳雪。

70. 答案：А。解析：完成体动词将来时 прочитаю 和 дам 表示说话时刻之后先后达到结果的行为。译文：我看完杂志就给你。

71. 答案：Б。解析：完成体动词将来时 кончатся 和 пойдем 表示说话时刻之后先后达到的结果的行为。译文：一下课我们就要去咖啡馆。

72. 答案：В。解析：прилечу 和 отправлю 都用完成体将来时，表示动作将先后发生。译文：我只要一到莫斯科，就给您发电报。

73. 答案：Б。解析：复数第一人称命令式用"语气词 давай 或 давайте + 未完成体动词不定式或完成体动词将来时复数第一人称"表示。例如：Давай (-те) играть (поиграем) в шахматы.（我们一起下象棋吧！）译文：已经10点了！我们休息一会吧！

74. 答案：А。解析：复数第一人称命令式用"语气词 давай 或 давайте + 未完成体动词不定式或完成体动词将来时复数第一人称"表示。译文：我们唱一首流行歌曲吧！

75. 答案:Б。解析:复数第一人称命令式用"语气词 давай 或 давайте + 未完成体动词不定式或完成体动词将来时复数第一人称"表示。译文:伊拉,我们唱一首俄罗斯歌曲吧!

76. 答案:В。解析:带-ся动词表示主体所发生的行为不及于其他客体而返回于主体自身或自动行为、主体之间的相互行为。试题中主语是 возможность,谓语是 имеется。译文:在我国所有的孩子都有学习的机会。

77. 答案:В。解析:句中主语是 современная библиотека,谓语是 имеется。译文:我们学校有个现代化的图书馆。

78. 答案:А。解析:научиться(学会)接未完成体动词不定式 ездить(不定向)。译文:童年玛莎就学会了骑自行车。

79. 答案:Б。解析:научиться(学会)后接不定向运动动词不定式。ходить(不定向)—идти(定向)。译文:小男孩学会了走路。

80. 答案:А。解析:不定向运动动词不定式可以表示人或事物固有的能力、本领、特征。любить(喜欢)后接不定向运动动词不定式。ходить(不定向)—идти(定向),ездить(不定向)—ехать(定向)。译文:我喜欢滑雪。

81. 答案:Б。解析:научиться(学会)后接不定向运动动词不定式。ходить(不定向)—идти(定向)。译文:今年冬天奥列格学会了滑雪。

82. 答案:В。解析:научиться(学会)后接不定向运动动词不定式。译文:我弟弟只有六岁的时候就学会骑自行车了。

83. 答案:А。解析:定向运动动词用于说话时引起别人对正在运动中的事物或人的注意。句中常带有 смотри, слушай, слышишь, вот, вон 等词。例如:Смотри, это Нина *идёт* к театральной кассе.(瞧,妮娜正朝剧场售票处走去。)Видишь, самолёт *летит*!(看呀,飞机在飞。)Вот *идёт* мой брат. Я узнаю его по походке.(看,我弟弟来了。我认出他的步态了。)водить(不定向)徒步领着走—вести(定向)徒步领着走;возить(不定向)乘车运送—везти(定向)乘车运送。译文:看!导游正领着旅游者去博物馆。

84. 答案:А。解析:вести(未,定向)徒步领着;везти(未,定向)乘车运送。译文:男子小心地搀扶着老妇人。

85. 答案:Б。解析:定向运动动词用于说话时引起别人对正在运动中的事物或人的注意。句中常带有 смотри, слушай, слышишь, вот, вон 等词。译文:看,小男孩正飞快地向对岸游去。

86. 答案:Б。解析:定向运动动词现在时表示说话时正在进行时、有一定方向的一次行为。例如:Ты не знаешь, как называется улица, по которой мы *идём*.(你知道我们走的这条街叫什么街吗?)В окно я вижу, что к нам *идёт* почтальон. Он *несёт* газеты.(我从窗户看见邮递员向我们走来,他是在送报。)译文:我们看见一架飞机正向北飞去。

87. 答案:Б。解析:定向运动动词现在时表示有一定方向的行为。例如:Машина *везёт* овощи и фрукты в город.(汽车正在往城里运送蔬菜和水果。)Скажите, пожалуйста, этот автобус *идёт* до площади Революции?(请问这辆公共汽车到革命广场吗?)车船本身的运动可以用 идти 和 ходить。译文:这辆公共汽车到红场多长时间?

88. 答案:В。解析:定向运动动词现在时表示有一定方向的行为(от Пекина до Шанхая)。译文:请问,飞机从北京到上海要飞多长时间?

89. 答案:А。解析:表针的运动用定向运动动词。译文:我的手表走得快。

90. 答案:А。解析:不定向运动动词现在时表示有一定方向的多次往返的运动。例如:Они

ходят в кино каждое воскресенье.(他们每个星期日都去看电影。)即：去电影院—然后回来，去电影院—然后回来，表示多次往返。Каждый день я *езжу* в институт на автобусе.(每天我乘公共汽车去学院。)即：去学院—然后回来，去学院—然后回来，表示多次往返。译文：他是大学生。他每天去上学。

91. 答案：Б。解析：不定向运动动词现在时表示有一定方向的多次往返的运动，ездит 表示：去上班—然后回来，去上班—然后回来，表示多次往返。译文：他住得离工厂很远。每天他去上班坐公共汽车或地铁。

92. 答案：Б。解析：不定向运动动词现在时表示有一定方向的多次往返的运动，ходит 表示：去体育场—然后回来，去体育场—然后回来，表示多次往返。译文：他锻炼身体，因此每周3次去体育场。

93. 答案：Б。解析：ходит 表示：去看杂技—然后回来，去看杂技—然后回来，表示多次往返。译文：我们经常带孩子看杂技。

94. 答案：А。解析：车船本身的运动可以用 идти 和 ходить。试题中 ходит 表示"公共汽车多次往返"。译文：请问，这通5路汽车吗？

95. 答案：А。解析：不定向运动动词现在时表示人或事物固有的能力、本领、特征。例如：Этот ребенок еще не *ходит*. Ему еще нет года.(这孩子还不会走路，他还不到一岁。)Птица *летает*, а рыба *плавает*.(鸟会飞，鱼会游。)试题中用不定向运动动词 водит，因为汽车的运动是不定向的。译文：丹尼娅驾车很好，尽管刚获驾照。

96. 答案：А。解析：定向运动动词过去时在句中表示朝一个方向进行的一次运动，用于复合句或简单句中，表示过去进行的行为，作为另一行为(主要行为)的时间背景。例如：Когда я *шел* в школу, я вспомнил, что забыл дома книгу.(我在去学校途中想起把书忘在家里了。)试题中用定向运动动词过去时 ехал 表示"只是去动物园的路上刮了大风"，与返回无关。译文：当阿辽沙骑自行车去动物园时，刮起了大风。

97. 答案：А。解析：试题中用定向运动动词过去时 ехал 表示"去学校的路上"，与返回无关。ехал 是未完成体，表示"在运动的过程中"。译文：当我们上学时，在公共汽车上看见了他。

98. 答案：Г。解析：试题中用定向运动动词过去时 ехал 表示"在一个方向的运动过程中"。译文：早晨，当我坐公交车的时候，遇见了安德烈·彼得洛维奇。

99. 答案：В。解析：不定向运动动词的过去时可以表示一次往返的行为。例如：— Где ты был? — Я *ходил* в магазин.("你去哪儿了？""我去了一趟商店。")即：去了商店，现在回来了。试题中表示"去了图书馆，现在回来了"，所以用不定向运动动词过去时 ходил。译文："你从哪儿来？""从图书馆，我去还书了。"

100. 答案：В。解析：不定向运动动词过去时 ходил 表示"出去了，现在回来了"。译文："我早上十点钟左右给你打了电话，可惜你当时不在家。""是，我早上去商店买东西了。"

101. 答案：А。解析：不定向运动动词过去时 ходила 表示"去了商店，现在回来了"。译文："玛丽娅去哪儿了？""她去了趟商店。"

102. 答案：А。解析：不定向运动动词过去时 ходил 表示"去了诊所，现在回来了"。译文："我等你很长时间了！你去哪儿了？""我去了一趟门诊。"

103. 答案：Б。解析：带前缀 под- 的运动动词表示"到达……跟前"。例如：Он *подошел* к окну.(他走到窗前。)Декан *подошел* к микрофону и поздравил студентов с началом учебного года.(系主任走到麦克风前并祝贺学生新学期开始。)试题中只有 подойти 与前置词 к 连用。译文：由于大

风小船不能靠岸。

104. 答案:Г。解析:试题中подойти 与前置词 к 连用。译文:我走到窗口,递上邮包。

105. 答案:Г。解析:带前缀 при-的运动动词表示运动主体来到某处。例如:Студенты *пришли* на вечер, посвященный началу учебного года.(学生来参加新学期开学晚会。)По радио объявили, что поезд Москва — Волгоград *пришел* на пятый путь.(广播通知,莫斯科至伏尔加格勒的快车进五道。)译文:外教很快到我们这儿工作,这很好。

106. 答案:В。解析:приходить-прийти 来。译文:请等一下,我很快就来。

107. 答案:А。解析:完成体 пришел 表示一次行为。译文:今天安东来得最早。

108. 答案:Б。解析:未完成体 приходил 表示动作经常发生。译文:在困难时刻我的朋友总来帮助我。

109. 答案:Б。解析:未完成体 приходил 表示动作经常发生。译文:爸爸经常很晚才下班回来。

110. 答案:А。解析:带前缀 в-的运动动词表示运动主体从外向里的运动。例如:По радио сообщили, что поезд Москва — Волгоград отправляется, и пассажиры *вошли* в вагоны.(广播通知,莫斯科至伏尔加格勒的快车就要出发,于是旅客们走进了车厢。)Пассажиры *вошли* в автобус.(乘客们上了车。)译文:门开了,大学生走进房间。

111. 答案:Б。解析:带前缀 про-的运动动词表示运动主体走过某段距离(之后到达)。例如:Подошел поезд, и пассажиры из зала ожидания *прошли* на перрон.(火车来了,乘客们走出候车室来到站台。)译文:请问,去地铁站怎么走?

112. 答案:В。解析:проходить-пройти 通过。译文:下一站您下车吗?请让我过一下。

113. 答案:Б。解析:проехать остановку 坐过了站。译文:整个路上他都想着自己的事,于是坐过了站。

114. 答案:А。解析:带前缀 у-的运动动词表示运动主体离开某处相当长时间或永远,带前缀 вы-的运动动词表示运动主体离开某处一会儿(不远),很快就会回来。例如:Врач закончил прием и *уехал* домой.(医生接诊后回家了。)Мама *вышла*.(妈妈出去了。)试题中"医生去取药,很快就回来",所以用 вышел。译文:医生去取药了,很快就会回来。

115. 答案:В。解析:ушли 表示"永远离开"。译文:为什么你离开了最近的工作单位?

116. 答案:В。解析:带前缀 у-、вы-、от-的完成体运动动词过去时表示运动主体说话时刻不在某处,而带这些前缀的未完成体动词过去时表示运动主体曾经不在某处,说话时刻回来了。例如:Гриша *уехал* из Москвы.(格里沙离开了莫斯科。)相当于:Гриши нет в Москве.(格里沙现在不在莫斯科。)Гриша *уезжал* из Москвы.(格里沙曾离开过莫斯科。)相当于:Гриши не было в Москве, но теперь он в Москве.(格里沙离开过莫斯科,又回来了,现在他在莫斯科。)译文:他现在不在,他走了。

117. 答案:Б。解析:带前缀 от-的运动动词表示运动主体从某物旁离开一段距离。例如:По радио объявили: «*Отойдите* от края платформы, приближается электропоезд Волгоград — Москва».(广播通知,请大家离站台远一点,莫斯科至伏尔加格勒的快车就要进站。)试题中 отъехать 与前置词 от 连用。译文:出租车离开家的位置,向左拐去。

118. 答案:В。解析:带前缀 пере-的运动动词表示运动主体从一个地方到另一个地方的运动。试题中 нельзя 与未完成体动词 переходить 连用,表示"不应该穿越马路"。译文:绿灯时不许穿越马路。

119. 答案:В。解析:试题中 переехали 表示"搬家",即从一个地方到另一个地方。例如:Он переехал в новое общежитие.(他搬进了新宿舍。)译文:"你现在住另一个地方吗?""是的,我们搬家了。"

120. 答案:В。解析:试题中 переехали 表示"搬家",即从一个地方到另一个地方。译文:我们搬新居以前,一直很拥挤。

121. 答案:А。解析:подходить-подойти к чему 走近。译文:女孩慢慢走近窗户,拿起了便条。

122. 答案:В。解析:отходить-отойти от чего 离开。译文:奥利亚离开窗口,坐到沙发上。

123. 答案:Г。解析:переходить-перейти что 或 через что 穿过。译文:奶奶穿过街道,站在报停旁边。

124. 答案:В。解析:带前缀 о- 的运动动词 обходить-обойти 是及物动词,有两个意义:①绕过;②走遍,行遍。例如:У меня мечта объехать мир.(我有一个周游世界的愿望。)试题中 обошел 在此句的意思是"绕过,绕行"。译文:他40分钟绕湖走了一圈。

125. 答案:В。解析:обойти 在此句的意思是"走遍,行遍",все книжные магазины 是其要求的第四格。译文:玛莎跑遍了城市所有书店,但也没找到所需要的书。

126. 答案:Б。解析:带前缀 до- 的运动动词表示到达。例如:Мы доехали до вокзала.(我们到达了车站。)试题中 доехать 与前置词 до 连用。дому 是 дом(家)的第二格变体(特殊形式)。译文:我们终于回到家。

127. 答案:Б。解析:доехать 与前置词 до 连用。试题中 нельзя 与完成体动词 доехать 连用,表示"不可能坐有轨电车到家"。译文:到我们家不能坐无轨电车,无轨电车不到那儿。

128. 答案:В。解析:доходить-дойти до чего 到达。译文:我们10分钟之内就能到大剧院:不太远。

129. 答案:В。解析:входить-войти во что 走进。译文:铃声响了,老师走进教室。

130. 答案:А。解析:доходить-дойти до чего 到达。译文:今天我朋友半个小时就到家了。

131. 答案:Г。解析:уходить-уйти 离开。译文:"维克托还在吗?""不在,他已经回家了。"

132. 答案:В。解析:пойти(完)(徒步)去,出发。译文:今天晚上他们去听音乐会。

133. 答案:Г。解析:поехать(完)(乘车)去,出发。译文:你们决定夏天去哪儿?

134. 答案:Г。解析:试题中 переехал 表示"搬家",即从一个地方到另一个地方。译文:以前我住农村,不久前搬到城里了。

135. 答案:А。解析:проезжать-проехать что 行驶(若干距离)。译文:公共汽车一小时行驶了60公里,但还是没驶到河边。

(4) 连接词

1. Борис любит шахматы, ... мы нет.	(А) а (Б) и (В) но
2. Я учусь на историческом факультете, ... мой друг на экономическом.	(А) а (Б) и (В) но

3. Все сели у окна, ... Михаил начал рассказывать о своей поездке.	(А) то (Б) или (В) но (Г) и
4. Начался дождь, ... мы зашли в кафе.	(А) а (Б) но (В) и
5. Было поздно, ... мои друзья успели сесть на последний автобус и благополучно доехали до дома.	(А) а (Б) но (В) и (Г) да
6. Мы поехали за город, ... пошел дождь, и мы вернулись.	(А) а (Б) и (В) но
7. Солнце село, ... было еще совсем светло.	(А) и (Б) но (В) а
8. Не знаю, какую кассету выбрать — с народной ... классической музыкой.	(А) и (Б) но (В) или
9. Нина сказала, ... завтра она зайдет к нам.	(А) что (Б) чтобы (В) как бы (Г) как
10. Мне сказали, ... все были довольны встречей.	(А) что (Б) чтобы (В) как бы (Г) как
11. Мне сказали, ... со следующего понедельника начнутся каникулы.	(А) что (Б) чтобы (В) как (Г) когда
12. Хорошо, ... вы пришли.	(А) что (Б) чтобы (В) ли (Г) как

13. Многие считают, ... нужна массовая физкультура и не нужен спорт спортсменов в больших рекордах.	(А) как (Б) какова (В) что (Г) чтобы
14. Я очень довольна, ... всем понравился мой суп.	(А) как (Б) что (В) чем (Г) где
15. Мы наблюдаем, ... дети играли во дворе.	(А) что (Б) чтобы (В) как бы (Г) как
16. Я слушал, ... капли дождя стучали по крыше.	(А) как (Б) что (В) откуда (Г) чтобы
17. Староста сказал, ... все пришли на следующей неделе.	(А) что (Б) чтобы (В) как (Г) ли
18. Я думаю, ... ты поможешь мне выполнить это задание. 19. Сергей просил нас, ... мы пришли к нему вечером. 20. Ира сказала, ... она уезжает завтра в Москву. 21. Он дал мне словарь и сказал, ... я перевел этот текст.	(А) что (Б) чтобы
22. Нужно, ... вы заполнили этот бланк.	(А) что (Б) чтобы (В) ли (Г) если
23. Нужно, ... наши молодые рабочие были грамотными и умными.	(А) что (В) как (В) чтобы (Г) когда
24. Надо, ... ты обязательно поговорила с ректором.	(А) что (Б) чтобы (В) ли (Г) как

25. Желательно, … вы зашли к нам завтра после обеда.	（А）чтобы （Б）если （В）что （Г）когда
26. Нельзя, … молодое поколение забыло о прошлом.	（А）что （Б）когда （В）если （Г）чтобы
27. Родители не хотели, … он стал музыкантом.	（А）что （Б）чтобы （В）как бы （Г）как
28. Родители хотят, … дети поступили в университет.	（А）что （Б）чтобы （В）как бы （Г）как
29. Я хочу, … .	（А）что вы к нам придете （Б）чтобы вы пришли к нам （В）если вы к нам придете
30. Мы надеемся, … он придет к нам в гости.	（А）что （Б）чтобы （В）как （Г）ли
31. Я постараюсь, … вы поняли меня правильно.	（А）что （Б）чтобы （В）как бы （Г）как
32. Староста требует, … все пришли вовремя.	（А）что （Б）чтобы （В）как （Г）ли
33. Мы желаем, … ты был здоров.	（А）что （Б）чтобы （В）как （Г）ли
34. Она просила, … я помогла ей.	（А）что （Б）чтобы （В）как （Г）ли

35. Он попросил, … .	(А) что я купил билеты
	(Б) если я куплю билеты
	(В) чтобы я купил билеты
36. Все школьники знают, … находится Солнечный остров.	(А) кто
	(Б) где
	(В) когда
	(Г) куда
37. Мы не знаем, … так называется эта улица.	(А) куда
38. Учитель объяснил нам, … выполнить это задание.	(Б) где
	(В) почему
	(Г) как
39. Вспомни, пожалуйста, … мне звонил сегодня.	(А) кто
40. Отсюда плохо видно, … написано на доске.	(Б) где
	(В) что
	(Г) как
41. Я никак не могу понять, … он так радуется.	(А) о чем
42. Саша спросил меня, … я люблю пить кофе.	(Б) чего
43. Я не помню, … рассказывала вчера Нина.	(В) чему
	(Г) с кем
44. Я знаю, … подарку Вы будете рады.	(А) какое
45. Я знаю, … писателе вы говорите.	(Б) с каким
	(В) какому
	(Г) о каком
46. Я не забыл, … продукты вы заказали.	(А) какие
47. Олег хорошо понимает, … людям можно верить.	(Б) каких
	(В) каким
	(Г) какими
48. Я не знаю, … звонил Николай.	(А) о ком
49. Да, я знаю, … он ждал весь вечер.	(Б) кто
	(В) кого
	(Г) кому
50. Я не знаю, … он обещал сделать.	(А) что
51. Я не знаю, … он был недоволен сегодня.	(Б) чем
	(В) к чему
	(Г) о чем
52. Не понимаю, … он поехал в Сибирь.	(А) почему
	(Б) где
	(В) куда

53. Мы осмотрели музей, ... находится в центре города.	(А) который (Б) которая (В) которое (Г) которые
54. К нам пришла одна знакомая, ... недавно окончила институт.	(А) которая (Б) которую (В) в которой (Г) которых
55. Книгу, ... лежала на столе, я уже прочитал.	(А) которая (Б) которую (В) которой (Г) которого
56. Саша получил подарки, ... ему прислали друзья из деревни.	(А) который (Б) которые (В) которому (Г) которым
57. Покажи мне книгу, ... ты вчера купил.	(А) которая (Б) которую (В) которой (Г) которые
58. Мы хорошо ответили на вопросы, ... задал преподаватель.	(А) который (Б) которые (В) которым (Г) на которые
59. Я люблю читать книги, ... я взял в библиотеке.	(А) которая (Б) которую (В) которые (Г) которых
60. В аудитории остались студенты, ... надо закончить задание к вечеру.	(А) которые (Б) которых (В) которым (Г) которому
61. Я познакомился с Александром, брат ... учится в нашем университете.	(А) который (Б) которая (В) которого (Г) которому

62. Мы вошли в светлую комнату, окна ... выходили на юг.	(А) которая (Б) которую (В) которой (Г) которые
63. Это мои друзья, ... я познакомился прошлым летом.	(А) от которых (Б) у которых (В) с которыми
64. Из окна была видна библиотека, ... будет проходить встреча с писателями.	(А) которая (Б) в которой (В) на которой (Г) в которую
65. Здесь уже нет школы, ... они учились.	(А) которую (Б) на которой (В) который (Г) в которой
66. Нина показала мне газету, ... была напечатана ее статья.	(А) в которой (Б) на которой (В) в которую (Г) на которую
67. Как зовут этого человека, с которым ... . 68. Как зовут этого человека, которого ... . 69. Как зовут этого человека, о котором	(А) сидит с Иваном (Б) разговаривает Иван (В) ты ждешь (Г) рассказывает Иван
70. ... шел дождь, мы сидели дома.	(А) Пока (Б) По мере того как (В) После того как (Г) Прежде чем
71. ... я пришел, он готовился к докладу.	(А) Когда (Б) Пока (В) По мере того как (Г) После того как
72. ... я выучил стихотворение, я пошел гулять.	(А) После того как (Б) До тех пор как (В) С тех пор как (Г) Прежде чем
73. Нужно уже выезжать в аэропорт, ... не опоздать на самолет.	(А) поэтому (Б) чтобы (В) что (Г) так как

74. Одень ребёнка потеплее, ... он не простудился.	(А) поэтому (Б) чтобы (В) что (Г) так как
75. Мы взяли такси, ... не опоздать к поезду. 76. Оля купила овощи, ... сделать салат.	(А) что (Б) чтобы
77. Девочка аккуратно писала в тетради, ... ошибку.	(А) чтобы не сделать (Б) чтобы не сделала (В) что не сделать (Г) что не сделает
78. Я не смогла с ним встретиться, ... опоздала.	(А) поэтому (Б) потому что (В) что (Г) так что
79. ... я опоздала, я постеснялась войти.	(А) Поэтому (Б) Потому что (В) Так как (Г) Так что
80. ... Нина была занята, она не пошла со мной в кино.	(А) Потому что (Б) Так как (В) Хотя (Г) Поэтому
81. Пришлось остановиться, ... все устали.	(А) поэтому (Б) потому что (В) как (Г) так что
82. Он не выступал на концертах, ... у него был плохой голос.	(А) поэтому (Б) потому что (В) притом (Г) потому
83. Я люблю плавать, ... всегда отдыхаю на море.	(А) потому что (Б) поэтому
84. Ночью выпал снег, ... всё вокруг белое. 85. Татьяна добрая, ... её все любят. 86. Я не могу понять этот текст, ... в нём много незнакомых слов. 87. Мы готовились к контрольной работе, ... не позвонили тебе вчера.	(А) потому что (Б) поэтому

88. Он любит русскую литературу, … .	(А) потому что он будет изучать русский язык (Б) поэтому он начал изучать русский язык (В) когда он начал изучать русский язык
89. … у меня будет время, я обязательно приду к тебе.	(А) Если (Б) Раз (В) Пока (Г) Если бы
90. … будешь звонить Анне, передай ей от меня привет.	(А) Если (Б) Раз (В) Когда (Г) Если бы
91. … вы будете хорошо заниматься, вы скоро будете свободно говорить по-русски.	(А) Если (Б) Раз (В) Когда (Г) Если бы
92. … я буду учить одно слово в минуту, то через час я буду знать 60 слов.	(А) Если (Б) Хотя (В) Разве (Г) Если бы
93. Если я не запишу номер телефона, я его … .	(А) забыла (Б) забуду (В) забывала
94. Если бы у нас было время, … .	(А) поедем ли мы за город (Б) мы поедем за город (В) мы поехали бы за город
95. … сегодня была хорошая погода, мы бы поехали за город.	(А) Если бы (Б) Если
96. Мы не опоздали бы на поезд, … . 97. Мы не опоздаем на поезд, … .	(А) если бы ты пришел вовремя (Б) если ты придешь вовремя
98. … текст был трудным, но мы перевели его быстро.	(А) Хотя (Б) Когда (В) Раз (Г) Если

99. ... он обещал, он так и не пришёл.	（А）Хотя （Б）Когда （В）Раз （Г）Если
100. ... он был опытным педагогом, дети не любили его.	（А）Хотя （Б）Когда （В）Раз （Г）Если
101. Мы любим Родину, ... мы любим маму.	（А）как （Б）что （В）чтобы （Г）будто
102. Мы с ним начали беседовать, ... много лет знакомы.	（А）так （Б）что （В）чтобы （Г）будто
103. Воздух очень чист, ... его совсем нет.	（А）так （Б）что （В）чтобы （Г）будто
104. Он поступил иначе, ... мы предполагали.	（А）как （Б）будто （В）что （Г）чем
105. Он умнее, ... я думал.	（А）как （Б）будто （В）что （Г）чем

答案解析

1. 答案：А。解析：a 而；но 但是。译文：鲍里斯喜欢下象棋，而我们不喜欢。
2. 答案：А。解析：a 而；но 但是。译文：我在历史系学习，而我朋友在经济系。
3. 答案：Г。解析：连接词 и 可以先后关系。例如：Солнце появилось, и туман исчез.（太阳出来了，然后雾就散了。）译文：所有人都坐在窗边，于是米哈伊尔开始讲自己的旅行。
4. 答案：В。解析：连接词 и 可以先后关系。译文：下雨了，于是我们去了咖啡馆。
5. 答案：Б。解析：но 但是，可是。例如：Концерт кончился, *но никто не расходился*.（音乐会结束了，但谁也没有离开。）译文：已经很晚了，但我的朋友们赶上了最后一班公交车并且平安回到家。

6. 答案:В。解析:а 而;но 但是。译文:我们去了城外,但下雨了,于是我们返回来了。

7. 答案:Б。解析:но 但是。译文:太阳落下去了,但天还很亮。

8. 答案:В。解析:или 还是。译文:我不知道选哪种磁带:民族音乐磁带还是古典音乐磁带。

9. 答案:А。解析:连接词 что 说明的从句表示现实存在的事实,从句中的动词可以用过去时、现在时和将来时。例如:Он сказал, *что* все пришли.(他说大家都来了。)Он сказал, *что* все приходят.(他说大家正在往这儿来。)Он сказал, *что* все придут.(他说大家都会来。)译文:尼娜说,她明天到我们这儿来。

10. 答案:А。解析:连接词 что 说明的从句表示现实存在的事实。译文:我听说,大家对聚会都很满意。

11. 答案:А。解析:连接词 что 说明的从句表示现实存在的事实。译文:我被告知,从下星期一放假。

12. 答案:А。解析:连接词 что 说明的从句表示现实存在的事实。译文:你们来了,这很好。

13. 答案:В。解析:连接词 что 说明的从句表示现实存在的事实。译文:许多人认为,需要的是群众性的体育运动,而不需要运动员创造纪录的体育。

14. 答案:Б。解析:连接词 что 说明的从句表示现实存在的事实。译文:我很满意大家都喜欢我做的汤。

15. 答案:Г。解析:как 连接的说明从句表示现实存在的事实。主句中有表示直观感受(感受过程)的动词 смотреть(看), слушать(听), наблюдать(观察), следить(关注), любоваться(观赏)等时,只用连接词 как,此时并无"如何"的意义,而近似于 что,但不能用连接词 что。例如:Я смотрю, *как* дети играют в футбол.(我观看孩子们踢足球。)但不可以说 Я смотрю, *что* дети играют в футбол. 译文:我们看到孩子们正在院子里玩。

16. 答案:А。解析:слушать(听)接带 как 的说明从句。译文:我听到雨点敲击屋顶。

17. 答案:Б。解析:чтобы 连接的说明从句表示实际上不存在的事实,只是一种愿望,如果从句与主句中的主体不同,受 чтобы 的要求从句中的谓语要用过去时。例如:Он сказал, *чтобы* завтра все пришли.(他说希望大家明天都来。)注意:试题中受 чтобы 的要求,пришли 用过去时。译文:班长说让大家下星期都要来。

18. 答案:А。解析:думать(想)之后连接带 что 的说明从句。译文:我想你会帮助我完成这个任务。

19. 答案:Б。解析:чтобы 连接的说明从句表示实际上不存在的事实,只是一种愿望,如果从句与主句中的主体不同,受 чтобы 的要求从句中的谓语要用过去时。试题中 просить 要求接带 чтобы 的说明从句。译文:谢尔盖请求我们晚上来他这儿。

20. 答案:А。解析:连接词 что 说明的从句表示现实存在的事实。译文:伊拉说,她明天要去莫斯科。

21. 答案:Б。解析:чтобы 连接的说明从句表示实际上不存在的事实,只是一种愿望,如果从句与主句中的主体不同,受 чтобы 的要求从句中的谓语要用过去时。译文:他递给我一本词典,并说要我翻译这篇课文。

22. 答案:Б。解析:说明具有"应该""必需"意义的谓语副词 надо(应该), нужно(需要), необходимо(必须), желательно(最好,应该)等时,应用连接词 чтобы。例如:Нужно, *чтобы* все пришли вовремя.(需要大家准时到。)译文:需要你们填这张表。

23. 答案:В。解析:нужно(需要)之后连接带 чтобы 的说明从句。译文:需要使我们年轻的工人有知识而且充满智慧。

24. 答案:Б。解析:надо(应该)之后连接带 чтобы 的说明从句。译文:你一定要和校长谈一谈。

25. 答案:А。解析:желательно(最好,应该)之后连接带 чтобы 的说明从句。译文:最好你们明天午饭后来我们这儿。

26. 答案:Г。解析:нельзя(不允许)之后连接带 чтобы 的说明从句。译文:不能让年轻一代忘记过去。

27. 答案:Б。解析:主句中有表示希望、打算等意义的动词 хотеть(希望),хотеться(希望),желать(祝愿),мечтать(理想),стараться(努力,试图),стремиться(努力)等时,从句用 чтобы 连接。例如:Он хочет, *чтобы* поступить в институт. (他希望自己能考上大学。)(主句与从句主体相同,所以从句中动词用不定式)Он хочет, *чтобы* друг к нему приходил почаще. (他希望朋友经常到自己处做客。)(主句与从句主体不同,所以从句中动词用过去时)译文:家长不希望他学音乐。

28. 答案:Б。解析:хотеть(希望)之后连接带 чтобы 的说明从句。试题中主句与从句主体不同,所以从句中动词 поступили 用过去时。译文:家长希望孩子们考进大学。

29. 答案:Б。解析:хотеть(希望)之后连接带 чтобы 的说明从句。试题中主句和从句主体不同,所以从句中动词 пришли 用过去时。译文:我希望你到我们这儿来。

30. 答案:А。解析:表示希望的 надеяться,从句中用 что 连接。例如:Я надеюсь, *что* они приедут к нам в гости. (我希望他们到我们家做客。)译文:我们希望他来我们这儿做客。

31. 答案:Б。解析:стараться-постараться(努力,试图)之后连接带 чтобы 的说明从句。试题中主句和从句主体不同,所以从句中动词 поняли 用过去时。译文:我努力让您明白我的意思。

32. 答案:Б。解析:主句中有表示要求、建议等意义的动词 требовать(要求),требоваться(要求),велеть(吩咐),приказывать(命令),просить(请求),советовать(建议),предлагать(建议),рекомендовать(推荐)等时,从句用 чтобы 连接。例如:Требуется, *чтобы* все приехали вовремя. (需要大家准时到达。)试题中主句和从句主体不同,所以从句中动词 пришли 用过去时。译文:班长要求大家按时来。

33. 答案:Б。解析:желать-пожелать(祝愿)之后连接带 чтобы 的说明从句。试题中主句和从句主体不同,所以从句中动词 был здоров 用过去时。译文:我们希望你健康。

34. 答案:Б。解析:просить-попросить(请求)之后连接带 чтобы 的说明从句。试题中主句和从句主体不同,所以从句中动词 помогла 用过去时。译文:她请求我帮助她。

35. 答案:В。解析:просить-попросить(请求)之后连接带 чтобы 的说明从句。试题中主句和从句主体不同,所以从句中动词 купил 用过去时。译文:他求我买票。

36. 答案:Б。解析:где 除了其连接词的作用外,还在从句中起到句子成分的作用。例如:Я не знаю, *где* он работает. (我们知道他在哪儿工作。)译文:所有学生都知道,太阳岛在哪儿。

37. 答案:В。解析:почему 除了其连接词的作用外,还在从句中起到句子成分的作用。译文:我们不知道为什么街道叫这个名字。

38. 答案:Г。解析:как 除了其连接词的作用外,还在从句中起到句子成分的作用。译文:老师给我们讲解怎样做这道习题。

39. 答案:А。解析:кто 除了其连接词的作用外,还在从句中做主语。译文:想一想,今天谁给我打了电话。

40.答案:В。解析:что 除了其连接词的作用外,还在从句中做主语。译文:从这儿很难看到黑板上写的是什么。

41.答案:В。解析:чему 除了其连接词的作用外,还在从句中做补语,受 радуется 要求变第三格。译文:我怎么都不能明白他对什么高兴。

42.答案:Г。解析:с кем 除了其连接词的作用外,还在从句中起状语作用。译文:萨沙问我喜欢和谁喝咖啡。

43.答案:А。解析:о чем 除了其连接词的作用外,受 рассказывала 要求还在从句中起补语作用。译文:我不记得昨晚尼娜讲了什么。

44.答案:В。解析:какому 与 подарку 一致,受 рады 要求用第三格。译文:我不知道你会对什么礼物感到高兴。

45.答案:Г。解析:писателе 与 каком 一致,受前置词 о 要求用第六格。译文:我知道你们在谈论哪位作家。

46.答案:А。解析:продукты 与 какие 一致,受 заказали 要求用第四格。译文:我没忘你定了什么产品。

47.答案:В。解析:каким 与 людям 一致,受 верить 要求用第三格。译文:奥列格清楚什么样的人可以信任。

48.答案:Г。解析:受 звонил 要求 кому 变第三格。译文:我不知道尼古拉给谁打了电话。

49.答案:В。解析:受 ждал 要求 кого 变第四格。译文:是的,我知道他一晚上都在等谁。

50.答案:А。解析:受 сделать 要求 что 变第四格。译文:我不知道他保证做什么。

51.答案:Б。解析:受 недоволен 要求 чем 变第五格。译文:我不知道他今天对什么不满意。

52.答案:А。解析:почему 除了连接主句和从句外,还在从句中做状语。译文:我不知道他为什么去了西伯利亚。

53.答案:А。解析:关联词 который 用以指代主句中的某个名词,与该名词同性、数,而格则取决于它在从句中的地位,根据需要可以带前置词。который 指代主句中的动物名词时,其变化与动物名词变化相同。例如:Ко мне пришел друг, *который* живет в городе.(住在城里的朋友到我这儿来了。)Профессор, *которого* мы очень любим, приходил ко мне вчера.(我们很爱戴的教授昨天到我这儿来过了。)Я встретил в музее архитектора, с *которым* познакомился год назад.(在博物馆我遇见了一年前认识的建筑师。)Деревня, в *которой* я жил раньше, находится за рекой.(从前我住过的村子在河那边。)试题中 который 在从句中做主语。译文:我们参观了位于市中心的博物馆。

54.答案:А。解析:которая 在从句中做主语,用阴性与 знакомая 一致。译文:我们这儿来了一个熟人,她不久前大学毕业。

55.答案:А。解析:которая 在从句中做主语,用阴性与 книга 一致。译文:放在桌子上的书我已经读完了。

56.答案:Б。解析:которые 在从句中做补语(受 прислали 要求用第四格),用复数与 подарки 一致。译文:萨沙收到的礼物是他农村的朋友寄来的。

57.答案:Б。解析:которую 在从句中做补语(受 купил 要求用第四格),用阴性与 книга 一致。译文:给我看看你昨天买的那本书。

58.答案:Б。解析:которые 在从句中做补语(受 задал 要求用第四格),用复数与 вопросы 一致。译文:老师提出的问题我们回答得很好。

59. 答案:В。解析:которые 在从句中做补语(受 взял 要求用第四格),用复数与книги 一致。译文:我喜欢读从图书馆借来的书。

60. 答案:В。解析:которым 在从句中受 надо 要求用第三格,用复数与студенты 一致。译文:教室里留下的学生应该在晚上之前完成作业。

61. 答案:В。解析:которого 用第二格在从句中做 брат 的非一致定语,用阳性与 Александр 一致。译文:我认识亚历山大,他哥哥在我们大学学习。

62. 答案:В。解析:которой 用第二格在从句中做 окна 的非一致定语,用阴性与 комната 一致。译文:我们走进明亮的房间,房间的窗户向南开。

63. 答案:В。解析:с которыми 受 познакомился 要求,用复数与 друзья 一致。译文:这是我的朋友们,我是去年夏天和他们认识的。

64. 答案:Б。解析:в которой 在从句中做状语,用阴性与 библиотека 一致。译文:从窗户可以看见图书馆,在那里将举行与作家的见面会。

65. 答案:Г。解析:в которой 在从句中做状语,用阴性与 школа 一致。译文:这已经没有我们学习过的学校了。

66. 答案:А。解析:в которой(в газете 在报纸里,指报纸内容,на газете 在报纸上,指在报纸表面)在从句中做状语,用阴性与 газета 一致。译文:尼娜给我看了报纸,里面刊登了她的文章。

67. 答案:Б。解析:с которым 受 разговаривает 要求,主语是 Иван。译文:和伊万谈话的那个人叫什么名字?

68. 答案:В。解析:第四格 которого(指代阳性动物名词,其单数第四格同第二格)受 ждешь 要求。译文:你等的那个人叫什么名字?

69. 答案:Г。解析:о котором 受 рассказывает 要求。译文:伊万讲述的那个人叫什么名字?

70. 答案:А。解析:连接词 когда 可以表示主句与从句的行为同时发生或从句行为发生在主句行为之前,主句中可有指示词 тогда。例如:*Когда дождь кончился, мы вышли из дома.*(雨停后,我们从楼里出来了。)当主句、从句的谓语动词都用未完成体时,连接词 пока 强调主句和从句的行为是同时发生的(此时也可以用 когда)。例如:*Пока (Когда) шел дождь, дети играли во дворе.*(下雨时孩子们在院子里玩。)此句也可用 когда。译文:下雨时孩子们呆在家里。

71. 答案:А。解析:主句和从句动作不是同时发生,因此该句不能用 пока。译文:我来时他正准备报告。

72. 答案:А。解析:после того как 意思是"在……之后",表示从句的行为发生在主句行为之前,既可以是一个行为接着另一个行为,也可以表示两个行为间有一段间隔时间。从句位于主句之前,как 前通常不加逗号。从句位于主句之后,как 前通常加逗号。例如:Мы встретились с ним через год *после того, как мы окончили школу.*(中学毕业一年后我和他见面了。)译文:背会儿诗后,我出去散步了。

73. 答案:Б。解析:目的从句指明主句中行为发生的目的,常用连接词 чтобы,для того чтобы, с тем чтобы 等与主句相连接。如果主句与从句中的主体(注意这里说的是主体,而不是主语)相同,则从句中的动词谓语用不定式,如果主句与从句中的主体不同,则从句中的动词用过去时。例如:*Чтобы овладеть русским языком, мы много занимаемся.*(为了掌握俄语,我们用功学习。)(主句和从句中行为主体都是 мы)译文:为了不误飞机,应该去机场了。

74. 答案:Б。解析:主从句中主体不相同(主句中主体是穿衣服的人,从句中主体是被穿衣服的人),所以从句中动词 простудился 用过去时。译文:给孩子多穿点儿衣服,不要让他感冒了。

75. 答案:Б。解析:主从句中主体相同,所以 опоздать 用不定时。译文:为了能赶上火车,我们打了车。

76. 答案:Б。解析:主从句中主体相同,所以 сделать 用不定时。译文:奥利亚买蔬菜做沙拉。

77. 答案:А。解析:主从句中主体相同,所以 сделать 用不定式。译文:为了不写错,小女孩写得很整齐。

78. 答案:Б。解析:потому что 是表示原因的最常用的连接词,从句只能位于主句之后(不能放在句首)。例如:Он хорошо сдал экзамен, *потому что* он много занимался.(他考试考得很好,因为他很用功。)不能说成 Потому что он много занимался, он хорошо сдал экзамен. Саша хорошо усваивает русский язык, *потому что* он много занимается.(萨沙俄语掌握得很好,因为他很用功。)译文:我没能和他见面,因为我来晚了。

79. 答案:В。解析:так как 表示原因时,从句既可以放在主句之前,也可以放在主句之后。例如:Студент не пришел на занятия, *так как* он заболел.(学生没来上课,因为他生病了。)也可以说成 Так как студент заболел, он не пришел на занятия. 译文:因为迟到了,所以我不好意思进去。

80. 答案:Б。解析:так как(因为)可以用在句首,потому что(因为)不能用在句首。译文:因为尼娜很忙,所以她不能和我去看电影了。

81. 答案:Б。解析:потому что 因为;поэтому 因此。译文:大家不得不停下来,因为累了。

82. 答案:Б。解析:потому что 因为;поэтому 因此。译文:他没参加音乐会,因为嗓子不好。

83. 答案:Б。解析:потому что 因为;поэтому 因此。译文:我喜欢游泳,因此经常在海边休息。

84. 答案:Б。解析:потому что 因为;поэтому 因此。译文:夜晚下了雪,因此周围一片白茫茫。

85. 答案:Б。解析:потому что 因为;поэтому 因此。译文:塔季扬娜很善良,因此大家都喜欢她。

86. 答案:А。解析:потому что 因为;поэтому 因此。译文:我不明白课文,因为里面有很多生词。

87. 答案:Б。解析:потому что 因为;поэтому 因此。译文:我们准备测验,因此昨天没给你打电话。

88. 答案:Б。解析:потому что 因为;поэтому 因此。译文:他喜欢俄罗斯文学,因此他开始学习俄语。

89. 答案:А。解析:由连接词 если 所引导的从句表示实现的条件是真实的,即可能实现的。主句和从句的动词谓语要用陈述式(现在时、过去时、将来时)表示。例如:*Если* завтра будет хорошая погода, *то* мы поедем за город.(如果明天天气好,我们就去城外。)译文:如果有时间,我一定去你那儿。

90. 答案:А。解析:если 如果。译文:如果你给安娜打电话,请转达我的问候。

91. 答案:Б。解析:если 如果。译文:如果你好好学习,就能流利地说俄语。

92. 答案:А。解析:если 如果。译文:如果我每分钟学一个单词,那么一小时后我就知道60个单词。

93. 答案:Б。解析:если 如果。译文:如果电话号码我不记下来,就会忘了。

94. 答案:В。解析:连接词 если бы 连接的从句表示非现实的、虚拟的、不可能实现的条件。主句和从句的动词谓语要用假定式,即动词过去时形式加语气词 бы。例如:Я зашел *бы* к вам, *если бы* знал ваш адрес.(如果知道你的地址,我就去你那儿了。)意思是:不知道地址,所以没去。译文:如果我们有时间的话,我们就去城外了。

95. 答案:А。解析:连接词 если бы 连接的从句表示非现实的、虚拟的、不可能实现的条件。主句和从句的动词谓语要用假定式,即动词过去时形式加语气词 бы。例如:Я зашел *бы* к вам, *если бы* знал ваш адрес.(如果知道你的地址,我就去你那儿了。)意思是:不知道地址,所以没去。译文:如果今天天气好的话,我们就去城外了。

96. 答案:А。解析:连接词 если бы 连接的从句表示非现实的、虚拟的、不可能实现的条件。主句和从句的动词谓语要用假定式,即动词过去时形式加语气词 бы。译文:如果你准时来的话,我们就不会赶不上火车了。

97. 答案:Б。解析:由连接词 если 所引导的从句表示实现的条件是真实的,即可能实现的。译文:如果你准时来,我们就能赶上火车。

98. 答案:А。解析:хотя 是让步从句最常用的连接词。从句可位于主句之前、之中或之后。主句中常用的对别连接词 но、да、однако 等与主语相呼应。例如:*Хотя* ему нужны были деньги, занимать он не стал.(虽然他当时需要钱,却没去借。)译文:尽管课文很难,但我们还是翻译得很快。

99. 答案:А。解析:хотя 尽管。译文:尽管他答应了,但还是没来。

100. 答案:А。解析:хотя 尽管。译文:尽管他是有经验的老师,但孩子们还是不喜欢他。

101. 答案:А。解析:连接词 как 连接的从句表示主句中被比较的事物或现象与客观存在的事实相似或相同。例如:Луна вращается вокруг Земли, *как* Земля вращается вокруг Солнца.(月球绕地球旋转就像地球绕太阳旋转一样。)译文:我们爱祖国,就像我们爱妈妈一样。

102. 答案:Г。解析:用连接词 будто(像),как будто(像)连接的复合句中,与主句相比较的从句内容在现实中是没有的,是说话人借助它来对主句内容所做的主观解释。用连接词 будто, как будто 等与设想的事情比较时,从句中内容虽然是设想的事情,但谓语不用假定式过去时。例如:Он устал, будто сутки не отдыхал.(他太累了,就像一整夜没休息一样。)译文:我们开始交谈,好像认识很多年。

103. 答案:Г。解析:用连接词 будто(像),как будто(像)连接的复合句中,与主句相比较的从句内容在现实中是没有的,是说话人借助它来对主句内容所做的主观解释。用连接词 будто, как будто 等与设想的事情比较时,从句中内容虽然是设想的事情,但谓语不用假定式过去时。例如:Он устал, будто сутки не отдыхал.(他太累了,就像一整夜没休息一样。)译文:空气非常干净,好像不存在一样。

104. 答案:Г。解析:俄语中有一种带比较从句的成语化结构,其模式是"形容词或副词比较词, чем…","иной или другой, чем…"或"副词 иначе, чем…"。例如:Он поступил иначе, *чем мы ему советовали*.(他没按我们建议的那样做。)译文:他和我们建议做的不一样。

105. 答案:Г。俄语中有一种带比较从句的成语化结构,其模式是"形容词或副词比较词, чем…","иной или другой, чем…"或"副词 иначе, чем…"。例如:Он поступил иначе, *чем мы ему советовали*.(他没按我们建议的那样做。)译文:他比我想的更聪明。

# 二、阅读

俄罗斯对外俄语 B1 级考试阅读（Чтение）部分共 3 篇文章，20 道选择题。答题时间 50 分钟。答题过程中可以使用词典。

文章	选择题	考试时间
3 篇（可以使用词典）	20 道	50 分钟

答对全部题目的 66%（92 分）被认为是单科合格。

由于考试的时间有限，特别是对考生来说还有一些陌生的词汇，因此考生对阅读理解不能一词一句地仔细斟酌，考生要做的是掌握与问题有关的主要信息，并且在与问题有关的这些重要信息上仔细思考。

①尽快地把文章后面的问题先看一遍，然后带着这些问题去阅读文章，不要一接触试卷就先看文章。

②阅读过程中不要把时间过分停留在某个生词上，应把握整篇文章的中心内容，在觉得与问题有关的部分做上记号。

③读完全文后再阅读一遍问题，然后就划线的部分仔细分析，做出正确答案。

从以往的阅读题的情况看，对问题的解答可以分为直接内容和间接内容两种。但绝大多数都可以在原文中找到答案。

①直接内容。

直接内容是指在原文中可直接找出现成的答案，但这种情况下最好也要阅读全文，谨慎一些，因为这样的问题相对来说简单，应该得分。

②间接内容。

间接内容即无法从原文中的某一个句子里直接获得答题信息，而是通过分析几个句子、整个段落、整篇文章来归纳总结出与问题有关的内容。

需要指出的是，尽管可能部分问题的答案是间接的，但也不要把问题想得太远，应该在文章出现的字里行间寻找答案。请看下面的文章。

«Мать Владимирская» — так называют в городе Владимире Людмилу Александровну Веркину, которая вместе с мужем Николаем Лактионовичем сделала из своей квартиры детский дом. В семье Веркиных растут шесть дочерей и шестнадцать сыновей. Семь уже прошли службу в армии, одиннадцать вышли в самостоятельную жизнь, но по-прежнему называют Людмилу Александровну и Николая Лактионовича мамой и папой. Шестнадцать чужих детей Веркины приняли в свой дом, когда в семье было уже шесть своих — четыре мальчика и две девочки.

Дверь в квартиру открыла женщина в черном костюме. Это была хозяйка дома — Людмила Александровна. Из комнаты и кухни можно было слышать детские голоса. На столе появился чай и закуски. Дети вместе с Людмилой Александровной быстро собрали на стол. Было видно, что здесь любят и умеют принимать гостей. «Попробуйте, — предлагала хозяйка, — все с нашего огорода».

Создание сначала большой семьи, а потом и детского дома Веркины объяснили тем, что они вышли из семей учителя. Педагогом стала и сама Людмила Александровна. Она много лет работала в детском саду. Рождение каждого ребенка родители считали большой радостью. Сначала в семье было четыре мальчика и две девочки. Семья стала большой. «Да, государство нам помогает, — говорит Людмила Александровна, — и мы благодарны ему за это».

Я познакомился с жизнью и бытом семьи Веркиных и еще лучше и глубже понял смысл пословицы «В тесноте, да не в обиде». Сначала семья жила в маленькой квартире. Потом завод, на котором работал Николай Лактионович, дал ему квартиру из пяти комнат, а государство добавило еще две комнаты. Однако поставить в семи комнатах двадцать кроватей нелегко. А ведь нужны еще и шкафы, столы, да и просто место, где дети могли бы учить уроки, заниматься, смотреть телевизор. Дети растут здоровыми и веселыми, а тепло этого дома помогает жить легче. Когда я вышел из квартиры Веркиных, в голову пришла мысль, вот — дом, где радуются сердца.

1. Веркины приняли ... чужих детей в свой дом.
    (А) 6
    (Б) 11
    (В) 16
2. Раньше Людмила Веркина работала ... .
    (А) в книжном магазине
    (Б) на заводе игрушек
    (В) в детском саду
3. Завод дал семье Веркиных ... .
    (А) возможность купить дом
    (Б) квартиру из пяти комнат
    (В) работу детям
4. Дети жили у Веркиных ... .
    (А) в тесноте, но дружно
    (Б) очень богатой жизнью
    (В) довольно бедно
5. Людмилу Веркину называют Матерью Владимирской, потому что ... .
    (А) старшего сына зовут Владимир
    (Б) она создала частный детский сад
    (В) она стала мамой для многих чужих детей

译文

"弗拉基米尔市的母亲"——人们这样称呼弗拉基米尔市的柳德米拉·亚历山大洛夫娜·维尔金娜,她和丈夫尼古拉·拉克基奥诺维奇把自家的房子建成了孤儿院。维尔金大家庭里有六个女儿和十六个儿子。七个孩子服完了兵役,十一个孩子也独立生活,但他们仍像从前一样叫柳德米拉·亚历山大洛夫娜和尼古拉·拉克基奥诺维奇妈妈和爸爸。维尔金娜收养了十六个别人的孩子,当时她家里还有六个自己的孩子——四个男孩和两个女孩。

一个身着黑色衣服的妇女打开了房门。她就是这家的主人——柳德米拉·亚历山大洛夫娜。从房间和厨房可以听见孩子们的声音。桌子上摆着茶和小吃。孩子们和柳德米拉·亚历山大洛夫娜摆好桌子。可以看出,他们喜欢也善于招待客人。"尝尝吧",女主人提议道,"都是自家院子摘的。"

先是组建一个大家庭,然后建孤儿院,维尔金夫妇解释说,是因为他们都出身教师家庭。柳德米拉·亚历山大洛夫娜自己就是教育工作者。她在幼儿园工作多年。每个孩子的出生父母都认为是极为高兴的事。最初家里已经有四个男孩和两个女孩。家里已经人口不少了。"是的,国家在帮助我们",柳德米拉·亚历山大洛夫娜说,"我们为此感谢国家。"

我了解维尔金一家的生活和日常,就更加深刻地明白谚语"地方虽小,和睦友好"的意义。开始全家住在一个小房子里。后来尼古拉·拉克基奥诺维奇工作的工厂分给他五室的住宅,国家又给添了两室。但是在七室的家里放下二十张床并不容易。要知道还需要柜子、桌子,还要有地方让孩子们做功课、学习、看电视。孩子们健康快乐地成长,家庭的温暖使得生活更轻松。当我走出维尔金家的时候,我有了一个想法,那就是——家是让心高兴的地方。

1. 答案:В。原文有:Шестнадцать чужих детей Веркины приняли в свой дом, когда в семье было уже шесть своих — четыре мальчика и две девочки.

2. 答案:В。原文有:Педагогом стала и сама Людмила Александровна. Она много лет работала в детском саду.

3. 答案:Б。原文有:Потом завод, на котором работал Николай Лактионович, дал ему квартиру из пяти комнат, а государство добавило еще две комнаты.

4. 答案:А。原文有:Я познакомился с жизнью и бытом семьи Веркиных и еще лучше и глубже понял смысл пословицы «В тесноте, да не в обиде».

5. 答案:В。因为她收养了很多孩子。

1题、2题、3题都可以在试题原文中找到答案。但4. Как дети жили у Веркиных? 原文中没有直接答案,但答案(А) Они жили в тесноте, но дружно. 中的 в тесноте, но дружно 在原文中出现过(В тесноте, да не в обиде. 俄罗斯谚语,意思是"地方虽小,但和睦友好"),所以正确答案是 А。而 5. Почему Людмилу Веркину называют Матерью Владимирской? 的正确答案(В) Она стала мамой для многих чужих детей. 完全是根据全文的内容得出来。

通观俄罗斯对外俄语 B1 级考试阅读试卷,除了我们平时学习中增加词汇量提高阅读能力外,还应该注意加强对俄罗斯国情知识的积累。在学习过程中应有意识地阅读一些俄罗斯著名科学家、作家、音乐家、画家等的背景知识。积累相关俄罗斯国情知识会使我们更容易理解阅读材料的内容,消除考试的恐惧感,增强取得好成绩的信心。

我们一起做练习吧!

Текст 1

Это было в Бонне. Однажды вечером я зашел к Бетховену. Он сидел за столом и писал. На столе, на стульях, в шкафах лежали нотные листы. Я взял со стула лист и сел на диван. Бетховен кончил писать, встал из-за стола, снял с вешалки шляпу, и мы вышли на улицу. Мы шли по узкой и темной улице. Когда мы проходили мимо маленького домика, из окон послышалась музыка.

— Ты слышишь? Кто-то играет мою сонату, — сказал Бетховен.

Мы подошли к домику, остановились около окна и с восхищением слушали игру неизвестного пианиста. Через несколько минут музыка оборвалась, и мы услышали плач.

— Я так хочу послушать игру настоящего музыканта, — говорила девушка сквозь слезы.

— Зачем мечтать о невозможном, сестра? Чтобы послушать игру настоящего музыканта, нужны деньги, а у нас их нет.

Мы не видели собеседников, но поняли, что разговаривали брат с сестрой.

— В этом доме любят музыку. Я поиграю для них, — сказал Бетховен, и мы вошли в дом. У окна сидел юноша и чинил сапог, а у старого рояля сидела девушка.

— Я музыкант и хочу поиграть для вас, — сказал Бетховен.

— Но у нас нет нот, — ответила девушка.

— Как же вы играли? — удивился Бетховен.

— Несколько лет назад недалеко от нас жила женщина. Она часто играла эту сонату, и я запомнила. — Мы посмотрели на девушку и увидели, что она слепая.

Бетховен сел за рояль. Никогда он не играл так прекрасно, как играл в доме бедного сапожника и его сестры. Окно было открыто. Лунный свет освещал комнату и красную голову Бетховена. Молодой человек подошел к Бетховену.

— Кто вы? — спросил он тихо.

— Слушайте, — так же тихо сказал Бетховен и заиграл ту самую сонату, что играла слепая девушка. Брат и сестра бросились к Бетховену.

— Мы узнали! Вы — Бетховен! Вы — Бетховен! — повторяли они.

Наконец мы попрощались с братом и сестрой.

— Вы придете к нам еще? — спросили брат и сестра.

— Да, да, — ответил Бетховен. — Я приду, непременно приду к вам и дам вам несколько уроков...

Когда мы отошли от домика, композитор сказал:

— Пойду домой. Хочу написать новую сонату.

Он работал всю ночь и весь следующий день. К вечеру была написана «Лунная соната».

1. Когда они проходили мимо маленького домика, из окон послышался/лась ... .
   (А) шум
   (Б) музыка
   (В) разговор

2. Девушка мечтала ... .
   (А) пойти в кино
   (Б) поступись в институт
   (В) послушать игру настоящего музыканта

3. За ... Бетховен написал «Лунную сонату».

(А) ночь

(Б) день

(В) ночь и следующий день

Текст 2

Недавно я познакомился с интересным человеком. Его фамилия Агаев. Он живет в Азербайджане. И знаете, сколько ему лет? 144 года! Сейчас он один из самых старых жителей нашей страны. Агаев — высокий, худой, бодрый. Он прекрасно видит и слышит. Всю жизнь он жил и работал в горах Азербайджана. Только несколько лет назад ушел на пенсию. Но сидеть без дела Агаев и сейчас не любит.

Семья Агаева состоит из 151 человека: дети, внуки, правнуки, праправнуки.

Таких людей, как Агаев, называют долгожителями. Их немало, но и сейчас ученые всего мира говорят, что каждый долгожитель — это загадка для науки.

Однажды я путешествовал с моим другом по Дагестану. Мой друг — специалист по долголетию.

В городе Махачкале — столице Дагестана — мы встретили много 70-80-летних людей. Но они моего товарища не очень интересовали. Он называл их "мальчишками." Один такой "мальчишка" (ему 74 года) сказал нам, что он обязательно проживет еще 74 года. Почему? Потому что ни одного дня в своей жизни он не сидел без дела. Потом мы пришли в гости к другому человеку. Ему было 85 лет. Его не было дома. Жена сказала, что муж придет не скоро, потому что он пошел пешком на другой конец города к другу и вернется тоже пешком. Он никогда в жизни не ездил на транспорте, всегда ходит пешком.

— В этом секрет его долголетия, — сказала жена.

Потом мы были в гостях у третьего жителя города (ему 90 лет). Мы задавали ему вопросы о здоровье. Он отвечал нам спокойно. А потом решил почитать нам свои стихи. Он читал о любви. Глаза его ярко горели. Лицо вдруг стало красивым, почти молодым. И мы поняли, в чем секрет его долголетия.

Мы поехали дальше. В одной деревне были спортивные соревнования. В них участвовали старики, двадцать человек. Самому молодому из них — 80 лет, самому старому — 104.

— Вот в чем секрет их долголетия, — подумал я, — они всю жизнь занимаются спортом.

В следующей деревне была дважды золотая свадьба. Молодожены праздновали 100 лет своей жизни вместе. Мы видели, с какой любовью они относятся друг к другу, как быстро, с полуслова понимают друг друга. Мы подумали, что секрет их долголетия во взаимной любви.

Долго мы с другом путешествовали. Но точно ответить на вопрос: "как прожить долго", — так и не смогли. Одно мы поняли: пословица "старость не радость" устарела.

4. Самому старому участнику спортивных соревнований было ... .

(А) 94 года

(Б) 114 лет

（В）104 года

5. Ученые всего мира говорят, что … .

（А）долголетие зависит от состояния здоровья

（Б）долголетие зависит от настроения человека

（В）каждый долгожитель — это загадка для науки

Текст 3

Однажды мне показалось, что я болен. Я пошел в библиотеку, чтобы прочитать в медицинском справочнике о том, как нужно лечить мою болезнь.

Я взял книгу, прочитал там все, что нужно, а потом стал читать дальше. Когда я прочитал о холере, я понял, что болен холерой уже несколько месяцев. Я испугался и несколько минут сидел неподвижно.

Потом мне стало интересно, чем я болен еще. Я начал читать по алфавиту и прочитал весь справочник. И тогда я понял, что у меня есть все болезни, кроме воды в колене.

Я заволновался и начал ходить по комнате. Я думал о том, какой интересный случай я представляю для медицины! Студентам — будущим врачам — не надо ходить на практику в больницу. Я сам — целая больница! Им нужно только внимательно осмотреть меня и после этого можно сразу получать диплом.

Мне стало интересно, сколько я еще проживу. Я решил сам осмотреть себя. Я стал искать пульс. Сначала никакого пульса не было. Вдруг он появился. Я стал считать. Сто сорок? Я стал искать у себя сердце: я его не нашел. Мне стало страшно, но потом я решил, что оно все-таки находиться на своем месте. Просто я не могу его найти.

Когда я входил в библиотеку, я чувствовал себя счастливым человеком, а когда выходил оттуда — больным стариком.

Я решил пойти к своему врачу — моему старому другу. Я вошел к нему и сказал:

— Дорогой мой! Я не буду рассказывать тебе о том, какие болезни у меня есть. Жизнь коротка. Лучше я скажу тебе, чего у меня нет. У меня нет воды в колене.

Врач осмотрел меня, сел за стол, написал что-то на бумажке и отдал мне. Я не посмотрел на рецепт, а положил его в карман и сразу пошел за лекарством. В аптеке я отдал рецепт аптекарю. Он прочитал его и вернул со словами:

Здесь аптека, а не продуктовый магазин и не ресторан.

Я с удивлением посмотрел на него, взял рецепт и прочитал: "Бифштекс — один, принимать каждые шесть часов. Пиво — одна бутылка. Прогулка — одна, принимать по утрам. И не говорить о вещах, в которых ты ничего не понимаешь".

Так я и сделал. Совет врача спас мне жизнь. И я жив до сих пор.

6. Сначала он нашел у себя болезнь — … .

（А）холеру

（Б）рак

（В）туберкулез

7. Когда он решил осмотреть себя, ...

（А）он начал измерять температуру

（Б）он начал проверить давление

（В）он начал искать пульс

Текст 4

Какой будет Москва к двухтысячному году?

В июне 1971 года был принят генеральный план развития Москвы, рассчитанный на 20 – 25 лет. Какой же будет Москва к двухтысячному году?

Территория ее останется такой же, население увеличится только за счет естественного прироста. Город станет выше — дома будут строиться, в основном, в девять, четырнадцать, шестнадцать этажей.

В старом центре Москвы не будет промышленных предприятий. Там останутся только театры и клубы, общественные и административные здания. Число жителей центра сократится: многие переедут в новые районы.

К двухтысячному году все москвичи будут жить в хороших квартирах.

В десять раз увеличится количество автомобилей на улицах Москвы. Чтобы движение их было свободным, будут созданы системы подземных переходов, тоннелей, эстакад. Но все-таки не личные машины, а общественный транспорт — метро, троллейбусы и автобусы — будет перевозить большую часть москвичей. Общая протяженность линий метро станет триста двадцать километров (сейчас — сто тридцать восемь километров).

Таким будет город к двадцать первому веку. А как будет чувствовать себя в нем человек? Легко ли ему будет дышать на улицах?

Говорят, что Москва — единственная столица в Европе, где белую рубашку можно носить два дня. Возможно: ни у одного города, равного Москве по населению, нет такого количества зелени (тридцать шесть процентов территории). За пределами Москвы — целое море лесов. Этот зеленый пояс станет еще явятся новые сады и скверы.

8. ... был принят генеральный план развития Москвы.

（А）В июле 1971 года

（Б）В июне 1971 года

（В）В мае 1971 года

9. Количество автомобилей на улицах Москвы увеличится ... .

（А）в 10 раз

（Б）в 9 раз

（В）в 5 раз

10. Общая протяженность линий метро — ... .

（А）320 километров

（Б）250 километров

（В）339 километров

Текст 5

Когда молоденькая Евгения Андреевна вместе с директором вошла в класс, сердце ее сильно билось от волнения.

Класс медленно поднялся ей навстречу.

— Вот ваша новая учительница — Евгения Андреевна. Она будет вести литературу и русский язык вместо Сергея Ивановича, который ушел на пенсию из-за плохого состояния здоровья, — сказал директор и добавил: Прошу, Евгения Андреевна, начать урок.

Директор вышел, оставив ее одну.

— Дежурный! — сказала она. У нее был звонкий и приятный голос. К столу подошел высокий мальчик. У его было умное лицо и ленивые, медленные движения.

Мальчик отвечал ей, не вынимая рук из карманов. В классе было шумно. Дети смеялись.

Учительница взглянула на часы. Она не сделала ни одного замечания, так как понимала, что они бесполезны.

— Мы будем заниматься, — сказала она. — Вы остановились, как говорил мне сам Сергей Иванович, на «Горе от ума» Грибоедова.

— Нет, нет! — крикнула вдруг одна девочка. — мы уже окончили «Горе от ума».

— На чем же вы остановились?

Никто не ответил. Несколько секунд все молчали. Наконец та же девочка сказала:

— На «Евгении Онегине». На восьмой главе.

Учительница с удивлением посмотрела на детей, потом опустила глаза и усмехнулась. Она поняла. Теперь дети проверяли ее. И эта детская хитрость, хорошо знакомая ей, успокоила ее.

— Хорошо, начнем с «Евгения Онегина».

— А у нас нет книг! Мы не знали.

— Нам книг и не нужно.

В это время ученик Новиков направился к двери. Она даже не посмотрела на него.

— Итак, начнем — сказала она.

Деревня, где скучал Евгений.

Была прелестный уголок...

Она читала негромко, но ясно. Она читала, и все нежнее становилось ее лицо, все красивее казалась детям ее тонкая фигура в черном платье.

Она читала уже полчаса.

Ученик Новиков вернулся в класс. Сначала он удивился необыкновенной тишине, но потом тоже стал внимательно слушать. Евгения Андреевна кончила, но дети сидели по-прежнему тихо.

— До свидания, — сказала она, — уже был звонок.

Она быстро шла по длинному коридору сквозь толпу детей, будущее широко открывалось перед ней, и жизнь казалась ей прекрасной.

11. Новая учительница будет вести ... .

(А) только литературу

(Б) только русский язык

(В) литературу и русский язык

12. Евгения Андреевна будет работать вместо Сергея Ивановича, ...

(А) так как он заболел и ушёл на пенсию

(Б) так как он уехал в командировку

(В) так как он уехал в отпуск

13. На первом уроке дети отнеслись к новой учительнице ... .

(А) с удивлением

(Б) с уважением

(В) с недоверием

Текст 6

Тёплой майской ночью я сидел на берегу реки и любовался весенним небом с крупными яркими звёздами. Вместе со мной у костра сидел молодой инженер. Я познакомился с ним, когда приехал сюда.

Падали звёзды. Одни, пока летели по небу, оставляли за собой тонкие огненные полоски; другие, перед тем как погаснуть, вспыхивали ярким пламенем.

— Счастлив должен быть тот человек, — задумчиво сказал инженер, — который, когда умрёт, оставит хоть маленький след.

Мы долго молчали.

— Хотите, я расскажу про одну женщину и про след, который она оставила на земле? — спросил он.

Я приготовился слушать. Прежде чем начать рассказ, он долго смотрел в огонь, как бы вспоминая что-то.

— Во время войны жила в маленьком украинском селе женщина. Некрасивая и молчаливая. Многие даже её имени не знали, а звали просто Конопушкой. После того как гитлеровцы пришли в село, Конопушка изменилась. Каждый день её стали видеть на улице, даже слышали её смех. Когда Конопушка заходила в комендатуру, она старалась услужить немцам: то полы помоет, то воды принесёт. Людям это не нравилось.

Партизаны часто делали ночные налёты на село. И уже потом, через несколько месяцев после того, как изгнали фашистов, люди узнали, что это Конопушка помогала партизанам. За несколько дней до того, как фашистов изгнали, они истребили почти всё взрослое население села. И как раз напротив дома Конопушки совершили своё последнее преступление: зажгли небольшой стог соломы и бросили в огонь шестилетнего мальчика-сироту.

Прежде чем ребёнок скрылся в дыму, в костёр кинулась женщина. Сухая солома горела недолго. Когда дым рассеялся, люди увидели Конопушку. Она вся обгорела. Лишь по какой-то случайности сохранилось лицо. Глаза чистые, светлые, как голубое майское небо. После того как Конопушку подняли, под телом её нашли мальчика. Он был жив. Только по локоть обгорела левая рука.

Инженер замолчал. потом взял ветки и бросил в костер. Когда сухие ветки вспыхнули, я увидел на левой руке черную кожу протеза.

14. Партизанам удавалось делать ночные налеты на село, ...
    (А) так как партизаны были смелыми.
    (Б) так как люди ненавидели фашистов.
    (В) так как Конопушка помогала им.
15. Конопушка погибла . . . .
    (А) в бою с врагами
    (Б) когда она спасала мальчика-сироту
    (В) во время ночного налета

Текст 7

Аркадий Гайдар — детский писатель. Он очень любил детей и очень им верил. Однажды его друг подарил ему дорогое старинное кольцо. Случилось так, что к концу дня, после трудной работы у друзей кончились папиросы. Гайдар вышел не улицу за папиросами. Около магазина стояли два мальчика. Один из мальчиков увидел кольцо на руке Гайдара и с интересом стал смотреть на него.

— Нравится тебе это кольцо? — спросил Гайдар.

— Нравится, — неуверенно ответил мальчик.

— Хочешь, я дам тебе его на некоторое время поносить? — спросил Гайдар.

Мальчики недоверчиво молчали.

— Только это кольцо не простое, а волшебное. Вы должны мне отдать его через сорок восемь часов. Иначе у меня будет большое несчастье, — Он снял кольцо со своей руки и отдал его старшему мальчику.

Через два дня Гайдар позвонил другу по телефону:

— Приезжай, мне плохо, — сказал он. Когда друг приехал, Гайдар грустно сказал:

Гайдар нервничал, все время смотрел на часы.

— Пятьдесят один раз, пятьдесят два, пятьдесят три . . . , — считал он. Друг понимал, почему Гайдар волнуется. Он очень верил людям, особенно детям, и ему больно было думать, что мальчики его обманули.

— Аркадий, — вдруг закричал его друг, — А ты дал им свой адрес? Куда они должны были принести тебе кольцо?

Гайдар очень обрадовался.

— Глупый я человек, — сказал Гайдар, — Я ждал их, а они ждали меня. Может быть, не пятьдесят три часа, а больше. Может быть, они ищут меня и сейчас . . .

Друг Гайдара написал об этом случае рассказ, который был напечатан в 1946 году. А через некоторое время два офицера принесли кольцо другу Гайдара. Восемь лет они искали хорошего человека, который так поверил им. Но нашли его только после того, как случайнопрочитали рассказ.

16. Аркадий Гайдар дал старинное кольцо незнакомым мальчикам поносить на некоторое время, ...

(А) так как дети попросили его

(Б) так как эти мальчики были его знакомыми

(В) так как Гайдар очень верил детям

17. Когда мальчики не принесли Гайдару кольцо, он был очень взволнован, ...

(А) так как кольцо было драгоценное

(Б) так как ему больно было думать, что мальчики его обманули

(В) так как это кольцо было подарком друга

18. Мальчики не вернули Гайдару кольцо через сорок восемь часов, ...

(А) так как они были нечестными

(Б) так как они не знали адреса Гайдара

(В) так как началась война

Текст 8

Великий русский физиолог Иван Петрович Павлов был избран почетным членом многих университетов и академий, он получил около 150 дипломов.

В 1912 году И. П. Павлова избрали почетным доктором Кембриджского университета, и Кембриджский университет прислал Ивану Петровичу приглашение приехать в Англию.

Студенты университета решили сделать великому физиологу какой-нибудь подарок, но никак не могли придумать, что ему подарить. Внук Чарльза Дарвина, который учился в это время в университете, посоветовал своим друзьям подарить Павлову игрушечную собаку. Он рассказал, что его деду, когда он получал докторскую степень в этом же университете, студенты подарили игрушечную обезьянку. Это было символом понимания и признания учения знаменитого биолога. Студенты как бы хотели этим сказать, что они поддерживают его теорию происхождения человека.

Создатель учения о высшей нервной деятельности человека и животных И. П. Павлов свои опыты проводил на собаках, поэтому студенты решили подарить И. П. Павлову игрушечную собаку, чтобы выразить свое уважение к великому русскому физиологу и показать, что они понимают, как велико значение его открытий.

Когда ученым вручали почетные дипломы, в Кембридже был настоящий праздник. Туда приехали тысячи людей. Студенты стояли на балконе. И когда И. П. Павлов шел получать диплом, студенты спустили на веревочке свой подарок ему прямо в руки. Он посмотрел на балкон, увидел там молодые улыбающиеся лица и сразу все понял. Позднее он говорил, что это был один из самых счастливых моментов его жизни.

19. . . . создал учение о высшей нервной деятельности человека.

(А) Павлов

(Б) Петров

(В) Дарвин

20. Студенты решили подарить ученому собаку, ...

(А) так как Павлов любил собак

(Б) так как собака умнее других животных

(В) так как он проводил свои опыты на собаках

Текст 9

Это произошло в 1961 году в Антарктике. На советской станции Новолазаревской работали двенадцать ученых. Среди них был молодой врач Леонид Рогозов.

Леониду очень нравилась суровая жизнь, но в письмах к родным он жаловался, что на станции для него нет работы, его товарищи никогда не болеют. Его это радовало и огорчало одновременно. Все остальные сотрудники станции вели работу по своей специальности, а врачу Рогозову приходилось выполнять обязанности хозяйственника и тракториста.

Но наступил день, когда помощь врача стала необходимой. Заболел ... сам Леонид Рогозов. Он почувствовал сильные боли в правой части живота и понял, что у него аппендицит. Леонид принял все необходимые лекарства, но лекарства не помогли ему. Нужна была срочная операция, но кто ее сделает? До ближайшего пункта, где находился врач, можно было добраться только на самолете, но была страшная пурга, и самолеты не летали.

Состояние больного Рогозова продолжало ухудшаться, и врач Рогозов принял решение: немедленно оперировать.

В подготовке к операции принимали участие все сотрудники станции. Они установили посреди комнаты кровать, а рядом с кроватью поставили стол с медицинскими инструментами и большое зеркало, включили несколько сильных ламп.

Операция началась. Леонид оперировал, а одиннадцать человек, затаив дыхание, следили за ходом операции. Теперь все зависело от воли и мужества одного человека. Если во время операции он потеряет сознание, он погибнет. Ведь никто из окружающих ему помочь не сможет.

Эта необычная операция длилась 105 минут. Все приходилось делать, глядя в зеркало. И Леонид Рогозов блестяще провел эту операцию. Во время операции он убедился, что поставленный им диагноз был совершенно правильным. Так врач Рогозов спас жизнь больному Рогозову.

21. В 1961 году в Антарктике ... .

(А) была создана новая станция

(Б) была проведена необычная операция

(В) состоялась встреча старых друзей

22. Благодаря ... врач успешно сделал себе операцию.

(А) медицинским инструментам

(Б) помощи товарищей

(В) уверенности в себе, силе воли и мужеству

23. Эта необычная операция длилась . . . .

   (А) час 45 минут
   (Б) час 5 минут
   (В) 15 минут

Текст 10

В настоящее время средняя продолжительность жизни человека в развитых странах превышает 70 лет. В России средняя продолжительность жизни увеличилась вдвое по сравнению с дореволюционным временем. Это связано с изменением социальных условий, успехами медицины и здравоохранения.

Резко увеличивается продолжительность жизни и в развивающихся странах. Например, в Индии она возросла с 27 лет в двадцатых годах XX века до 50 лет к настоящему времени. Ученые считают, что в развивающихся странах средняя продолжительность жизни к концу нашего столетия также достигнет 70 лет.

Будет ли и дальше продолжительность жизни увеличиваться такими быстрыми темпами? Сейчас больше всего сокращают срок человеческой жизни сердечно-сосудистые заболевания ирак. А если человечество научится лечить эти болезни? Подсчитано, что даже если бы мы полностью избавились от сердечно-сосудистых болезней, то средняя продолжительность жизни увеличилась бы лишь на 6 – 7 лет, а если бы мы полностью ликвидировали рак, мы выиграли был только полтора года.

Значит, резкого увеличения продолжительности жизни нам ждать не приходиться. Это возможно до некоторой возрастной границы, установленной природой в процессе эволюции, и характерной для человека как биологического вида. Большинство специалистов считает верхней границей возраст 100 – 110 лет, хотя некоторые ученые говорят о возможности для человека жить до 150 лет. Ведь известны люди, доживающие до такого возраста.

Ученые видят свою задачу в том, чтобы не только увеличить среднюю продолжительность жизни, но и перейти естественную границу наступления старости и смерти. Реально ли это? Да, реально, — отвечают специалисты. Уже сейчас исследования показывают, что сроки жизни у многих животных повышаются при различн6ых воздействиях на них на 30 – 40 и даже 80%.

Такие факты позволяют делать оптимистические выводы. И сейчас ученые разных специальностей — врачи и биологи, физики и химики, математики и социологи — ведут исследования, ставящие великую цель — обеспечить человеку истинное долголетие.

24. В этом тексте говорится . . . .

   (А) о том, как должен жить человек
   (Б) о борьбе с болезнями
   (В) об увеличении продолжительности жизни человека

25. Увеличение продолжительности жизни человека связано . . . .

   (А) с изменением климата
   (Б) с изменением социальных условий, успехами медицины и здравоохранения

(В) с калорийным питанием

26. В настоящее время перед учеными стоит ... .

(А) увеличение средней продолжительности жизни человека

(Б) ликвидация сердечно-сосудистых болезней и рака

(В) увеличение средней продолжительности жизни и отдаление наступления старости и смерти

Текст 11

История человечества свидетельствует, что время труда из века в век сокращается. Когда-то рабочий день продолжался 16 – 18 часов, сейчас мы работаем 6 – 8 часов в день, к тому же имеем 2 выходных дня в неделю. Количество свободного времени у работающих будет расти и в дальнейшем. Это прекрасно, потому что все больше времени остается у человека для развития его физических и духовых возможностей. Ведь не только труд, но и свободное время сделало человека. Кто знает, когда пришли на ум Александру Блоку дивные слова о Прекрасной Даме — за письменным столом или на прогулке. А Ньютон открыл свой закон, сидя в саду.

Уже сегодня человеку предоставляется огромная свобода выбора, как использовать время, не занятое работой, учебой. Это общественные дела, занятия спортом, искусством, любимым трудом, это развлечения, это время, проведенное наедине с книгой, с друзьями, в семье, на прогулке. Некоторые даже жалуются, что им не хватает суток.

Но все ли умеют пользоваться этой свободой выбора? У каждого ли хватает организованности, культуры да и просто умения сделать это время действительно свободным для удовольствий, для отдыха? И каковы здесь должны быть пропорции личной инициативы и инициативы извне? Что зависит от самого человека, от его окружения, от общества?

Вопросы эти достаточно серьезны и актуальны, особенно если учесть, что в специальных работах все чаще, как это ни странно, словом "проблема". Современные ученые и социологи сходятся на неожиданном выводе: "Человек научился работать, но толком не знает, как отдыхать." Видимо, здесь сказывается отсутствие индивидуальной привычки к содержательному отдыху. Разумеется, она не возникает сама по себе, это прямое следствие общего искусства жить. За свой досуг в первую очередь отвечает сам человек. Нельзя поддаваться заблуждению, довольно широко распространенному: вот, если бы кто-то талантливый взялся организовать наше свободное время, вот уже тогда бы мы повеселились и отдохнули.

Однако многое в организации досуга может взять на себя общество. В политике нашего государства большое место занимает широкая программа действий по организации досуга: строительство новых домов отдыха, санаториев, клубов, улучшение условий для занятий коллективов художественной самодеятельности, творческих студий, занятий массовыми видами спорта, туризмом и т. д.

27. Раньше рабочий день продолжался ... .

(А) 12 часов

(Б) 16 часов

(В) 16 – 18 часов

28. Сегодня ... предоставляется человеку.

(А) огромная свобода выбора профессии

(Б) огромная свобода выбора использования времени, не занятого работой, учебой

(В) огромная свобода выбора интересов

29. ... играет большую роль в организации отдыха людей.

(А) Политика государства

(Б) Умение организовать отдых

(В) Любимые занятия и увлечения

Текст 12

Учитель математики Иван Иванович Петров ехал в поезде. Вечером он пошел в вагон-ресторан, чтобы поужинать.

Когда ему принесли ужин и он начал есть котлету, он ахнул: такую прекрасную котлету Иван Иванович не ел никогда в жизни. Таким же вкусным был и весь остальной ужин. Иван Иванович решил познакомиться с поваром, который так вкусно готовил. Но когда он увидел повара, он ахнул еще раз: поваром работал его старый ученик Сергей Медведев, который отлично учился в школе. Иван Иванович считал, что Сергей будет физиком или математиком. «Вот уж никогда не думал, что ты станешь поваром. Но готовишь ты отлично», — сказал Иван Иванович.

На вопрос Ивана Ивановича, как и почему он стал поваром, Сергей ответил, что очень доволен своей работой, что считает свою специальность очень интересной.

— Как и почему я выбрал эту специальность? Это случилось в 10 классе — начал свой рассказ Сергей. — Вы ушли работать в другую школу. Наша новая учительница математики хотела помочь нам выбрать специальность, поэтому она часто приглашала в школу разных специалистов: геологов, летчиков, врачей.

Однажды она пригласила в школу физика. В то время многие ученики нашей школы «болели» физикой. К нам пришел старый, но еще очень энергичный человек. Сказал, что он профессор физики, и начал рассказывать о своей встрече с Альбертом Эйнштейном. «Это было в Париже. Меня познакомили с Альбертом Эйнштейном. Когда Эйнштейн узнал, что я русский и тоже физик, он предложил мне пойти в русский ресторан и там поговорить. Пришли. Сели. Эйнштейн заказал настоящий русский обед...» И тут старый профессор начал рассказывать нам, что они ели и пили и как это готовят. Рассказывал он об этом целый час и так интересно, что все мы забыли и о физике, и даже о великом Эйнштейне. После этого рассказа мы попросили его прийти к нам еще раз. Пять раз мы встречались с профессором, и каждый раз он начинал рассказывать о физике, а потом, что и как готовить. «Физика — говорил он, — наука важная, слов нет. Но что физик? Всю жизнь работает. Может быть, сделает одно открытие — вот и все. А повар каждый день открывает новое, если он, конечно, настоящий повар». Мы еще шестой раз хотели пригласить нашего профессора в школу, но уже было поздно: начались экзамены. А после окончания школы я решил стать поваром и поступил в кулинарный техникум. В школе я об этом, конечно, никому не сказал, потому что думал, что ребята будут смеяться. Первого сентября пришел на занятия и вижу: на моем курсе 10 человек из нашего класса! А через несколько дней мы встретили в техникуме... нашего профессора. «Что вы тут делаете?» — спросили мы его. «Видите ли, я не физик, а повар, в ресторане работаю и тут преподаю. Вы меня извините, что я вам тогда неправду сказал. Все физика да физика... Но вы о нашей профессии и слушать не хотите. А наша профессия не хуже!...»

30. Иван Иванович Петров встретился со своим старым учеником Сергеем Медведевым ... .
（А）в школе
（Б）в кулинарном техникуме
（В）в ресторане

31. Сергей Медведев работает ... .
（А）поваром
（Б）математиком
（В）физиком

32. ... учеников поступало в кулинарный техникум после окончания школы.
（А）20 человек
（Б）10 человек
（В）5 человек

Текст 13

Однажды, когда я был в Венгрии, я познакомился с одной знаменитой женщиной, которую зовут Като Ломб. Если вы думаете, что я был неправ, когда назвал эту женщину знаменитой, то вы ошибаетесь. Эта женщина работает переводчицей. Кроме своего венгерского языка она знает 16 языков.

Като изучала в школе два языка: французский и латинский. Китайский язык она изучала с учительницей, а все остальные языки она изучала самостоятельно.

— На каких языках вы работаете больше всего?

— Пожалуй, на английском.

— Это ваш самый любимый язык?

— Нет, мой самый любимый язык — русский. Это язык, у которого самая четкая и сложная структура, это самый красивый язык.

Като говорит по-русски правильно, без грамматических ошибок, иногда только делает неправильное ударение.

— Наверное, очень трудно, когда вы должны переходить с одного языка на другой, когда вы должны говорить на разных языках.

— Да, но у меня есть свой метод. Обычно я всегда знаю, на каком языке я буду работать. например, в среду я буду работать на английском языке. Всю неделю, когда я буду гулять, я буду думать на английском языке и писать на этом языке.

— А что вы пишете?

— Я пишу дневник. Это помогает мне переходить на другой язык.

Като Ломб считает, что сейчас знание языков как никогда важно. Мир на земле не может существовать без понимания друг друга, без встреч, без понимания и знания различных культур. Чтобы понимать друг друга, мы должны знать языки.

Като Ломб — человек, который не только любит свою работу, но и увлекается ей. Она подарила мне книгу, которую она написала. Книга называется «Как я выучила 16 языков». Като Ломб любит литературу, много читает, занимается спортом. Она катается на лыжах, плавает, занимается гимнастикой.

33. Като Ломб — ... .
    (А) знаменитая венгерская женщина
    (Б) знаменитая русская женщина
    (В) знаменитая французская женщина
34. Като ломб работает больше всего ... .
    (А) на английском языке
    (Б) на русском языке
    (В) на латинском языке
35. Като Ломб больше всего любит ... .
    (А) английский язык
    (Б) русский язык
    (В) китайский язык

Текст 14

Я много пишу о Москве. Москва — моя любимая тема. Меня часто приглашают выступать с рассказами о Москве, об истории ее улиц, о ее прошлом и будущем. Все считают меня большим специалистом по Москве. Все, кроме моей жены. Она часто шутит надо мной, потому что я плохо знаю новые районы Москвы. Но не могу же я знать все новые районы и улицы. Ведь их каждый год становится все больше и больше. Я часто сердился на шутки жены, потому что считал, что она абсолютно не права.

Однажды в конце декабря мне позвонили из фирмы «Заря». Работники этой фирмы могут помочь вам убрать квартиру, сделать ремонт, посидеть с маленьким ребенком, если вы хотите пойти, например, в кино или в театр. В прошлом году в конце декабря мы просили фирму «Заря» прислать к нам Деда Мороза. Мы пригласили детей в гости к нашей внучке Наташе. Дед Мороз приехал к нам домой, принес детям новогодние подарки, читал с ними стихи, пел вместе с ними песни и танцевал, было очень весело. Дед Мороз им так понравился, что я решил сделать тоже что-нибудь приятное для фирмы «Заря», для ее прекрасных работников. Деду Морозу я подарил одну из своих книг о Москве, а на фирме выступил со своими рассказами о Москве. Мои рассказы очень понравились работникам фирмы, мне долго аплодировали, подарили большой букет цветов. И я сказал, что готов им помогать всегда, если это им будет нужно. Когда дома я рассказал об этом жене, она долго смеялась. Интересно, — сказала она, —

что ты можешь для них еще сделать?

И вот теперь мне звонили из фирмы «Заря».

— Здравствуйте!

Я узнал голос нашего Деда Мороза.

— Иван Иванович, вы обещали нам помочь. Помните? Мы просим вас немного поработать Дедом Морозом.

— Меня? Дедом Морозом?

— Понимаете, почти 10 тысяч семей просили нас прислать на Новый год Деда Мороза. Значит, 10 тысяч мальчиков и девочек ждут, что к ним в гости приедет Дед Мороз и принесет подарок. А у нас только 150 Дедов Морозов. Это во-первых, а во-вторых, вы старый москвич, вы так хорошо знаете Москву. Поэтому мы дадим вам нашего нового шофера. Он не москвич и Москву еще знает плохо. А задание у вас будет небольшое: 5 квартир на улице Вавилова, 5 на улице Кравченко и 7 квартир на проспекте Вернадского.

Я не мог отказаться. Ведь я обещал. Времени до Нового года было мало, и я решил готовиться к своей работе Деда Мороза. Я вспомнил, что делал Дед Мороз, когда был у нас в прошлом году. Он пел и танцевал с детьми, читал им стихи. Хорошо ли, плохо ли, но это я могу. С Наташей я выучил столько песен и стихов, что это для меня не проблема. Москву я, конечно, хорошо знаю. Эти улицы находятся в Юго-Западном районе. Это я сразу понял, потому что сам не раз рассказывал, что по плану строительства Москвы в Юго-Западном районе должны находиться учебные или научные институты. Поэтому почти все улицы в этом районе носят имена известных ученых. Но вот где точно находятся другие улицы, о которых мне сказали по телефону, как до них доехать, этого я не знал. Жена снова посмеялась надо мной: «А еще пишешь о Москве...» А потом посоветовала мне купить новую карту-схему Москвы, доехать до станции метро «Юго-Западная» или «Университет», или «Проспект Вернадского» и пойти поискать эти улицы, а уже потом ехать с шофером из фирмы «Заря». Так я и сделал.

36. ... может оказывать помощь жителям в разных домашних делах.

  (А) Фирма «Заря»

  (Б) Дед Мороз

  (В) Иван Иванович

37. Фирма решила давать это задание Ивану Ивановичу, потому что ....

  (А) он хорошо знал Москву

  (Б) он работник этой фирмы

  (В) он обещал помочь фирме

Текст 15

Великий русский писатель Лев Николаевич Толстой родился в усадьбе Ясной Поляне, недалеко от города Тулы. В этой усадьбе он прожил большую часть своей жизни и написал замечательные романы «Война и мир», «Анна Каренина» и «Воскресение».

Дом Толстого стоит в большом парке. От ворот к дому идет широкая аллея. Вокруг дома летом очень много цветов. Около дома стоит большое дерево. Лев Николаевич любил сидеть на скамейке под этим деревом. Здесь он часто беседовал с крестьянами. Парк очень хорош. Между высокими деревьями много аллей. Писатель любил гулять один по этому парку. Во время прогулок он часто обдумывал свои произведения.

В этом же парке находится и могила Л. Н. Толстого.

В парке и в доме Толстого все сохраняется в том же виде, как было при жизни писателя.

В доме можно увидеть большую столовую, где стоит рояль. Лев Николаевич хорошо играл на рояле и любил слушать других. На этом рояле играли многие известные музыканты, которые приезжали в гости к писателю. В этой же комнате висит несколько портретов Толстого. Их писали такие известные художники, как И. Е. Репин, Н. Н. Ге и многие другие. Когда Толстой работал над романом «Анна Каренина», в Ясную Поляну приехал известный русский художник Крамской. Он создал один из лучших портретов писателя. Жена Толстого говорила об этом портрете: "Так похож, что смотреть страшно." За столовой — небольшая комната, здесь писатель проводил время с семьей и гостями.

В Ясную Поляну к Толстому приезжали разные люди. Среди них были известные писатели, музыканты, художники. Много людей приезжает в Ясную Поляну и теперь, особенно по воскресеньям.

Толстой открыл в Ясной Поляне школу для крестьянских детей. С его помощью стали открываться школы и в других деревнях. Сам Лев Николаевич учил детей в старой маленькой школе. Он составил специально для них книги для чтения.

Теперь в Ясной Поляне большая новая школа имени Льва Толстого.

28 октября 1910 года в 82-летнем возрасте Лев Толстой ушел из Ясной Поляны навсегда. В дороге он простудился, тяжело заболел и умер.

Льва Толстого похоронили в Ясной Поляне. По его желанию, могила — просто зеленый холм, без памятника и цветов.

38. Лев Николаевич Толстой родился . . . .

(А) далеко от города Тулы

(Б) недалеко от города Тулы

(В) в Москве

39. . . . создал один из лучших портретов писателя.

(А) Н. Е. Репин

(Б) Н. Н. Ге

(В) Крамской

40. В . . . Лев Толстой ушел из Ясной Поляны навсегда.

(А) 28 лет

(Б) 97 лет

(В) 82 года

Текст 16

Русский писатель Антов Павлович Чехов был очень скромным человеком. Он не любил торжественных собраний, поздравлений, которые произносили книжно и долго, не любил, когда кто-нибудь начинал его хвалить. Обычно в таких случаях он сердился и уходил. Но однажды, когда его хвалили, он был весел, потому что слова этих людей были просты и искренни, и это не было ему неприятно.

Это произошло так. Антон Павлович вместе со своей сестрой Марией ехал в поезде. Рядом с ними сидели двое мужчин и разговаривали. На остановке один из них вышел из вагона и купил новый журнал, в котором был помещен рассказ Чехова.

— Чехов — мой любимый писатель. Читали ли вы что-нибудь из его произведений? — сказал он, обращаясь к Антону Павловичу.

— Гм... Когда-то... — неопределенно ответил Чехов.

— Советую почитать!

Другой пассажир в черном костюме, тоже вступил в разговор и начал хвалить Чехова: — это один из лучших писателей. Рассказы, которые написал он, маленькие, а прочитаешь внимательно, подумаешь — и открывается широкая картина русской жизни. Он вам нравится?

— Гм... Не знаю... — опять ответил Антон Павлович.

Мария улыбнулась и посмотрела на брата. Чехов, которого не узнали эти люди, был спокоен, только глаза его смеялись.

Пассажиры продолжали свой разговор.

— Чехов — врач. Он был очень хорошим доктором, если бы не был писателем. В Мелихове, где он теперь живет, он бесплатно лечит всех и дает лекарства.

— Да, он хороший человек, — сказал мужчина в черном костюме.

— Вы слышали, что недавно открылись школы, построенные Чеховым для крестьян? Любят его люди, и он любит и знает людей, поэтому рассказы, которые написал он, так хороши...

И долго еще пассажиры говорили о Чехове, о его произведениях. Антон Павлович сидел, слушал этих случайно встреченных людей и говорил непонятное "гм..., гм...".

— Антон, скажи им, кто ты.

— Гм... — ответил он и покачал головой.

— Ну, Антон, — просила она брата.

Но он как будто не слышал ее. Она замолчала и только иногда, слушая пассажиров, тихо говорила:

— Скажи...

Совместное путешествие подходило к концу. Мария попросила брата:

— Разреши мне сказать им, что ты Чехов!

Он посмотрел на нее с улыбкой и отрицательно покачал головой.

На следующей станции пассажиры вышли из вагона. Они так и не узнали, что говорили самому Чехову про Чехова и просили его прочитать собственные произведения.

41. Чехов — ... .

   (А) русский музыкант

   (Б) русский инженер

   (В) русский писатель

42. Чехов бесплатно лечит всех и даёт лекарства ... .

   (А) в Москве

   (Б) в Мелихове

   (В) в школе

43. ... хотел/ла открыть им правду.

   (А) Мать

   (Б) Сосед

   (В) Сестра

Текст 17

Мы жили на втором этаже большого шестиэтажного дома. Однажды, когда дети играли во дворе в мяч, они разбили наше оконное стекло. Мяч упал на письменный стол, который стоял у окна. Моя жена сидела за столом и работала и, конечно, очень рассердилась. Она бросила мяч под стол и продолжала свою работу. Вдруг кто-то постучал в дверь. Когда мы открыли дверь, мы увидели маленького мальчика. Он вежливо с нами поздоровался и сказал: "Мне очень жаль, что я разбил ваше оконное стекло, извините меня, пожалуйста. Но это не беда: мой отец стекольщик, я его сейчас позову." С этими словами мальчик убежал. Через несколько минут он вернулся и привёл с собой стекольщика. "Он вам всё сделает," — сказал мальчик. Он выглядел очень важным. Несколько минут он молчал и искал что-то глазами. Наконец мальчик увидел свой мяч, который лежал под столом, и сразу потерял всю свою важность. "Можно мне взять свой мяч?" — обратился он ко мне. Конечно, я ему это разрешил. Он взял свой мяч и тотчас же убежал. Стекольщик принялся за работу. Она продолжалась около часа. Когда стекольщик закончил свою работу, мы поблагодарили его, но он не уходил. "Что это должно значить?" — думали мы. "Я хотел бы получить деньги за свою работу," — сказал он наконец. "Как так?" — спросила удивлённо моя жена. "Ваш сын сказал, что вы сделаете эту работу, так как он разбил наше оконное стекло". "Как так мой сын?" — спросил стекольщик. "Мальчик сказал мне, что вы его родители и что вы зовёте меня, потому что кто-то разбил ваше оконное стекло. У меня вообще нет сына!"

44. Этот мальчик был ... .

   (А) вежливым в обращении со всеми всегда

   (Б) хорошим, искренним, всегда говорил правду

   (В) вообще плохим, врал, иногда прикидывался вежливым

45. Мальчик взял мяч и тотчас же убежал, ...

   (А) потому что наш сын спешил выйти играть в мяч

(Б) потому что его ждали

(В) так как мальчик боялся, что все скоро поймут: он обманул всех — он не был ни сыном стекольщика, ни сыном нашим

Текст 18

Русскую балерину Галину Уланову знает весь мир.

Когда Гале было девять лет, родители отдали ее учиться в балетную школу. Галя все время плакала: она не хотела жить в школе, не хотела видеть маму только один раз в день (ее мама — балерина — учила девочек танцевать). В детстве Галя мечтала стать не балериной, а моряком. Она любила с папой ловить рыбу, купаться в море, плавать на катере, и о балете даже не думала.

Однажды Галя заболела. Ее положили в больницу. Вместе с Галей лежала девочка Ася. ночью Галя услышал, что Ася плачет.

— Что с тобой? — спросила Галя. Ася рассказала, что она хотела стать балериной, но у нее болит нога. Теперь врачи сказали, что она никогда не будет танцевать.

— Знаешь, — сказала Галя, — если у тебя будет болеть нога, ты сможешь быть моряком. Я знаю одного моряка, у него болели обе ноги.

— Я не хочу быть моряком! Я хочу быть балериной!

— Говорила Ася.

Через несколько дней Ася вышла из больницы. А маленькая Галя думала об Асе, о ее жизни. В первый раз Галя поняла, что быть балериной — большое счастье!

Однажды, когда Галя Уланова училась в шестом классе, пришел старый учитель и радостно сказал: «Галя будет танцевать в балете.»

Слова учителя произвели большое впечатление. Танцевать в настоящем балете! Конечно, многие девочки завидовали Гале. Однажды, когда Галя шла на репетицию, она услышала, как две девочки говорили о ней.

— Конечно, она хорошо танцует, но у нее неподвижное лицо, — говорила одна девочка.

— Да, — говорила вторая девочка, — она не улыбается, когда танцует.

Услышала Галя эти слова, остановилась и стала думать: «Может быть, эти девочки правы? Может быть, скучно смотреть, как она танцует? Но почему балерина должна всегда улыбаться?»

Можно улыбаться, когда героине весело, но как можно улыбаться, когда героине грустно. Галя хотела показать в танце, как грустно ее героине.

Старый учитель был очень доволен, но Гале было грустно. Одна балерина сказала прямо:

— Вы хорошо танцуете, но вы забываете, что балет должен веселить.

«Нет — думала Галя, — эта балерина не права, не правы и девочки. Настоящая балерина должна не только танцевать, но и играть!»

Галина Сергеевна добилась больших успехов в балете.

Часто журналисты ее спрашивают: «Что помогло найти вам свое призвание? Может ли человек найти свое место в жизни без призвания?» И она отвечает: «Я думаю, что человек не должен сидеть и ждать, когда призвание придет к нему. Надо стараться хорошо делать свое дело, даже если оно тебе не очень нравится. Моя самая большая радость — победить свое «не хочу». У меня не было больших способностей к танцу, и надо очень много работать. Но когда видишь цель — работаешь с удовольствием.

В 1996 году Галине Улановой исполнилось 87 лет, но она все еще танцует, все думает о балете.

46. Галина Уланова — . . . .
   (А) врач
   (Б) балерина
   (В) учительница

47. В детстве она мечтала стать . . . .
   (А) балериной
   (Б) врачом
   (В) моряком

48. . . . ей исполнилось 87 лет.
   (А) В 1969 году
   (Б) В 1996 году
   (В) В 1696 году

Текст 19

Я изучаю русский язык. Особенно мне нравятся уроки разговорной практики. В нашей группе они проходят очень интересно. В этом, конечно, большая заслуга нашей преподавательницы, которая умеет нас увлечь.

Преподавательница рассказала нам, какой смешной случай произошел с ее братом. Летом он уехал в деревню и жил в лесу, в домике лесника. Вдруг почтальон приносит ему сообщение явиться на почту за посылкой. Почта далеко, но надо идти. И велосипеда даже нет: забыл его взять с собой. А до почты добираться часа полтора...

Юноша пошел. Его подвезла одна машина. Наконец, юноша приходит на почту и видит, что ему из дому прислали большой тяжелый ящик. Что же в нем? Работник почты посоветовал ему открыть ящик. Может быть, лучше перевезти его содержание по частям? Но молодой человек не прислушался к совету и решил: не беда, ведь я спортсмен. Донесу ящик на плечах, будет тренировка в подъеме тяжести.

Итак, он с трудом принес ящик на плечах в деревню. Нам не меньше, чем ему, хочется узнать, что же в ящике. И тогда преподавательница рассказывает конец истории: в ящике был велосипед!

49. Преподавательница обучает . . . .
   (А) русскому языку
   (Б) истории

（В）физкультуре

50. Дойти до почты нужно . . . .

（А）минут 30

（Б）минут 60

（В）минут 90

51. Юноша не приехал домой на велосипеде, потому что . . . .

（А）он не знал, что ему послали велосипед

（Б）он боялся, что там что-нибудь может испортиться

（В）ему надо было тренироваться, ведь он спортсмен

Текст 20

Я такой же, как все ребята а нашем 6-ом классе. Но это знаю только я. Мои родители, бабушка и дедушка считают, что я очень талантливый ребенок и у меня большое будущее. Они только еще не решили, где это будущее: в науке, в искусстве или в спорте.

Мой папа мечтал стать вторым Ньютоном, а стал инженером. «Старшим инженером, — говорит папа, когда мама начинает разговор об этом. — Ну а ты, как я помню, хотела стать музыкантом, но, как я понимаю, не выучила даже все ноты».

Да, мама не стала музыкантом, как мечтала. «Ну ничего, у меня есть сын!» — обычно говорит мама, когда они с папой начинают разговор о моем будущем. — «И у меня тоже!» — говорит на это папа. Поэтому папа решил, что я должен учиться не в обычной школе, а в специальной — математической школе. А мама решила, что я должен учиться не только в специальной математической школе, но еще и в музыкальной. Теперь вы понимаете, почему я хожу в специальную математическую школу, а после нее в музыкальную. Но это еще не все.

Моя бабушка мечтала, чтобы мой папа стал спортсменом и обязательно чемпионом. Папа не стал чемпионом. Теперь бабушка мечтает, чтобы чемпионом стал я. Поэтому после специальной математической и музыкальной школы я хожу еще в спортивную школу.

Мой дедушка мечтал стать известным художником, а стал, как говорит мама, мужем нашей бабушки. Теперь вы понимаете, почему я хожу еще на уроки рисования.

Когда учительница музыки пишет в моем дневнике, что я не очень серьезно занимаюсь музыкой, моя мама говорит папе: «Это твой сын, твои гены». А когда папа видит в моем дневнике двойку по физике или математике, он говорит маме: «А это твои гены». Бабушка согласна и с папой, и с мамой, но обязательно говорит: «Его будущее — в спорте. Нужно, чтобы он больше занимался спортом». Дедушка ничего не говорит, он молчит. Он считает, что во мне есть и его гены и я, конечно, стану известным художником, таким, как, например, Репин.

Я их всех люблю. Но я не могу стать одновременно и великим физиком или математиком, и известным музыкантом, и спортсменом-чемпионом, и художником. Я нормальный ребенок, и мне нравится играть с девочкой, которая живет в соседней квартире, строить вместе с ней красивые дома и дворцы. Но в нашей семье нет и никогда не было строителей. . . Что же мне делать?

52. В семье автора рассказа … .

　　(А) три человека

　　(Б) четыре человека

　　(В) пять человек

53. Папа автора мечтал стать … .

　　(А) вторым Ньютоном

　　(Б) старшим инженером

　　(В) музыкантом

54. Сейчас мама автора мечтает … .

　　(А) о том, чтобы сын стал музыкантом

　　(Б) стать физиком

　　(В) стать музыкантом

55. Сейчас дедушка автора мечтает … .

　　(А) стать таким художником, как Репин

　　(Б) о том, чтобы его внук стал художником

　　(В) о том, чтобы его внук стал спортсменом

56. Автор рассказа хочет стать … .

　　(А) физиком

　　(Б) художником

　　(В) строителем

Текст 21

　　На киностудии снимали новый фильм об ученом В. П. Орлове, который живет в тайге и изучает жизнь зверей. В фильме было такое место: ночью в комнату, где спал ученый, вошел медведь. Орлов услышал, что кто-то ходит рядом с ним, испугался и быстро встал. Медведь, который первый раз увидел человека, испугался еще больше, прыгнул в окно и побежал в тайгу.

　　Режиссеру советовали взять медведя из зоопарка, но он решил взять медведя из цирка. Он думал, что медведя из цирка будет легче снимать.

　　Утром приехал на киностудию артист цирка Филатов со своим самым большим медведем Топтыгином.

　　Режиссер и артисты сначала испугались медведя. Он самый лучший артист у нас в цирке. Вы сейчас сами увидите.

　　Топтыгин всем понравился. А один рабочий киностудии купил ему мороженое, но боялся подойти к медведю близко. Он сказал: "Топтыгин, лови" — и бросил мороженое медведю. Топтыгин поймал мороженое, съел и начал танцевать, прыгать.

　　— Вижу, что это артист! — сказал режиссер. — Давайте его скорее снимать.

　　Включили свет. В киностудии стало светло-светло. В дверь комнаты, где спал человек, вошел медведь, человек встал. Медведь должен был испугаться и прыгать в окно… Но Топтыгин вдруг начал танцевать. Он, наверное, подумал, что он в цирке.

— Стойте! Стойте! Выключите свет! — закричал режиссер, — объясните Топтыгину еще раз, что он должен делать.

Филатов подошел к своему медведю и начал показывать ему, что он должен делать. Но Топтыгин не мог понять, чего от него хотят люди.

Снимали весь день с 12 до 7 часов вечера. Каждый раз, когда медведь видел большой свет, он думал, что нужно танцевать и прыгать, как в цирке.

Вечером режиссер сказал Филатову：

— Нет, ваш медведь вам не нужен. Он артист, а нам нужен медведь, который ничего не умеет делать и боится людей. Нам лучше взять медведя из зоопарка . . .

Филатову было неприятно, что его медведя не стали снимать в кино.

Но сам Топтыгин не понял, что не понравился. Он был очень рад, что все так долго смотрели на него и двадцать раз просили повторить все, что он умл делать.

57. В. П. Орлов — . . . .

（А）артист

（Б）ученый, который изучает жизнь зверей

（В）режиссер

58. Медведь-артист взялся . . . .

（А）из тайги

（Б）из зоопарка

（В）из цирка

59. Медведь Топтыгин вдруг начал танцевать, ...

（А）увидев свет, он думал, что он должен танцевать, как в цирке

（Б）увидев свет, он думал, что он должен танцевать, как в тайге

（В）чтобы его снимали

60. Медведь должен . . . для того, чтобы снимали.

（А）танцевать

（Б）прыгнуть в окно и побежать в поле

（В）испугаться и прягать в окно

Текст 22

Эта история произошла 20 лет тому назад с одним инженером, которого звали Иван Петрович. Он собирался поехать в Ленинград к своей дочери, которая училась там в медицинском институте.

У Ивана Петровича было больное сердце. Боясь заболеть в дороге, он купил лекарство, которое ему всегда хорошо помогало. Придя домой, он начал собирать свои вещи. Так как он очень спешил, он забыл взять лекарство с собой.

Дорога была длинная, в вагоне было жарко, и однажды вечером Иван Петрович почувствовал себя плохо. Пассажир, который ехал с ним в одном купе позвал начальника поезда. Волнуясь, пассажир рассказал ему об Иване Петровиче.

Через несколько минут в купе Ивана Петровича пришло несколько врачей. Осмотрев больного, они сказали, что жизнь его в опасности.

К сожалению, ни у врачей, ни у кого из пассажиров не оказалось лекарства, которое было необходимо Ивану Петровичу. Что делать? Врачи и все пассажиры волновались, думая о том, как спасти жизнь человека.

Наступила ночь, но врачи не уходили из пятого вагона. Начальник поезда позвонил по телефону на следующую станцию и попросил дежурного врача приготовить лекарство.

Поезд, на котором ехал больной человек, должен был прийти туда через час. Но у дежурного врача этого лекарства тоже не было. А городская аптека находилась в пяти километрах от станции. Врач позвонил в аптеку и попросил помочь ему.

Через 20 минут к станции подошла машина. Привезли лекарство. Поезд уже подходил к станции.

Приняв лекарство, Иван Петрович почувствовал себя лучше. Всю дорогу до Ленинграда врачи заходили в его купе, спрашивали о здоровье. Все радовались, видя, что пассажиру стало лучше.

61. Начальник поезда позвонил ..., чтобы приготовили лекарство.

(А) на следующую станцию

(Б) на конечную станцию

(В) в аптеку, которая находилась в пяти километрах от станции

62. ... должен прийти поезд, на котором ехал больной.

(А) Через два часа

(Б) Через полчаса

(В) Через час

63. Когда ..., к станции подошла машина с лекарством.

(А) поезд уже стоял на станции

(Б) поезд находился еще далеко от станции

(В) поезд уже подходил к станции

Текст 23

Новогодний праздник празднует вся Россия, каждая семья, каждый взрослый и ребенок. Это самый любимый, самый радостный праздник, праздник надежд. Дети ждут Деда Мороза, главного героя праздника, подарков, зимних каникул, а взрослые — новой, мирной и счастливой жизни в новом году.

К Новому году все готовятся заранее. В праздничные дни город необычен. В магазинах, на площадях и в парках стоят нарядные елки. На улицах много людей. Они спешат закончить дела старого года, приготовиться к празднику — купить подарки детям, родным, друзьям. Но самое главное — купить красивую новогоднюю елку. Каждый хочет встретить Новый год около елки.

Украшение елки — это огромное удовольствие для взрослых и детей, поэтому во многих домах елку наряжают всей семьей. Елочные игрушки можно купить в магазинах, но приятнее сделать их своими руками. Некоторые родители считают, что украшение елки — дело взрослых. Они украшают ее, когда дети спят. Утром дети просыпаются и видят красавицу-елку. На ней цветные шары, яркие игрушки, сладкие конфеты. А под елкой — подарки, которые принес добрый Дед Мороз.

В эти праздничные дни на городских улицах часто можно увидеть удивительную картину. Около дома останавливается такси. Из него выходят странные пассажиры: старик в длинной белой шубе и шапке, с палкой и большим мешком, рядом с ним — молоденькая девушка тоже в белой шубе и шапочке. Это традиционные новогодние герои — Дед Мороз и его внучка Снегурочка. Дети собираются около машины. Они знают, что в мешке подарки.

Вечером, когда дети уже спят, взрослые собираются за праздничным столом, чтобы проводить старый год. Обычно за столом вспоминают все хорошее, что было в старом году. Нужно создать хорошее настроение, потому что, если Новый год встречаешь в хорошем настроении, тогда весь год будет счастливым.

64. Дети ждут Деда Мороза, потому что . . . .
   (А) он их любимая игрушка
   (Б) будут зимние каникулы
   (В) он приносит детям подарки
65. Эти странные пассажиры — . . . .
   (А) дети
   (Б) покупатели
   (В) Дед Мороз и Снегурочка

Текст 24

Международную Красную книгу предложил создать английский ученый Питер Скотт, много сделавший для охраны природы Земли. А потом во многих странах были созданы свои такие книги.

— Зачем нужны национальные красные книги? Ведь есть же Международная красная книга?

Этот вопрос был задан одному из авторов «Красной книги СССР» профессору А. Г. Банникову.

— Дело в том, что какие-нибудь животные или растения в одной стране могут быть обычными, а в другой — редкими. В Международной Красной книге их, конечно, не будет. Но в стране, где такой вид редок, он может исчезнуть. И там его надо беречь и охранять. Кроме того, национальные книги редких животных и растений дают материал для Международной Красной книги.

Вот зачем нужны национальные красные книги.

К сожалению, человечество может создать и другую книгу — Черную книгу уничтоженных им и навсегда исчезнувших с лица Земли животных и растений.

66. ... нужна людям Международная Красная книга.
  (А) Для охраны здоровья детей и защиты
  (Б) Для охраны редких животных и растений
  (В) Для того, чтобы воздух на Земле стал чище
67. ... нужна национальная Красная книга.
  (А) Для охраны обычных животных данной страны
  (Б) Для охраны редких животных и растений данной страны
  (В) Для охраны почвы данной страны

Текст 25

Никогда раньше наука не развивалась так успешно, как в наши дни. Это относится не только к покорению космоса. Куда ни глянь — всюду перемены. Вот простой пример.

Еще недавно у людей не было никаких изделий из пластмассы. Подошвы обуви изготовлялись только из кожи животных. Ткань для одежды делали из хлопка, шелка. Никто не слышал таких слов, как "нейлон", "декалон" и даже вообще "искусственная ткань".

Не было множества лекарств, которые теперь излечивают болезни.

Все это — и пластмассы, и одежду из искусственных тканей, и новые лекарства — помогла создать химия. Она, как и другие науки, быстро идет вперед. Сегодня любой рабочий химического завода знает больше, чем знал полвека назад инженер-химик.

А физика? Ее называют иногда "царицей науки". Успехи в развитии физики помогают нам отправлять в полеты космические корабли, посылать к далеким планетам автоматические станции.

Огромны достижения науки и в ядерной физике. Во многих странах мира строятся теперь мощные атомные электростанции.

Все знают о чудесных свойствах лазера. За его открытие тоже надо благодарить физиков.

Сегодня наука в жизни всего человечества нужна и важна, как никогда.

68. ... успешно развивается наука сегодня.
  (А) В области химии
  (Б) В области физики
  (В) Во всех областях

69. Сегодня любой рабочий химического завода знает больше, чем инженер-химик полвека назад, потому что ... .
  (А) рабочие сегодня старательные, знающие
  (Б) рабочие сегодня хорошо знают специальность
  (В) наука химии далеко пошла вперед за последнее пятидесятилетие

Текст 26

Я люблю пошутить, особенно 1 апреля. Я сел за телефон и первому позвонил Лене, он очень верующий. Говорю я толстым голосом.

— Сегодня пойдешь к метро, которое рядом, увидишь красавицу с голубыми глазами. Мама и папа у нее богатые. Вскоре на ней женишься.

— Кто говорит? Что-то голос незнакомый.

— Говорит твоя судьба, — сказал я и бросил телефонную трубку.

Я решился еще на один звонок. Позвонил своему приятелю Диме. Тот в маленькой комнате живет.

— Позовите Диму, — говорю в трубку.

— Я слушаю, — вскоре говорит Дима.

— Якубовича знаешь? — спрашиваю.

— А-а-а! — радуется Дима. — Кто его не знает. Он известный ведущий по передаче.

— Сходи на его передачу, квартиру трехкомнатную выиграешь.

— Спасибо, скажите ваш номер телефона, на новоселье позову.

— Сам приду, — ответил я и бросил трубку.

Через неделю я включаю телевизор. На передаче Якубович говорит с публикой, а напротив него стоит Дима, серьезный и сосредоточенный.

— Крупный рогатый домашний скот, шесть букв! — кричит Якубович.

— Корова! — сразу ответил Дима.

Якубович предлагает ему ордер на трехкомнатную квартиру.

Через несколько дней Леня позвонил мне и на свадьбу пригласил. Невеста оказалась стройной красавицей с голубыми глазами. Лене говорит мне на ухо: «Понимаешь, какой-то человек 1 апреля позвонил и сказал: Иди к метро с красавицей знакомиться. Я и пошел... и точно, красавица с голубыми глазами в мокрый снег смотрит, золотые часы потеряла. Я ей бросился помогать, часы не нашли, а нашли друг друга...»

Тут я понял, какую дурь совершил, чем Лене звонить, лучше бы сам к метро пошел. На свадьбу народу много собралось. Все кричали молодым «горько», а по-настоящему горько было мне.

70. ... особенно люди любили пошутить.

(А) 1 марта

(Б) 1 апреля

(В) 1 мая

71. Якубович предлагает Диме ордер на трехкомнатную квартиру, потому что ....

(А) Дима хорошо поет

(Б) Дима правильно ответил вопрос Якубовича

(В) Дима помог Якубовичу вести передачу

72. 1 апреля Леня ....

(А) пошел к метро и нашел себе невесту

(Б) пошел к метро и потерял золотые часы

(В) нашел золотые часы

Текст 27

В центре Петербурга на площади Искусств находится всемирно известный Русский музей. Это один из крупнейших музеев русского искусства, которому в 1998 году исполнилось сто лет. Музей занимает целый комплекс зданий, соединенных между собой. Главное из них — Михайловский дворец — считается одним из красивейших зданий Петербурга. Этот дворец принадлежал царской семье. Решение превратить Михайловский дворец в музей принял царь Александр III. В 1898 году, уже после его смерти, царская семья выполнила его желание. В Михайловском дворце было открыто 37 залов, и первые посетители музея увидели коллекцию произведений русского искусства, собранную Александром III и его семьей. За прошедшие годы общая площадь музея увеличилась и составила 72 000 квадратных метров. Значительно расширилась и коллекция музея. В нее вошли произведения, подаренные разными коллекционерами, а также работы, купленные музеем. Сейчас музей насчитывает 382 000 произведений, отражающих тысячелетнюю историю отечественного искусства. Музею принадлежит одна из лучших коллекций гравюр и рисунков русских художников и крупнейшее в стране собрание скульптуры. Кроме того, здесь можно увидеть оригинальные произведения народного творчества. Сегодня коллекция музея представляет собой своеобразную энциклопедию русского искусства, которой гордится не только Петербург, но и вся Россия. И неудивительно, что каждый год музей посещает почти полтора миллиона посетителей из разных городов России и всего мира.

73. Русский музей был открыт ... .
 (А) Александром III
 (Б) царской семьей
 (В) городскими властями Петербурга

74. В Государственном Русском музее собраны ... .
 (А) только произведения древнерусских мастеров
 (Б) только произведения, созданные за последние 100 лет
 (В) произведения искусства с глубокой древности до наших дней

75. В Русском музее находится самая большая в стране коллекция ... .
 (А) русской скульптуры
 (Б) русской живописи
 (В) произведений народного творчества

76. В музее бывает ежегодно около ... человек.
 (А) 1 500 000
 (Б) 1 000 000
 (В) 500 000

Текст 28

Замечательный русский ученый-химик Дмитрий Иванович Менделеев, имя которого сегодня известно каждому образованному человеку, родился 27 января 1834 года в Сибири, в городе

Тобольске, в семье директора гимназии. Он был последним, семнадцатым, ребенком Ивана Павловича и Марии Дмитриевны Менделеевых. Вскоре после рождения сына Иван Павлович тяжело заболел, но продолжал работать. Через несколько лет, после того как он ушел на пенсию, материальное положение семьи стало очень трудным. Говоря о детстве Д. И. Менделеева, нельзя не сказать об огромной роли матери в жизни будущего ученого. Мария Дмитриевна была умной, энергичной и очень способной женщиной. Не получив никакого образования, она самостоятельно прошла курс гимназии вместе со своими братьями. Ее ум и обаяние были так велики, что в ее доме любили собираться и государственные деятели, и поэты, и ученые, жившие в Тобольске. Оставшись во время болезни мужа почти без денег, с детьми на руках, Мария Дмитриевна переехала с семьей в село недалеко от Тобольска, где у ее старшего брата был небольшой завод. С согласия брата, жившего в Москве, она стала руководить работой завода. Дела пошли хорошо, и материальное положение семьи поправилось. Через некоторое время семья Менделеевых вернулась в Тобольск, чтобы подготовить младшего сына Дмитрия к учебе в гимназии. 1 августа 1841 года Дмитрий Менделеев успешно поступил в Тобольскую гимназию, но учился без всякого интереса и имел средние результаты почти по всем предметам. Только математика и физика нравились мальчику, и по этим дисциплинам учеба шла хорошо. В 15 лет Дмитрий окончил гимназию. В это время умер его отец. Старшие сестры тогда уже были замужем, а братья работали. С матерью оставались только младшие дети: дочь Лиза и сын Дмитрий. Мария Дмитриевна заметила способности сына к физике и математике и мечтала, чтобы он поступил в университет и получил хорошее образование. Но сделать это было непросто. Завод брата сгорел, а пенсия, которую получала семья, была небольшой. Тогда Мария Дмитриевна продала все, что можно было, и летом 1849 года с сыном и дочерью навсегда покинула Сибирь. Она отправилась в Москву с надеждой, что ее сын сможет поступить в Московский университет. Пройдут годы, и свою первую научную работу Дмитрий Иванович Менделеев посвятит своей матери. «Посвящается памяти моей матери Марии Дмитриевны Менделеевой. Вы, — писал знаменитый ученый, — научили меня любить природу с ее правдой, науку с ее истиной, родину со всеми ее богатствами и больше всего труд со всеми его горестями и радостями».

77. Отец Д. И. Менделеева работал ... гимназии.

   (А) директором

   (Б) служащим

   (В) преподавателем

78. Семья Менделеевых испытывала серьезные материальные трудности, потому что ... .

   (А) Иван Павлович тяжело заболел

   (Б) в семье было много детей

   (В) Иван Павлович стал пенсионером

79. Семья Менделеевых стала жить материально лучше, после того как ... .

   (А) переехала из Тобольска в село

   (Б) Мария Дмитриевна начала управлять заводом брата

   (В) брат Марии Дмитриевны купил себе небольшой завод

80. В гимназии Дмитрий Менделеев с удовольствием занимался ... .
    (А) только физикой и математикой
    (Б) всеми предметами, кроме физики и математики
    (В) всеми предметами

81. Мария Дмитриевна переехала из Сибири в Москву, потому что ... .
    (А) она хотела, чтобы Дмитрий поступил в Московский университет
    (Б) там жили ее старшие дети
    (В) ей было трудно управлять заводом

82. Д. И. Менделеев посвятил свой первый научный труд матери, потому что ... .
    (А) она активно помогала ему в этой работе
    (Б) она просила его об этом
    (В) благодаря ей он стал ученым

Текст 29

Байкал — древнейшее озеро на Земле: ему 20 – 25 миллионов лет. Глубина Байкала — 1 620 метров. Таких глубоких озер в мире больше нет. Когда Байкал спокоен, на глубине 40 метров видны разноцветные камни... Вода в нем пресная и очень холодная. Только в августе ее температура поднимается до 15 градусов. В народных песнях Байкал называют «славным морем». И это неудивительно. Его длину можно сравнить с расстоянием от Москвы до Петербурга (636 километров), хотя в мире есть озера, гораздо большие по площади. 336 рек несут свои воды в Байкал, и только одна Ангара берет свое начало в озере и несет свои воды в Енисей, крупнейшую реку Сибири. Байкал — уникальное создание природы. Известно, что в озере имеется 600 видов растений и 1 200 видов животных, из них 75% встречается только здесь, в Байкале. Байкал — озеро-загадка. До сих пор ученые не могут понять, как появилась в Байкале рыба из северных морей. Непонятно, как и почему в Байкале сохранились рыбы и растения, которые исчезли в других озерах и морях. Но Байкал не только загадочное озеро. Это одно из самых красивых озер нашей планеты. И неудивительно, что об этом прекрасном и загадочном озере рассказывают легенды. Вот одна из них. Много дочерей было у старого Байкала. Но особенно он любил красавицу Ангару. И решил Байкал никому не отдавать в жены свою любимую дочь. Но услышала Ангара о прекрасном и сильном Енисее и захотела уйти к нему. Рассердился отец и поставил на ее пути высокие горы. Тогда все 336 сестер Ангары помогли ей убежать к Енисею. Увидел это Байкал и бросил громадный камень, чтобы остановить ее. Но Ангара убежала и нашла с Енисеем свое счастье. С того времени несет она свои воды в Енисей. А камень, который бросил Байкал и сейчас стоит на том же месте.

83. Содержанию текста более всего соответствует название ... .
    (А) «Уникальное озеро»
    (Б) «Животный и растительный мир Байкала»
    (В) «Легенда о Байкале»

84. Байкал — необычное озеро, потому что оно самое ....
   (А) холодное
   (Б) большое
   (В) глубокое

85. Особенность реки Ангары в том, что она ....
   (А) впадает в Байкал
   (Б) берет начало в водах Байкала
   (В) самая большая река в Сибири

86. В легенде рассказывается ....
   (А) об одиноком Байкале
   (Б) о помощи Ангары Енисею
   (В) о побеге Ангары к Енисею

Текст 30

Художник Валентин Александрович Серов (1865 – 1911) вошел в историю русской живописи как автор портретов и пейзажей, исторических и жанровых картин, картин на мифологические сюжеты. Но наиболее значительным из всего, что он создал, являются портреты. Серов вырос в атмосфере искусства, его отец был известным композитором. Уже в детстве проявился его талант. Он был учеником крупнейшего русского художника Ильи Репина. Затем учился живописи в Академии художеств. В двадцать два года он создает портрет юной Веры Мамонтовой, сестры своего друга. Двенадцатилетняя Верочка Мамонтова была кумиром семьи. Красивая, живая, с блестящими черными глазами, она была общей любимицей. Ее «я хочу, я не хочу» было законом. И вот эту своенравную девчонку молодой художник уговорил позировать ему. Художник вдохновенно работал. Чувствовал: он у цели. ... Верочка сидит за столом, спиной к окну. Лучи солнца играют на ее волосах, освещают розовое платье, персики на столе... Солнцем наполнен воздух.

А Верочка как будто присела на минуту после шумных игр, взяла персик и, чуть-чуть улыбаясь, смотрит на художника и на нас. Картина «Девочка с персиками» — это гимн счастливой юности, радости жизни, солнцу, свету. Через год на выставке в Москве эта картина принесла молодому Серову большой успех: он получил за нее премию. Другую его картину «Девушка, освещенная солнцем» купил известный коллекционер Павел Михайлович Третьяков. Сейчас эти картины можно увидеть в Третьяковской галерее в Москве. Серов создал портреты многих своих современников: художников, писателей, артистов. Он любил театр, знал Шаляпина, его другом был Станиславский. Он был художником — новатором, искал новые пути в искусстве. Он рисовал не только в стиле реализма. В начале XX века развивается стиль модерн. Черты модерна мы находим в портрете известной танцовщицы Иды Рубинштейн — самой необычной картине Серова. Художник не только рисовал, он был также преподавателем Академии художеств в Петербурге, студенты любили и уважали его. Серов интересовался русской историей, особенно эпохой царя Петра I. Образ Петра I сложен и неоднозначен на картинах художника. Портреты Серова раскрывают характер человека, всю его «философию жизни», его общественное положение, отношение к другим людям. Умер Серов, когда ему было всего 46 лет. Илья Репин в некрологе писал: «Для меня произведения Серова всегда были бесконечно притягательны, как самый чистый драгоценный камень».

87. Отец художника писал . . . .
    (А) картины
    (Б) театральные декорации
    (В) музыку

88. Картину «Девочка с персиками» Серов написал . . . .
    (А) в детстве
    (Б) в молодости
    (В) в зрелом возрасте

89. Картина «Девочка с персиками находится . . . .
    (А) в Англии
    (Б) в России
    (В) во Франции

90. Учителем Серова был . . . .
    (А) Станиславский
    (Б) Васнецов
    (В) Репин

91. Валентин Серов был . . . .
    (А) живописцем и музыкантом
    (Б) композитором и художником
    (В) живописцем и педагогом

92. Содержанию текста более всего соответствует название . . . .
    (А) «Ученик Репина»
    (Б) «Творчество Серова»
    (В) «Первая премия»

Текст 31

Солнечное утро 12 апреля 1961 года. Русская ракета поднялась в небо с космодрома Байконур. В этом космическом корабле находился первый космонавт Земли: русский лётчик Юрий Алексеевич Гагарин. Он родился 9 марта 1934 года. И прожил всего 34 года. Быть лётчиком Юра мечтал с детства. И он стал военным лётчиком. В 1959 году Юрий Гагарин подал заявление в отряд космонавтов. Из 3 000 добровольцев в первый отряд космонавтов взяли только 20. Учитывалось всё: здоровье, рост, вес, выносливость, реакция, знание техники. Тренировки были очень тяжёлыми. Но Юрий всё выдержал и даже шутил. Главный конструктор Сергей Королёв, «отец» первых ракет, решил: «Вот этот спокойный, весёлый парень будет первым космонавтом». Так и случилось. Полёт готовили тысячи инженеров, рабочих. Риск был огромным. Перед стартом Юрий Гагарин даже написал письмо жене Валентине на случай своей гибели. В письме он просил жену вырастить двух дочерей настоящими людьми. К счастью, письмо не понадобилось. До Гагарина в космосе побывали собаки. Собаки Белка и Стрелка — первые живые существа, которые в 1960 году побывали в космосе и благополучно вернулись на Землю. Но не все старты космических ракет были удачными. Гагарин знал, на какой риск он идет. Космический корабль «Восток» начал полет. «Поехали!» — сказал Гагарин. 108 минут в космосе — это один виток вокруг Земли. И этот полет не был легкой прогулкой. Иногда на несколько секунд прерывалась связь между космонавтом и Центром управления полетами (ЦУП). Но Гагарин действовал по плану. «Красота-то какая!». Это были первые слова первого человека в космосе. 12 апреля 1961 года весь мир узнал: «Человек в космосе!». Это сообщение потрясло всю планету.

Полет в космос принес Гагарину всемирную славу. После полета он объехал почти весь мир. Он был в Чехословакии, Болгарии, Финляндии, Англии, Польше, на Кубе, на Кипре, в Бразилии, Греции, Германии, Франции, Японии... Улыбку Гагарина любили люди. Он был обыкновенным русским парнем, который стал героем, любимцем миллионов людей. Имя Юрий стало очень популярным у молодых родителей. После полета Гагарин тренировался по программе нового космического корабля, учился в Военно-воздушной академии, готовил к стартам новых космонавтов, воспитывал дочерей... Юрий Гагарин трагически погиб в авиационной катастрофе 27 марта 1968 года. Но и сегодня все помнят о первом космонавте планеты. Лучше всех о нем сказал Нил Армстронг, американский космонавт, первым побывавший на Луне: «Он всех нас позвал в космос».

93. Гагарин пробыл в космосе ... .

   (А) менее одного часа

   (Б) больше часа

   (В) несколько часов

94. До человека в космос летали ... .

   (А) собаки

   (Б) кошки

   (В) обезьяны

95. Гагарин облетел вокруг Земли ... .

   (А) 1 раз

   (Б) 12 раз

   (В) 108 раз

96. Первые слова человека в космосе ... .

   (А) «Поехали!»

   (Б) «Красота-то какая!»

   (В) «Человек в космосе!»

97. Содержанию текста более всего соответствует название ... .

   (А) «Земля и космос»

   (Б) «Небо зовет!»

(В) «Сын Земли в космосе! »

Текст 32

  5 октября 2004 года знаменитому русскому хирургу Федору Углову исполнилось 100 лет. А несколько месяцев до юбилея Федор Григорьевич Углов провел очередную операцию. И книга рекордов Гиннеса назвала его самым почтенным практикующим хирургом. Свои операции Федор Углов не считает, потому что у хирургов это не принято. Хотя коллеги говорят, что он сделал около десяти тысяч операций. — Дело не в количестве операций, а в их сложности. Я в основном оперировал на сердце и на легких, а там простых случаев не бывает, всегда большой риск, — рассказывает хирург. — Есть операции, которые длятся более десяти часов с перерывами, во время которых идет упорная борьба за жизнь пациента. Да и после «обычной» трехчасовой операции надо быть готовым ко всему еще в течение суток. Часто требуется повторная операция, переливание крови и так далее. Углов был пионером легочной и сердечной хирургии. Конкурентов у него не было. Доктор Углов изучил много научной литературы, в том числе и на иностранных языках. Кстати, изучением языков он занялся в зрелом возрасте. Федор Григорьевич Углов опубликовал более 650 научных работ, сделал 250 докладов, в том числе и на международных конгрессах в Европе, США, Южной Америке, Азии. А еще Углов — автор 8 художественно-публицистических книг, изданных на 16 языках, общим тиражом 10 миллионов экземпляров. В библиотеке можно найти его книги «Сердце хирурга», «Человек среди людей»...

  Федор Углов считает, что главное в жизни — это умение учиться, не жалея сил, и быть очень терпеливым. В начале профессиональной карьеры 29-летний Федор Углов начал работать в одной из клиник Ленинграда. После первой операции руководительница назвала молодого хирурга неумехой, а его руки — крюками. Хирург сначала обиделся, но потом понял, что опытный врач была права: ему действительно надо было многому учиться. — Несколько месяцев я долго тренировал руки: делал гимнастические упражнения для пальцев, зашивал дыры на носках вслепую, вязал узлы. Эти занятия я продолжаю до сих пор. Я проводил многие часы и дни в анатомическом кабинете, «репетируя» будущие операции. Самые сложные элементы повторял до пятисот раз, чтобы потом во время операции не терять ни секунды. Эти тренировки дали великолепные результаты. Углову аплодировал весь мир, его шов называли шелковым, руки — артистичными, работу — ювелирной. Его операции записывали на видео и учили по ним многие поколения хирургов. ... Родился Федор Углов в Сибири, в далекой деревне. Его отца, рабочего металлургического завода сослали из Перми в Сибирь за революционную деятельность. Там отец и познакомился с будущей мамой Федора, простой неграмотной крестьянкой. Родители говорили своим пятерым детям: мы не смогли выучиться, зато вы должны стать образованными людьми. Родители, особенно мать, воспитывали в детях желание знать и уметь как можно больше. Федор Углов вспоминает, как в детстве вечерами дети читали вслух газеты, журналы, книги. «В маме была нравственная строгость и чистота. И мы, дети, маму бесконечно уважали». Все дети Угловых получили высшее образование. Благодаря родителям и их жизненным принципам умеет Федор Углов жить и работать в любых условиях: в деревне без электричества, во время войны и блокады, в современном городе. Он говорит, что есть несколько простых правил, которые помогают жить:

—Из-за стола надо вставать чуточку голодным и не ложиться спать сразу после еды. Чаще купаться в реке, в озере, в море. Зимой обтираться на улице снегом. Делать зарядку, ходить пешком. Не давать себе покоя, получать удовольствие от труда и познания. Жена Углова, тоже врач, вспоминает, что даже когда муж писал докторскую диссертацию, он не пропустил ни одной театральной премьеры. У Федора Углова удивительная работоспособность. Кажется, что за день он может сделать в три раза больше, чем другой человек. Конечно, человеческие возможности не безграничны. Может быть, знаменитый хирург и не встанет больше за хирургический стол. Но он не сомневается, что будет активно участвовать в науке, в работе медицинского университета, писать статьи... У него много планов и иногда даже не хватает времени. Целого века не хватает.

98. После первой операции руководитель ... .
   (А) хвалил Углова
   (Б) ничего не сказал
   (В) ругал его

99. Иностранные языки Федор Углов изучал ... .
   (А) в детстве, дома
   (Б) в молодости, в университете
   (В) когда уже работал хирургом

100. Больше всего операций хирург Углов провел ... .
   (А) на желудке и на сердце
   (Б) на сердце и на легких
   (В) на почках и на желудке

101. Фамилия Федора Углова занесена в «Книгу рекордов Гиннеса» потому, что ... .
   (А) он сделал около десяти тысяч операций
   (Б) он самый старый хирург, который делает операции
   (В) издано 10 миллионов экземпляров его книг

Текст 33

В Москве, в Кремле, есть большие часы с музыкой. Они находятся на Спасской башне Московского Кремля. Эти часы называются Куранты. Куранты очень большие, как трехэтажный дом, музыку играют одиннадцать колоколов. В 1917 году Кремлевские куранты остановились, перестали звучать колокола. Часовой мастер Н. В. Беренс решил исправить часы. Он долго работал. С тех пор они идут абсолютно точно. В полночь и в полдень по московскому времени голос Кремлевских курантов можно слышать по радио. Часы на Спасской башне Кремля называют главными часами России. В Москве есть еще одни интересные часы. Они находятся на здании Центрального театра кукол. Эти часы играют музыку каждый час, а в 12 часов дня и в 12 часов ночи можно увидеть спектакль: из часов выходит петух и поет. А потом открывается

12 окошек и в них появляются герои сказок: серый волк, большой медведь, кот в сапогах... Играет веселая музыка. Но вот музыка кончается, животные уходят, окна закрываются. Чтобы посмотреть этот спектакль, в полдень около сказочных часов собираются люди. Здесь и совсем маленькие дети, которые пришли вместе с мамами и папами, и дети постарше, и даже взрослые, которые ведь тоже когда-то были детьми... Удивительные часы есть и в Петербурге. Двести лет назад жил в России замечательный мастер Иван Петрович Кулибин. Он сделал необычные часы. Они чуть больше, чем обыкновенное яйцо. Часы играют каждый час, полчаса и четверть часа, а в полдень и полночь наверху открываются дверцы и под музыку идет маленький кукольный спектакль. Часы Кулибина действуют и сейчас. Они находятся в Эрмитаже.

102. Куранты находятся....
   (А) на здании театра
   (Б) в Кремле
   (В) в Эрмитаже

103. Главные часы государства — это....
   (А) куранты в Москве
   (Б) сказочные часы
   (В) часы Кулибина

104. Люди стоят на улице и смотрят спектакль около....
   (А) Кремля
   (Б) театра кукол
   (В) Эрмитажа

Текст 34

На берегу реки Яузы, напротив Кремля, находится Андроников монастырь — одно из самых интересных и замечательных мест Москвы. На территории этого монастыря можно увидеть самое старое здание Москвы, сохранившееся до наших дней — Спасский собор. Андроников монастырь хранит память об интересных событиях русской истории и об Андрее Рублеве — великом художнике XIV-XV веков. Андрей Рублев был монахом Андроникова монастыря, здесь провел он последние годы своей жизни, здесь умер и здесь был похоронен. В 1947 году, когда Москве исполнилось 800 лет, в стенах монастыря был создан музей древнерусского искусства. В залах музея хранится уникальная коллекция древнерусского искусства, широко известная как в нашей стране, так и в мире. В музее посетители могут познакомиться с московской школой живописи конца XV века, с известными во всем мире русскими иконами. Простые и строгие чувства, чистый внутренний мир человека — вот самые главные черты всей древнерусской живописи. В музее можно также посмотреть и другие произведения искусства: резьбу по дереву и камню, старинные рукописи и книги.

105. Андроников монастырь находится....
   (А) на территории Кремля

（Б）далеко от Кремля

（В）недалеко от Кремля

106. Самое старое здание Москвы находится на ... .

（А）берегу реки Яузы

（Б）территории Кремля

（В）территории монастыря

107. Андрей Рублев — ... .

（А）древнерусский художник

（Б）художник XIX века

（В）современный художник

108. Музей А. Рублева был открыт в ... XX века.

（А）начале

（Б）середине

（В）конце

109. В музее можно увидеть ... .

（А）древнерусские иконы

（Б）иконы и старинные книги

（В）разные произведения искусства

Текст 35

Трудно, почти невозможно вспомнить сейчас, когда у этой девочки появилась мечта стать дирижером, диктовать свое понимание музыки оркестру. По словам родных, она уже в четыре года, не умея еще по-настоящему играть на фортепьяно, а только наблюдая за занятиями сестры, сказала: «Хочу играть на оркестре». В восемь лет Вероника поступила в школу для одаренных детей при Бакинской консерватории. Было огромное, совсем не детское увлечение музыкой. В Петербурге, куда из Баку переехала семья Дударовых, Вероника продолжала занятия в музыкальном училище при Петербургской консерватории. Одновременно она начала работать: была пианисткой в кукольном театре, играла на фортепьяно в Доме культуры. Однажды она слушала концерт Бетховена. Вероника последней ушла из концертного зала. Ей очень понравилась игра оркестра и дирижер. Может быть, именно тогда она по-настоящему решила стать дирижером. И вот Московская консерватория, дирижерский факультет. Первый экзамен — рояль — она сдала на пятерку. Второй — дирижирование. Вероника в то время еще плохо знала, что такое дирижирование. А экзамен принимали известные дирижеры столицы. — Почему вы решили стать дирижером? — Не очень люблю фортепьяно. Очень люблю оркестр! Вместо нового вопроса ей дали дирижерскую палочку и попросили поруководить пианистами, играющими на двух роялях симфонию Моцарта. Вероника начала дирижировать, но уже через несколько минут опустила руки. — Что случилось? Почему Вы остановились? — поинтересовались преподаватели. — Они не так играют. — А как бы Вы хотели, чтобы они играли? Девушка напела начало симфонии. На этом экзамен закончился. Вероника была уверена, что не сдала экзамен. Она грустно шла по коридору. — Почему Вы такая грустная? — спросил ее декан дирижерского факультета. — А чему радоваться? — Но и грустной быть не надо: дирижером Вы станете! И она стала дирижером. С тех пор прошло немало лет. Опыт, талант помогают Веронике Борисовне в работе. Успех композитора — это не только успех оркестра, это и успех дирижера. Дирижер передает оркестру свое понимание музыкального произведения. «Когда каждый музыкант оркестра думает, что Вы дирижируете только для него одного, — сказал однажды известному дирижеру один из музыкантов, — значит, Вы дирижируете хорошо». Именно так говорят об искусстве Вероники Дударовой музыканты Московского государственного симфонического оркестра. «Я бываю счастлива только тогда, — говорит Вероника Борисовна, — когда чувствую, что оркестр не просто понимает меня, а когда он «дышит» вместе со мной, когда мы с ним — одно целое».

110. Содержанию текста более всего соответствует название ... .
　　(А) Студенческие годы Вероники Дударовой
　　(Б) Дирижер Вероника Дударова
　　(В) Оркестр Вероники Дударовой

111. Вероника родилась в ... .
　　(А) Баку
　　(Б) Петербурге
　　(В) Москве

112. Вероника училась в музыкальном училище в ... .
　　(А) Баку
　　(Б) Петербурге
　　(В) Москве

113. Вероника думала, что не сдала экзамен, потому что ... .
　　(А) ничего не знала
　　(Б) плохо понимала, что такое дирижирование
　　(В) понимала музыку по-другому

114. Вероника Дударова поступила в Московскую консерваторию, потому что мечтала стать ... .
　　(А) дирижером
　　(Б) пианисткой
　　(В) артисткой

115. Вероника чувствует себя счастливой, когда ... .
　　(А) она хорошо работает
　　(Б) оркестр понимает ее
　　(В) она и оркестр одно целое

1. Б	2. В	3. В	4. Б	5. В	6. А	7. В	8. А
9. А	10. А	11. В	12. А	13. В	14. В	15. Б	16. В
17. Б	18. Б	19. А	20. В	21. Б	22. В	23. А	24. А
25. Б	26. В	27. В	28. Б	29. Б	30. А	31. А	32. Б
33. А	34. А	35. Б	36. А	37. В	38. Б	39. В	40. В
41. В	42. Б	43. В	44. В	45. В	46. Б	47. В	48. Б
49. А	50. В	51. А	52. В	53. А	54. А	55. Б	56. В
57. Б	58. В	59. А	60. В	61. А	62. В	63. В	64. В
65. В	66. Б	67. Б	68. В	69. В	70. Б	71. Б	72. А
73. Б	74. В	75. А	76. А	77. А	78. А	79. Б	80. А
81. А	82. В	83. А	84. В	85. Б	86. В	87. В	88. Б
89. Б	90. В	91. В	92. Б	93. Б	94. А	95. А	96. Б
97. В	98. В	99. В	100. Б	101. Б	102. Б	103. А	104. Б
105. Б	106. В	107. А	108. Б	109. В	110. Б	111. А	112. Б
113. В	114. А	115. В					

三、听力

俄罗斯对外俄语 B1 级考试听力（Аудирование）部分包括 6 篇听力文章（3 篇短文和 3 篇对话）共 30 题。答题时间为 35 分钟。听力内容只听一遍，考试时不可使用词典。见下表：

听力短文	听力对话	选择题	考试时间
3 篇 （只听一遍，考试时不可使用词典）	3 篇 （只听一遍，考试时不可使用词典）	30 题	35 分钟

答对全部题目的 66%（79 分）被认为是单科合格。

(1) 听力短文

听力短文共 3 篇，以自我介绍和介绍俄罗斯著名人物为主，对话涉及的内容为日常生活。请看下面的听力短文。

Текст 1

Здравствуйте, меня зовут Ирина. Я родилась в 1985 году в южном городе Краснодаре. У нас большая семья: папа, мама, три брата и я. У нас есть хороший дом, в котором сейчас живут мои родители и младшие братья. Мой отец учитель. По-моему, это очень интересная профессия. Днем папа работает, а после работы он любит сидеть в нашем саду и читать газеты и журналы. Моя мать врач. Она работает в детской поликлинике. Она очень любит свою работу. А еще она любит петь. Она часто поет русские песни и романсы, когда работает в нашем саду. Мои младшие братья учатся в школе. Один в этом году кончает школу. Он очень любит химию и хочет быть ученым-химиком. Он решил учиться в университете Петербурга, потому что Петербург — очень красивый город и там очень хороший университет. Мой второй младший брат хочет стать музыкантом, поэтому он учится не только в обычной, но и в музыкальной школе. Он уже хорошо играет на пианино. Мой старший брат живет в Сибири. Он инженер и работает на большом заводе. Он женат, у него есть дети. Его жена не работает, потому что дети еще маленькие. Она домохозяйка. Сейчас я живу в Москве. Я учусь на первом курсе университета. Когда я кончу университет, я вернусь в родной город и обязательно буду работать в школе.

1. Ирина родилась . . . .
　（А）в начале XX века
　（Б）в середине XX века
　（В）в конце XX века

2. Семья Ирины живет ... .

（А）на севере России

（Б）на юге России

（В）на востоке России

3. Мать Ирины любит ... .

（А）петь русские песни

（Б）отдыхать в саду

（В）играть на пианино

4. Первый младший брат хочет стать ... .

（А）музыкантом

（Б）химиком

（В）учителем

5. Второй младший брат хочет стать ... .

（А）химиком

（Б）пианистом

（В）инженером

6. Старший брат Ирины живет ... .

（А）в Краснодаре

（Б）в Петербурге

（В）в Сибири

Текст 2

Семья Чайковских жила тогда в Воткинске, маленьком заводском городке на Урале. Там, 25 апреля 1840 года, родился Петр Ильич Чайковский. Особенно запомнилась и осталась в сердце Петра Ильича Чайковского встреча с его первой учительницей, француженкой Фани Дюрбах. Будущему композитору было четыре года, когда к Чайковским приехала Фани. Брат Николай был на два года старше, но молодая гувернантка занималась с обоими. Это была симпатичная, умная, молодая девушка. Дети Чайковских очень любили ее. Фани нашла какой-то педагогический секрет. За четыре года занятий она хорошо подготовила старшего брата Колю к поступлению в гимназию и многому научила младшего — Петра. Осенью 1848 года семья Чайковских, уехав из Воткинска, около месяца жили в Москве, а зиму провели в Петербурге. Фани должна была найти себе другое место. Петр Ильич часто вспоминал свою первую учительницу, но, где она, что с нею, он не знал. Читая свои детские письма к Фани через много лет, Петр Ильич удивлялся, как хорошо он в свои восемь лет писал по-французски. Петр Ильич Чайковский, будучи уже известным композитором, вдруг узнал, что Фани не только жива и здорова, но хорошо помнит его, знает о его славе и очень хотела бы увидеть своего давнего ученика. Петр Ильич разволновался. Какая она теперь, его дорогая Фани? Старая больная женщина? И вот, в январе 1893 года, Петр Ильич поехал в маленький французский городок Монбельяр. Тогда же, Чайковский писал: «Увидеть после 44 лет разлуки любимого и близкого человека, который помнил прошедшее, как будто все это было вчера, — это нечто особенное. Хотя ей теперь

70 лет, но на вид она гораздо моложе и, как это ни странно, мало изменилась. Я словно возвратился в далекое прошлое, и оба мы плакали. Вечером я расцеловался с Фани и уехал, обещая приехать когда-нибудь еще».

7. Чайковский родился . . . .
   (А) в Воткинске
   (Б) в Москве
   (В) в Петербурге

8. Фани проводила занятия . . . .
   (А) с братом Чайковского — Николаем
   (Б) с обоими братьями
   (В) с ПетромЧайковским

9. Чайковский, читая свои детские письма, удивлялся . . . .
   (А) хорошему знанию французского языка
   (Б) своим музыкальным способностям
   (В) плохому знанию русского языка

10. Чайковский вновь встретился с Фани Дюрбах . . . .
    (А) через год в Москве
    (Б) на концерте в Петербурге
    (В) через много лет во Франции

11. Встретив Фани, Чайковский заметил, что она . . . .
    (А) постарела
    (Б) почти не изменилась
    (В) больная женщина

Текст 3

Москва и Санкт-Петербург как две российские столицы всегда являлись и крупнейшими центрами отечественной науки и образования. Именно в этих городах зарождалась высшая школа России, и, естественно, оба центра всегда были тесно связаны между собой.

В 1687 г. в Москве возникает Славяно-греко-латинская академия — первое в России высшее учебное заведение. Но особый прогресс в создании российской высшей школы произошел во времена Петра Первого. Петр I понимал, что России необходимы качественные изменения в деле образования, науки, просвещения. Он решил, России необходимы были «три здания»: Академия, Университет и гимназия. Эта идея была реализована в 1724 г. 28 января в первом Зимнем дворце Петр I подписал указ, в котором было положено начало университетскому образованию в России. Университет в Петербурге, действовавший в течение 18 века в составе Академии наук, имел массу проблем. Не было даже должности руководителя университета — ректора, она впервые появилась только в 1747 г. Все эти проблемы были прекрасно известны М. В. Ломоносову. М. В. Ломоносов разработал документы, направленные на улучшение работы университета и гимназии, в том числе учебные планы и расписания занятий. Период руководства

Петербургским университетом М. В. Ломоносовым в 1758 – 1765 гг. стал временем его наиболее активной и результативной деятельности. Через 21 год после учреждения Петром Великим высшей школы на берегах Невы, 25 января 1755 г. М. В. Ломоносовым был основан университет в Москве, который и носит его имя. Этот день стал общероссийским студенческим праздником. Вместе университеты переживали и самые трудные моменты в своей истории. В тяжелые месяцы фашистской блокады Ленинграда в Ленинградский университет пришла телеграмма со словами поддержки от московских коллег. Наверно, невозможно в наши дни найти в Петербургском университете хоть один факультет, который не поддерживал бы активных связей с коллегами из Московского государственного университета. Мы отмечали 70-летний юбилей восстановленных в 1934 г. в Московском и Ленинградском университетах исторических факультетов. Этот юбилей стал и праздником российской исторической науки в целом.

 И в сегодняшнее непростое для российской высшей школы время Московский и Санкт-Петербургский государственные университеты, вместе с несколькими другими классическими университетами продолжают оставаться фундаментом высшей школы, науки и культуры России.

12. Основная тема текста — ....

 （А）исторические связи двух университетов

 （Б）система образования в России

 （В）история Санкт-Петербургского университета

13. Подписал указ о создании в России университета ....

 （А）Петр 1 в Москве

 （Б）Петр 1 в Санкт-Петербурге

 （В）Ломоносов в Санкт-Петербурге

14. М. В. Ломоносов — это ... Московского университета.

 （А）основатель

 （Б）ректор

 （В）один из профессоров

15. В дни фашистской блокады Ленинграда преподаватели из МГУ ....

 （А）приехали к своим коллегам

 （Б）потеряли связи с коллегами

 （В）послали коллегам телеграмму

16. Сегодня Московский и Санкт-Петербургский университеты ....

 （А）не имеют активных контактов друг с другом

 （Б）это главные высшие учебные заведения России

 （В）это второстепенные вузы страны

(2) 听力对话

 听力对话共3篇，对话涉及的内容为日常生活。请看下面的对话。

Текст 1

— Витя, привет!

— Здравствуй, Дима.

— Витя, сегодня суббота, а ты не очень весёлый. О чём ты думаешь?

— Да вот, Нина пригласила меня на день рождения, а что подарить ей — не знаю. Она любит животных. Можно подарить собаку или котёнка, но говорят, у неё уже есть кошка.

— Нет, у Нины есть рыбки. Знаешь, она любит стихи, подари ей стихи русских поэтов.

— Я тоже хотел купить книгу, но ничего интересного не нашёл, а дарить неинтересную книгу нехорошо.

— А Иван и Олег придумали песню-поздравление. Хотят сегодня записать на кассету и подарить.

— Как интересно, молодцы. Это, наверное, придумал Иван?

— Да, Иван. А тебе я советую подарить Нине красивый альбом для фотографий. Она о нём мечтает.

— Спасибо за совет.

— Меня Нина тоже пригласила, так что завтра встретимся.

— До завтра.

17. Витя ... .

(А) решил подарить Нине котёнка

(Б) знает, что подарить Нине

(В) не знает, что подарить Нине

18. У Нины дома есть ... .

(А) рыбки

(Б) котёнок

(В) собака

19. Иван и Олег хотят подарить Нине ... .

(А) книгу

(Б) песню

(В) альбом

20. Дима посоветовал Вите подарить ... .

(А) книгу

(Б) песню

(В) альбом

21. День рождения Нины будет ... .

(А) в пятницу

(Б) в субботу

(В) в воскресенье

Текст 2

— Оля, здравствуй, где ты была вчера, я весь день звонил. Я хотел пригласить тебя в субботу на вечер к нам в университет.

— Здравствуй, Борис, а у нас была экскурсия в Русский музей, вот меня и не было дома.

— А экскурсия была интересная?

— Да, экскурсия мне очень понравилась.

— В Русском музее можно посмотреть только картины русских художников?

— Нет, не только картины, но и скульптуры и другие произведения искусства.

— А что тебе больше всего понравилось?

— Там сейчас открыта выставка картин современных русских художников. Вот эта выставка мне и понравилась больше всего.

— О, как интересно! Когда у вас еще раз будет экскурсия, позвони мне, пожалуйста, я с удовольствием пойду с вами.

22. Борис звонил Оле . . . .

(А) вчера

(Б) сегодня

(В) в субботу

23. Экскурсия в Русский музей была . . . .

(А) вчера

(Б) сегодня

(В) в субботу

24. Вечер в университете . . . .

(А) был вчера

(Б) сегодня

(В) будет в субботу

25. Борис . . . .

(А) художник

(Б) студент

(В) экскурсовод

26. В Русском музее можно увидеть . . . .

(А) картины русских художников

(Б) известные скульптуры

(В) разные произведения искусства

27. Борис . . . .

(А) тоже был на экскурсии

(Б) хочет пойти на экскурсию

(В) раньше уже был на выставке

Текст 3

— Павел, привет, как дела?

— Спасибо, нормально, а как ты поживаешь, Марина?

— Тоже хорошо. Ты видел нашего нового инженера?

— Видел, вчера на собрании.

— Ну, и что ты думаешь о нем, он тебе понравился?

— Не знаю, трудно что-то сказать о человеке, когда его совсем не знаешь. Но, по-моему, ничего, симпатичный. Спокойный, деловой.

— А мне он не понравился. Симпатичный!? Сегодня мы встретились в коридоре, и он не поздоровался.

— Ну, во-первых, он здесь никого еще не знает, а, во-вторых, он просто плохо видит.

— Не знаю, может быть.

— Слушай, не будем сразу думать о человеке плохо. Время покажет. Давай завтра пойдем в кафе, выпьем кофе, посидим, послушаем музыку.

— С удовольствием. До завтра.

28. Павел и Марина ... .

(А) хорошие друзья

(Б) только работают вместе

(В) плохо знают друг друга

29. Павел видел нового инженера ... .

(А) на собрании

(Б) в кафе

(В) в коридоре

30. Павел и Марина завтра пойдут ... .

(А) в кафе

(Б) на концерт

(В) на собрание

答案

1. В	2. Б	3. А	4. Б	5. Б	6. В	7. А	8. Б
9. А	10. В	11. Б	12. А	13. Б	14. А	15. В	16. Б
17. В	18. А	19. Б	20. А	21. В	22. Б	23. Б	24. В
25. Б	26. В	27. Б	28. Б	29. А	30. А		

听力水平的提高是一个漫长的过程，因此需要平时多听多练。

四、写作

俄语写作是对考生语言综合运用能力的考查，它要求考生具备一定的词汇量、基本语法知识、遣词造句的能力以及良好的思维能力和组织文章的技巧。

俄罗斯对外俄语 B1 级考试写作（Письмо）分为 2 个部分，答题时间为 60 分钟。见下表：

总计	改写短文	短文写作	考试时间
2 篇	1 个（可以使用词典）	1 个（可以使用词典）	60 分钟

得分为全部分值的 66%（53 分）被认为是单科合格。

(1) 改写短文

写作第一部分是改写给出的文章。在这一部分给出一篇文章，然后根据提纲重新组织句子，可以用同义句进行替换，但不可以只抄写原文。请见下面给出的短文。

Задание 1. Вас интересует вопрос: когда люди начали писать? Прочитайте текст и напишите, о чем Вы прочитали. В вашем тексте должна быть следующая информация:

· как в далекие времена люди передавали информацию;
· почему люди искали новые способы передачи знаний;
· каким был первый алфавит;
· как изменялся алфавит;
· кто и когда создал славянский алфавит;
· что Вы узнали о русском алфавите;
· являются ли буквы единственной формой передачи информации.

История алфавита

Было время, когда люди не умели ни читать, ни писать и не было ни бумаги, ни ручек. И тогда все знания хранились не в записях, не в книгах и не в компьютерах, а в человеческой памяти. Интересные, важные знания передавались от отца к сыну, от деда к внуку. Люди умирали, а знания оставались. Переходя от поколения к поколению, информация менялась, что-то забывалось. Это было очень неудобно, поэтому люди искали более надежные способы передачи информации.

Сначала рисовали картинки, на которых изображались ситуации. Нужны были сотни лет, для того чтобы картинка стала знаком. В одних странах картинки стали иероглифами, а в других они превратились в буквы. Примерно три с половиной тысячи лет назад родилась буква — знак для звука. Система таких знаков букв, расположенных в определенном порядке, называется алфавитом. И этими знаками-буквами можно было записать любое слово, мысль, рассказ.

Непростой путь развития прошли все буквы. О каждой можно рассказать историю. Для первого на Земле алфавита безвестный изобретатель придумал 22 буквы, и все — для записи согласных звуков. Ими можно было записать всю человеческую речь. Буквенное письмо было удивительно простым: при желании любой человек мог быстро научиться писать и читать. Смысл гениального изобретения состоял в том, что для простого звука придумали очень простой знак и все звуки языка можно было записать при помощи небольшого числа простых знаков-букв. Соединяя буквы разными способами, можно образовать все слова — сколько угодно слов какого угодно языка.

От века к веку, от страны к стране менялись способы письма. Каждый народ приспосабливал буквы к своему языку, к его особенностям и традициям. При этом количество букв могло увеличиваться или уменьшаться. Иногда нужно было придумывать новые буквы, а от некоторых отказываться. Постепенно буквы меняли и свой внешний вид. Они ложились на бок, переворачивались справа налево и слева направо, даже вставали на голову. Когда буквы пришли в Древнюю Грецию, там придумали и ввели буквы для гласных звуков. Этот греческий алфавит и стал основой всей европейской письменности.

Русский алфавит произошел от славянского, созданного в IX веке двумя учеными-монахами — братьями Кириллом и Мефодием. Кирилл и Мефодий — славянские просветители. Они родились в городе Солунь (Солоники). Кирилл был библиотекарем, потом преподавал философию. Мефодий жил в монастыре. В 863 году византийский император послал братьев в славянские земли с целью просвещения, проповеди христианства и создания славянской азбуки (алфавита).

В Россию алфавит пришел в конце X века. Раньше в русском алфавите было 43 буквы, но со временем некоторые из них стали ненужными, потому что исчезли обозначаемые ими звуки. А в 1918 году была проведена реформа русского алфавита, и осталось 33 буквы. Этих 33 букв сейчас вполне достаточно.

Сейчас во всем мире 10 алфавитов, и служат они сотням языков. Однако не всем. Существуют рисунки-иероглифы — знаки, показывающие не звук, а целое слово или его часть. Например, такими рисунками-иероглифами пишут в Японии и Китае.

Раньше люди не умели читать и писать. Все интересное и важное люди друг другу рассказывали. Но информация могла меняться, ее часто забывали. Это было неудобно, поэтому люди хотели найти новые способы передачи информации.

Сначала люди рисовали картинки, потом эти картинки стали знаками-буквами. Первые буквы появились три с половиной тысячи лет назад. Система таких букв называется алфавитом. В первом алфавите было только 22 буквы, все они обозначали согласные звуки. Письмо с помощью букв было очень легким.

Потом у разных народов количество букв в алфавите менялось, люди придумывали новые буквы, буквы меняли свой вид.

Когда алфавит пришел в Древнюю Грецию, там придумали буквы для записи гласных. Греческий алфавит стал основой европейской письменности.

Русский алфавит произошел от славянского алфавита, который создали в IX веке два брата — Кирилл и Мефодий. Сначала в русском алфавите было 43 буквы, потом ненужные исчезли. В 1918 году после реформы в алфавите осталось 33 буквы.

Сейчас для передачи знаний люди пользуются не только буквами. Есть и другие способы письма, например иероглифы.

(2) 短文写作

写作第二部分是根据提纲写作短文，不少于 20 个句子。请见下面提纲及要求。

На экскурсии Вы познакомились с русским молодым человеком, который стал вашим другом. Ваш новый друг прислал Вам письмо, в нем он рассказал о своей жизни и попросил Вас написать ему письмо. Напишите своему новому другу о вашей жизни. В письме Вы должны описать：

- в каком городе Вы живете и нравится ли он Вам；
- где Вы живете и нравится ли Вам это место；
- чем Вы занимаетесь（работаете или учитесь）, нравится ли Вам это и почему；
- есть ли у Вас свободное время и как Вы его проводите；
- есть ли у Вас здесь друзья и как проходят ваши встречи.

В вашем письме должно быть не менее 20 фраз.

Здравствуй, Миша!

Я недавно получил твое письмо и был очень рад. Ты хочешь знать, как я живу. Сейчас я тебе расскажу.

Я живу в Москве. Это столица России. Москва — большой старый город. Здесь очень много людей и машин. Это мне не нравится.

Я живу в общежитии. Оно находится недалеко от метро. У меня в комнате есть телевизор, холодильник, все очень удобно и не очень дорого.

У меня есть друзья, это иностранные студенты, которые тоже изучают русский язык. Мы вместе ездим на экскурсии, были в цирке. На прошлой неделе я познакомился с Олегом и Наташей. Это русские студенты, они изучают медицину. Они неплохо говорят по-английски. Недавно мы вместе ходили на выставку.

Пиши, как живешь, как дела. Буду ждать.

До свидания.

Твой друг Джон
20 октября 2019 г.

写作时应注意以下几点。

①避免拼写错误。拼写错误是最低级的写作错误,给阅卷者的感觉是考生基础知识不扎实。除了平时多加训练外,考试时没有把握的词汇尽量不要使用。

②俄语词的形态变化比较复杂,许多语法意义是通过词形变化表达出来的,因此建议考生写作时尽量用一致的时间。

③作文最好分三段。第一段开门见山引出主题,第二段对作文内容进行描述,第三段是全文总结,与开头段首尾呼应。

④适当使用俄语复合句、俄语谚语和俗语会使作文增色。当然,提高写作分数的最好办法是背诵范文。请看下面的作文。

Настоящий друг

В жизни у человека может быть много друзей и знакомых. Но настоящих друзей мало. Я очень рад, что у меня есть настоящий друг. Его зовут Ли Мин.

В России есть такая поговорка: «Друзья познаются в беде». И мы с Ли Мином действительно сблизились в трудный момент моей жизни. Это было в 2016 году, перед вступительными экзаменами в среднюю школу высшей ступени. По неосторожности я упал на лестнице и сломал руку и ногу. Мне пришлось лечь в больницу. Как мне быть, ведь я хотел поступить в среднюю школу высшей ступени, чтобы не отстать от своих друзей, но пропустил много занятий. Перед экзаменами все были заняты повторением уроков и никто из товарищей не хотел терять ни одной минуты. Для каждого это очень ответственный момент в жизни. Я уже начал отчаиваться, но в это время Ли Мин стал приходить ко мне в больницу, чтобы ухаживать за мной и объяснять пропущенные мной уроки. Так я пережил трудное время и поступил в среднюю школу высшей ступени. Можно сказать, что Ли Мин изменил мою жизнь.

Теперь мы учимся в России. Мы часто встречаемся, помогаем друг другу в трудный момент, даем друг другу хорошие советы. Я думаю, что найти друга нетрудно, а трудность заключается в том, чтобы отдать все за дружбу.

这篇作文描写了中考前"我"不小心在楼梯上摔伤了,李明来医院照顾"我"并给我补课使"我"考上了高中(средняя школа высшей ступени)的感人故事。作文语言朴实,是一个中国学生用俄语描写的一个真实的故事,文中的谚语 Друзья познаются в беде.(患难识知己)也使作文增色不少。

短文写作涉及词汇、语法和修辞等知识。写好短文的一个方法就是模仿。背诵下面的范文吧!

Немного о себе

Вы просите рассказать о себе? Да что рассказывать? Жизнь у меня обычная: учился в школе, сейчас учусь в институте на четвертом курсе. Ничего значительного еще не успел сделать.

Родился в Пекине, 5 августа, 21 год назад.

Когда мне исполнилось 6 лет, в нашей семье начались жаркие споры. Решали вопрос, где я буду учиться. Мама считала, что у меня есть музыкальные способности и хотела, чтобы я стал музыкантом, но папа был против. Он хотел, чтобы я сал инженером. Я учился в двух школах: общеобразовательной и музыкальной.

Еще в школе я решил стать экономистом, поэтому поступил в финансово-экономический институт. Но любовь к музыке у меня осталась до сих пор. Что я еще люблю? Книги. Папа шутит, что книги скоро вытеснят нас из квартиры. Но он сам, как и мама, собирает библиотеку по своей специальности.

У меня много хороших друзей. По праздникам я хожу в гости к ним лил приглашаю их к себе. Дружба с хорошими ребятами дает мне много.

Наша семья

Наша семья состоит из пяти человек: папа, мама, брат, сестра и я.

Расскажу сначала о моих родителях. Папа — пенсионер, сейчас он не работает. Он на пенсии уже 5 лет. Ему 65 лет. Раньше он работал архитектором. А мама не работала, она домохозяйка. Мама и папа — ровесники, они родились в один год, но все думают, что мама моложе папы.

Мой брат Борис — журналист, он работает в газете, часто ездит в командировки. Он хороший спортсмен, много занимается спортом.

Моя сестра Надя очень похожа на моего отца. Она студентка, учится в институте иностранных языков, хочет быть переводчиком. Она изучает английский язык.

Наша семья очень дружная. Мы любим быть вместе. В нашей семье все любят книги и музыку, поэтому мы часто вместе слушаем музыку и читаем хорошую книгу. А по субботам и воскресеньям мы ходим в театр, в кино, в поход или на экскурсию. Вместе нам весело и интересно.

Я люблю свою семью и очень горжусь ей.

Спорт и наша семья

В нашей семье все очень любят спорт.

Мой брат Борис занимается спортом с детства, его любимый вид спорта — легкая атлетика. Он считает, что это главный вид спорта: надо хорошо и быстро бегать, уметь прыгать в длину и в высоту, надо быть сильным и выносливым. Он участвовал в соревнованиях, был мастером спорта по легкой атлетике. Сейчас, когда он учится в институте, продолжает заниматься спортом.

Мой отец занимается бегом. Я не считаю, что это спорт. Это физкультура. Он бегает для здоровья, потому что он работает за письменным столом, а бег — это полезно для его здоровья. Он бегает летом, осенью, весной, в любую погоду. участвовала, в соревнованиях между.

Моя сестра увлекается гимнастикой, но не как спортсменка, а как болельщица. По телевизору у нас часто показывают соревнования по гимнастике. Это ее любимая спортивная передача.

А моя мама прекрасно играет в шахматы. Сейчас, когда она уже немолодая, она любит повторять, что шахматы — это самый лучший вид спорта, потому что в них можно играть в любом возрасте.

Что касается меня, то я очень люблю лыжи, бадминтон, настольный теннис. Люблю кататься на велосипеде, но не в городе, а за городом, на природе.

Можно ли назвать нашу семью спортивной? Не знаю. Но назвать здоровой — можно: мы почти никогда не болеем простудными заболеваниями. Это потому, что много времени проводим на воздухе. "В здоровом теле — здоровый дух" — так мы считаем.

Моя подруга

У меня есть самая хорошая подруга, ее зовут Оля.

Оля — москвичка. Она учится в Институте иностранных языков на третьем курсе, изучает французский язык. Мать Оли, преподавательница китайского языка, поэтому Оля немного знает китайский язык, китайскую культуру.

Еще в школе Оля любила русскую литературу и много читала любимого поэта Пушкина. Теперь Оля уже читает французскую литературу и будет писать дипломную работу о современных французских писателях.

В прошлом году она с делегацией ездила во Францию. Оля была там только неделю, но видела и слышала много интересного.

Любит Оля живопись и сама умеет рисовать. Она рисует зимнюю и летнюю Москву, рисует своего отца, свою мать, старшего брата и младшую сестру.

В будущем году Оля и ее мать поедут в Пекин. Она уже давно хочет посмотреть этот красивый древний город и рисовать Великую китайскую стену.

Желаю, чтобы мечта Оли сбылась.

Мой любимый человек

У каждого есть свои уважаемые и любимые люди. Мой самый любимый человек — это отец.

Мой отец очень умный и трудолюбивый, каждый день старательно работает, не зная усталости. Его любимая профессия — учитель рисования. Отец очень хорошо рисует, когда он был еще маленьким, он хотел стать художником и обязательно известным. Однажды, он сказал мне: "Когда я учился в 10 классе, я не знал, каким художником я буду; известным или неизвестным. И может быть, это не очень важно. Сейчас я думаю, что важно любить свое дело, свою профессию". Сейчас, когда отец стал хорошим школьным учителем и известным художником, он как и раньше, много рисует каждый день.

В свободное время отец любит еще читать. Я часто вспоминаю, как он научили меня любить книги. Дома он часто повторял: "Книга — учебник жизни", "Будешь книги читать, будешь все знать", "Книга — лучший подарок". И на дни рождения и на праздники он дарил мне только книги, интересные, умные книги. По вечерам, когда вся семья собиралась вместе, мы читали вслух книги. И эти книги всегда помогают мне думать о жизни и понимать ее.

Я никогда не забуду то, что мне дал мой отец.

Наш университет

Наш университет — Санкт-Петербургский государственный университет — является одним из ведущих вузов России. Можно сказать, что он славится не только в стране, но и во всем мире.

СПбГУ был основан в 1724 г. Он готовит, в основном, юристов, экономистов, математиков, физиков, химиков, филологов, инженеров, преподавателей для вузов и нужных специалистов для развития народного хозяйства. Здесь работают 6 тысяч преподавателей и учатся 30 тысяч студентов, аспирантов и докторантов. Ежегодно приезжают сюда учиться все больше и больше иностранных студентов.

В СПбГУ построены учебные корпуса, в которых помещаются аудитории, лекционные залы и кабинеты. А рядом с главным корпусом находится новая красивая библиотека, это мое любимое место для самостоятельных занятий. В университете еще есть много удобных студенческих общежитий и современный спортивный комплекс, при котором имеются спортивный зал, площадки и бассейн.

СПбГУдля нас не только место для учебы, но и большой красивый сад. В нем много зелени и цветов, везде чисто и аккуратно. Я люблю его каждый уголок. Как приятно в свободное время гулять по университетскому двору или сидеть на скамейках, любоваться всем прекрасным.

Мой родной город

Мой родной город — Харбин. Там я провела свое золотое детство.

Харбин — административный центр провинции Хэйлунцзян. В Харбине больше 5 миллионов человек. Мой родной город — это город тяжелой промышленности. Там много современных заводов и фабрик. Каждый год они дают стране отличные промышленные продукции. Народ моего родного города вносит свой вклад в дело строительства Родины.

Хотя я сейчас живу в городе Шанхае, который больше и красивее, чем Харбин, но я никогда не забываю моего родного города. Хотя сейчас он еще не очень богат, но уверена в том, что он станет все лучше и лучше. Я желаю, чтобы народ моего родного города добился того, чего он захочет.

Я люблю каждый цветок и каждое дерево на родине. Там все мне дорого.

Наш город

Харбин — это мой родной город. О нем по-разному говорят: "Москва"... Теперь он является административным центром провинции Хэйлунцзян.

Харбин расположен на берегу Сунгари. В нем имеются широкие проспекты, площади культуры и отдыха, современные высотные здания и величественные памятники. Город чист и красив.

Зимой в городе везде покрыто снегом и льдом. Ледяные фонари и скульптуры изо льда покажутся вам чудесной сказкой. А летом наблюдается прелестный пейзаж и живописная красота. Вам понравится красивый пейзаж Соленчного острова и вы не захотите покинуть его.

Кстати, в Харбине многие здания строятся в стиле, но зданий в европейском стиле тоже не мало. Например, Софийский собор, куда каждый день приезжают сотни людей со всех концов мира. Там наблюдается чудесная экзотика. Можно сказать, что Харбин — это единственный китайский город, где можно увидеть так много красивых и неповторимых зданий в европейском стиле.

Я люблю свой родной город и горжусь им. Надеюсь, что Харбин становится все красивее и красивее.

Мое увлечение

В каждом живет страсть к собирательству. В свободное время я люблю собирать и читать книги. Это мое увлечение. Я собираю книги по искусству и по специальности. И папа шутит, что книги скоро вытеснят нас из квартиры.

Чтение книг приносит мне большую пользу и радость. Из специальных книг я получаю знания, необходимые для работы. Книги писателей и поэтов учат меня шире мыслить, глубже чувствовать, острее воспринимать окружающий мир, людей и вещи. Книги воспитывают чувства, учат меня великому искусству быть человеком.

Сейчас я уже студент и продолжаю собирать книги. Теперь у меня немаленькая библиотека. И даже трудно представить мою жизнь без книг. Книга уже стала моим верным спутником и надежным помощником в учебе, в отдыхе.

Книга — верный спутник человека

Когда я была маленькая, я уже познакомилась с книгой. Тогда я читала книжки с картинками. Хотя я не совсем понимала все книжки, но они приносили мне бесконечную радость. И сейчас без книги мне трудно представить себе жизнь.

Книга — хороший учитель. Каждый день мы общаемся с ней. По учебникам учимся, по специальным книгам приобретаем знания, необходимые для работы. И чтобы сделать нашу страну могучей, мы больше применяем передовую науку и технику на практике, а знания мы получаем из книг. Книга — окно в мир. Не путешествуя, мы можем побывать во многих странах. Узнать их традиции и обычаи. Книга укрепляет дружбу между народам разных стран. Поэтому она — дружеский посланец.

Любите книгу! Если на свете не было бы книги, то все потеряло бы цвет. Книга — источник знания, верный спутник человека.

Человек и музыка

Музыка, которая звучит повсюду, играет большую роль в жизни человека. Без нее человеку будет скучно.

Музыка воспитывает человека нравственно, так как она делает нас духовно богаче, умнее, добрее, человечнее, вызывает у нас чувство прекрасного, очищает наше сердце, помогает нам забывать зло, пробуждает в нас желание творить добро и быть людьми благородной души.

Я люблю слушать музыку. Она может меня уносить в далекое прошлое, в детство, переносить в разные прекрасные места, открывать мне глаза на огромный, даже увлекательный мир. Слушая чудесную, волшебную музыку, я всегда испытываю большое наслаждение. Когда волнуюсь, музыка приносит мне душевное спокойствие, когда я падаю духом, музыка делает меня бодрым, когда я печалюсь, музыка заставляет меня радоваться.

Любите музыку! Слушайте Бетховена, Моцарта! Пусть музыка сопровождает вас всегда!

Мое детство

Я провел свое детство в Пекине.

Мой отец был инженером, потом стал ученым. Моя мать была преподавательницей. Она преподавала русский язык, литературу. Мои родители неустанно работали и очень любили свою работу. Это произвела на меня глубокое впечатление.

Все в нашей семье интересовались литературой, искусством, музыкой. Любимым писателем был Пушкин, а любимым композитором — Чайковский.

В свободное время отец часто рассказывал мне сказки. Герои этих сказок всегда были умными, сильными, веселыми и добрыми людьми. Вечером мы с родителями часто вместе пели песни и слушали музыку. Потом мой младший брат начал серьезно заниматься музыкой.

Помню, наша семья жила недалеко от старого парка. Отец часто гулял со мной в этом парке, рассказывал о животных, показывал, как и где живут птицы. Он учил меня любить природу.

В свободное время мать любила рисовать, и я тоже много лет занимался рисованием. Мать научила меня любить жизнь иискусство.

Никогда не забуду то, что мне дали родители.

Спорт и здоровье

Всем известно, что здоровье не купишь. Оно приносит человеку счастье, помогает ему быть сильным, бодрым, энергичным, жизнерадостным. По сравнению со слабым человеком, здоровый редко болеет, способен на любую работу, и ему легче осуществлять свои мечты.

А чтобы укреплять здоровье, надо постоянно заниматься спортом, например, плавать, бегать, играть в волейбол или баскетбол, кататься на лыжах или коньках. Как доказано медициной, спорт дает человеку не только здоровье, но и силу воли, уверенность в себе. Он помогает нам повысить скорость реакции, сохранить молодость и бодрость духа на долгие годы, помогает человеку стать победителем в любых ситуациях.

Верно говорят: «В здоровом теле — здоровый дух». Здоровье — всему голова. Укрепляйте здоровье, занимайтесь спортом!

Моя будущая профессия

Мне нравятся многие профессии, но еще в детстве я решила стать переводчиком.

Труд переводчика помогает людям разных стран лучше понять друг друга, способствует налаживанию культурных, экономических и других связей между государствами. Можно сказать, что деятельность переводчиков служит делу укрепления мира между народами — по-моему, это святая цель. Этому делу я хочу посвятить всю свою жизнь.

В школе я увлекалась русским языком, в институте, уже на первом курсе, начала изучать английский и теперь вижу, что знание иностранных языков необыкновенно обогащает человека, даже свой родной язык и свою культуру я стала глубже любить и понимать, — говориться, один язык — одна жизнь, два языка — две жизни.

Я верю, что моя жизнь будет полноценной благодаря моей любимой профессии.

Наше будущее

Наука и техника бурно развиваются. Каким будет наше будущее? Этот вопрос интересует всех. По-моему, наше будущее будет эпохой компьютеров и космонавтики.

В будущем компьютер будет широко применяться в различных областях науки и техники. Он придёт на смену рабочим, которые раньше занимались тяжёлой или опасной физической работой. Он даст возможность осуществлять автоматизацию вычислительных работ, освобождать человека от сложных арифметических вычислений и тем самым облегчит умственный труд людей.

Будущее — за космонавтикой. Путешествие в космос станет доступным не только космонавтам. Туда можно будет долететь всего за несколько минут. Люди построят там клубы и дачи, чтобы в праздники или в выходные дни отдыхать там. Это принесёт людям большую радость.

Можно сказать, что наше будущее перспективное, но нужно создать его своими руками. И поэтому в настоящее время надо много учиться, много работать, чтобы это наступило скорее.

Моя мечта

Быть преподавателем всегда было моей мечтой. С ранних лет и до института, в котором я сейчас учусь, я всегда уважал и любил своих преподавателей, восхищался их благородным и терпеливым трудом.

Я не только получал от них знания, но и всегда чувствовал их заботу и внимание. Они учили меня жить, ведь недаром преподавателей зовут «инженерами человеческих душ». Преподаватель, как свеча, всегда освещает другим путь к счастью.

Но чтобы быть хорошим преподавателем, самому надо много учиться, много знать. Вот поэтому я сейчас стараюсь как можно лучше учиться, как можно больше почерпнуть знаний от своих преподавателей, чтобы в будущем быть их достойной сменой.

К моей мечте — путь нелёгкий, но я постараюсь осуществить её.

Письмо

Здравствуй, дорогой Ли Хуа!

Вот уже месяц я живу и учусь в Москве. Расскажу немного о ней.

Москва, как и Пекин, очень большой город. Здесь высокие здания, широкие проспекты. Я уже был на экскурсии в Кремле. Кремль — центр Москвы. Рядом Краснаяплощадь. Недалеко большой театр. Это очень красивое место. Раньше я видел их только в кино, теперь увидел всё это своими глазами.

Сейчас у меня есть хороший друг. Его зовут Витя. Мы познакомились однажды на вечере. Он приехал из Сибири, изучает китайский язык в университете. Он уже неплохо говорит по-китайски.

Теперь расскажу немного о жизни и учёбе в университете. Встаю в 8 часов утра. В 9 часов иду на занятия. Обедаем мы в два часа. На обед мясо, рыба, картошка, сок. Но я люблю рис и овощи. Когда я свободен, я сам готовлю обед. После обеда я еду в музеи, на выставки. Каждый день я занимаюсь спортом и чувствую себя хорошо. Вечером я занимаюсь у себя в комнате: делаю домашние задания, читаю книги. В субботу или в воскресенье у нас танцы. Я плохо танцую. Я только смотрю, как танцуют мои друзья.

Как ты живешь и учится? Пиши мне. До свидания

Твой друг Ван Линь

Письмо

Здравствуй, дорогой Ван Хуа!

Спасибо тебе за письмо. Ты просишь меня написать о нашем институте. С удовольствием. Но расскажу только о самом главном, потому что мало времени.

Нашему институту уже 80 лет. В нем 33 факультета. На них учатся 20 тысяч студентов, аспирантов, докторантов и стажеров-иностранцев. В институте работают известные профессора и много опытных преподавателей.

Наш институт находится на окраине города. В очень красивом месте. В учебном корпусе, который находится в центре института, есть аудитории, лекционные залы, много разных кабинетов. В институте большой новый стадион, рядом современная библиотека и лингафонный корпус. Это мое любимое место для самостоятельных занятий.

Мы проходим много учебных предметов, но мне, конечно, больше всего нравится иностранный язык, учусь я старательно. В свободное время у нас бывают студенческие вечера, экскурсии, спортивные соревнования. Жизнь в институте очень интересная.

А как ты живешь и учишься? Что у вас нового и интересного? Пиши. На этом кончаю. О моих новых друзьях напишу в следующем письме. Жду твоего ответа.

Твой друг Ли Мин

五、会话

俄罗斯对外俄语 B1 级考试会话（Говорение）分为 4 个部分 12 道题，完成第 11 和第 12 题时可以使用词典。考试时间为 60 分钟。见下表：

题目	回答问题	根据情景回答问题	读短文回答问题	根据提纲做讲述	考试时间
12 个	5 个（答题时间 5 分钟，没有准备时间）	5 个（答题时间 8 分钟，没有准备时间）	1 个（答题时间 10 分钟，准备时间 15 分钟，可以使用词典）	1 个（答题时间 10 分钟，准备时间 10 分钟，可以使用词典）	60 分钟（其中准备时间 25 分钟）

得分为全部分值的 66%（112 分）被认为是单科合格。

（1）回答问题

这一部分共 5 个问题，听到录音中的问题后回答，没有准备时间。答题时间 5 分钟。答题时要使用完全句回答，不可以回答"Да""Нет""Не знаю"。请看下面试题。

1. — Привет, Таня! Как твои дела? Что нового?
2. — Ты не знаешь, где будет лекция по истории России и во сколько?
3. — Извините, который час?
4. — Простите, Вы не подскажете, как пройти к метро?
5. — Молодой человек, скажите, пожалуйста, это остановка «Площадь восстания»? Вы выходите?

1. У меня все в порядке. Пока ничего нового нет.
2. В аудитории 101, в 17 часов сегодня.
3. Сейчас 10 часов.
4. Идите прямо, и увидите.
5. Да. Я тоже выхожу.

(2) 根据情景回答问题

这一部分共给出 5 个情景,根据情景做简单回答,没有准备时间。答题时间 8 分钟。请看下面试题。

6. Спросите у друга, знает ли он, какая погода будет завтра. Объясните, зачем Вам это нужно.

7. Вы опоздали на урок. Что Вы скажете, когда войдете в класс? Как Вы объясните свое опоздание?

8. Вы пришли в магазин, хотите купить дорожную сумку. Поговорите с продавцом.

9. Вы у театральной кассы, хотите купить билеты на спектакль. Узнайте всю интересующую Вас информацию у кассира.

10. Вы встретились с другом после каникул. Узнайте, как он провел каникулы.

6. Здравствуй, Андрей! Завтра мы поедем за город. Ты знаешь, какая погода будет завтра?

7. Извините! Сегодня утром на дороге была большая пробка, и поэтому я опоздал.

8. Я хочу купить сумку, какую вы посоветуете?

9. Какой спектакль сегодня? Когда он начнется? Сколько стоит билет?

10. Привет, Андрей! Как ты провел каникулы?

(3) 读短文回答问题

这一部分给出一篇短文,在阅读的过程中可以查阅词典,阅读后回答短文后面的问题。答题时间 25 分钟,其中准备时间不超过 15 分钟,回答问题不超过 10 分钟。请看下面试题。

Человек с заранее решенными проблемами

Сын генерала Федорова учился на хирурга. Это был юноша с заранее решенными проблемами, веселый и красивый. У него было все хорошо. Причем он даже не знал, что бывает иначе. У него был папа, которым можно гордиться. Квартира на улице Щорса, где он жил с бабушкой. А также — дача, мотоцикл, любимая профессия, собака и охотничье ружье. Оставалось найти молодую красивую девушку из хорошей семьи. На пятом курсе Дима Федотов стал думать о женитьбе. И тут он познакомился с Марусей. Через шесть недель они поженились. Еще через сутки молодожены уехали в Крым. Осенью родители подарили им двухкомнатную квартиру. Так началась Марусина супружеская жизнь. Дима целые дни проводил в академии. Маруся готовилась к защите диплома — «Эстетика бального танца». Вечерами они смотрели телевизор и беседовали. По субботам ходили в кино. Принимали гостей и навещали знакомых. Маруся была уверена, что любит Диму. Ведь она сама его выбрала. Дима был заботливый, умный, корректный. Он ненавидел беспорядок. Каждое утро он вел записи в блокноте. Там были разделы — обдумать, сделать, позвонить. Иногда он записывал: «Не поздороваться с Виталием Луценко». Или: «В ответ на хамство Алешковича спокойно промолчать». В субботу появилась запись: «Маша». Это значило — кино, театр, ужин в ресторане и любовь. Дима говорил: — Я не педант. Просто я стараюсь защититься от хаоса... Дима был хорошим человеком. Пороки его заключались в отсутствии недостатков. Ведь недостатки, как известно, привлекают больше, чем достоинства. Или, как минимум, вызывают более сильные чувства. Через год Маруся начала его ненавидеть. Хотя выразить свою ненависть ей мешало Димино безупречное поведение. Так что жили они хорошо. Правда, мало кто знает, что это — беда, если все начинается хорошо. Значит, кончиться все это может только несчастьем.

Сформулируйте основную идею текста.

Выразите свое отношение к герою и событиям текста.

Дима, который учился на хирурга, аккуратный и серьезный человек. Он ненавидит беспорядок. Он всегда записывает то, что надо делать. Конечно, для нас, кроме его жены, это только достоинства. У него почти нет недостатков. Но учеба остается учебой, работа остается, а жизнь остается жизнью. Жизнь должна быть полна романтикой, а не только скука, сухая догма. Этот текст дает нам урок. Кроме учебы и работы, у простых людей должна быть живая жизнь. Надо заботиться об окружающих людях, и надо, чтобы они жили счастливо.

(4) 根据提纲做讲述

这一部分请对给出的题目进行叙述。可以列提纲，但回答时不可以照本宣科。在答题过程中可以使用词典。叙述不少于 20 个句子。答题时间 20 分钟，其中准备时间不超过 10 分钟，回答问题不超过 10 分钟。请看下面试题。

Вас пригласили на вечер знакомства русские студенты. Расскажите о своей стране:

1. Где находится ваша страна? С какими странами она граничит?

2. Каково население в вашей стране? Его количество, национальный состав?

3. Каков климат в вашей стране?

4. Что Вы знаете об истории вашей страны?

5. Кто из ваших соотечественников наиболее известен в мире? Кто они? Чем они знамениты?

6. Чем гордятся ваши соотечественники?

7. Что является особенно интересным, по Вашему мнению, в вашей стране?

Наша страна

Наша страна — Китайская Народная Республика — является одной из самых больших и древних стран мира. Она имеет пятитысячную историю и неповторимую культуру и этим славится.

 Наша страна расположена в Восточной Азии. По площади она занимает третье место после России и Канады. В Китае живет 1,4 миллиарда жителей 56 национальностей. Наша страна граничит с такими странами, как Россия, Монголией, Северной Кореей, Вьетнамом и т. д. Есть у нас в стране высокие горы, покрытые снегом, глубокие реки, бегущие по широким равнинам, плодородные поля, дающие богатый урожай. Земля щедра и природными ресурсами. В Китае много древних памятников и достопримечательностей. Каждый год Великая Китайская стена привлекает миллионы туристов из разных уголков мира. В Китае тоже много людей, имена которых известны во всем мире. Конфуций — древний мыслитель и философ Китая. Его учение оказало глубокое влияние на жизнь Китая и Восточной Азии, став основой философской системы, известной как конфуцианство.

 В последние годы наша страна бурно развивается в результате проведения политики реформ и открытой экономики. Мы гордимся своей страной и трудимся на благо ее могущества и процветания.

会话这部分考试内容比较灵活，需要大家平时多积累素材。

第二部分

俄罗斯对外俄语 B1 级考试真题及答案

一、俄罗斯对外俄语 B1 级考试：词汇和语法

ТЕСТ ПО РУССКОМУ ЯЗЫКУ КАК ИНОСТРАННОМУ
ПЕРВЫЙ УРОВЕНЬ
Субтест «ЛЕКСИКА. ГРАММАТИКА»

Инструкция к выполнению теста

Время выполнения теста — 60 минут.

Тест включает 165 заданий.

При выполнении теста пользоваться словарем нельзя.

Вы получили тест и матрицу. Напишите Ваше имя и фамилию на каждом листе матрицы.

В тесте слева даны предложения (1, 2 и т. д.), а справа — варианты выбора.

Выберите правильный вариант и отметьте соответствующую букву в матрице. Например:

Ⓐ	Б	В	Г

(Вы выбрали вариант А).

Если Вы изменили свой выбор, сделайте так:

Ⓐ	Б	Ⓑ	Г

(Ваш выбор — вариант В, вариант А — ошибка).

Отмечайте правильный выбор только в матрице, в тесте ничего не пишите! Проверяться будет только матрица.

ЧАСТЬ 1

Задания 1—27. Выберите правильный вариант ответа.

1. Мой первый учитель в школе ... меня читать и писать. 2. В школе я ... много разных предметов.	(А) выучил (Б) научил (В) изучал
3. Она не ... ответить на ваш вопрос. 4. Она не ... плавать.	(А) может (Б) знает (В) умеет
5. Мама ... своего сына Иваном. 6. Раньше столица этой страны ... по-другому.	(А) называлась (Б) позвала (В) назвала
7. Я ... на стол стакан с соком. 8. Он ... куртку в шкаф.	(А) поставил (Б) положил (В) повесил

9. На улице шёл дождь, было холодно, и Маша … дома. 10. Мне надо вернуться, я … в классе словарь.	(А) остановилась (Б) оставила (В) осталась
11. Она шла по улице и … книги в библиотеку. 12. Мама … за руку дочку в детский сад.	(А) везла (Б) несла (В) вела
13. Моя … сестра уже учится в школе во втором классе.	(А) старая (Б) старшая (В) взрослая
14. Эти продукты очень … для здоровья.	(А) вкусные (Б) свежие (В) полезные
15. Она уже неплохо знает … .	(А) по-русски (Б) русский язык (В) на русском языке
16. Ты думаешь, что это неправильно, а … это правильно.	(А) по-моему (Б) по-твоему (В) по-своему
17. Мне всё … , что вы сказали.	(А) просто (Б) легко (В) понятно
18. … от моего дома есть большой магазин.	(А) Рядом (Б) Недалеко (В) Около
19. Он … меня, чтобы я помог ему. 20. Он … меня, где я работаю. 21. Мой отец … меня рассказать ему обо всём.	(А) попросил (Б) спросил
22. Когда преподаватель … домашние задания студентов, 23. он … в них ошибки.	(А) исправляет (Б) проверяет
24. Я внимательно … , что они говорили. 25. Я … , что они поженились.	(А) слушал (Б) слышал
26. У него было счастливое детство, которое он с удовольствием … .	(А) помнит (Б) вспоминает
27. Она носит очки, потому что плохо … .	(А) видит (Б) смотрит

ЧАСТЬ 2

Задания 28–83. Выберите правильный вариант ответа.

28. Завтра вечером … будут гости.	(А) у нас (Б) нами (В) для нас
29. Скажите, пожалуйста, … этот фильм?	(А) что (Б) с чем (В) о чём
30. На занятии студенты обсуждали … .	(А) интересная тема (Б) интересной темы (В) об интересной теме (Г) интересную тему
31. Обычно он ставит … здесь, во дворе.	(А) свою машину (Б) его машину (В) у его машины (Г) со своей машиной
32. Поздравляю тебя … .	(А) день рождения (Б) на день рождения (В) дня рождения (Г) с днём рождения
33. и желаю тебе … .	(А) крепкое здоровье (Б) с крепким здоровьем (В) крепкого здоровья (Г) крепким здоровьем
34. Всегда мой руки … .	(А) за едой (Б) перед едой (В) к еде (Г) для еды
35. Я хотел бы пригласить вас участвовать … .	(А) на этой работе (Б) эту работу (В) в этой работе (Г) для этой работы
36. В нашем городе никогда не было … .	(А) большой музей (Б) большому музею (В) большим музеем (Г) большого музея
37. Я обещал … помочь перевести этот трудный текст.	(А) мой друг (Б) моему другу (В) моего друга (Г) к моему другу

38. Журналист задавал вопросы … .	(А) известному артисту
	(Б) известный артист
	(В) к известному артисту
	(Г) для известного артиста
39. Он неплохо подготовился … .	(А) трудный экзамен
	(Б) для трудного экзамена
	(В) трудного экзамена
	(Г) к трудному экзамену
40. и поэтому надеется … .	(А) хорошей оценкой
	(Б) на хорошую оценку
	(В) хорошая оценка
	(Г) о хорошей оценке
41. Завтра мы пойдем на стадион … .	(А) футбольный матч
	(Б) в футбольный матч
	(В) на футбольный матч
	(Г) к футбольному матчу
42. Они живут в квартире №12 … .	(А) на третьем этаже
	(Б) в третьем этаже
	(В) третий этаж
	(Г) на третий этаж
43. Я хочу, чтобы ты повесила одежду … .	(А) этот шкаф
	(Б) в этот шкаф
	(В) к этому шкафу
	(Г) этот шкаф
44. В этом большом книжном магазине я купил много … .	(А) разные книги
	(Б) разным книгам
	(В) разными книгами
	(Г) разных книг
45. После зимы люди радовались … .	(А) теплых днях
	(Б) о теплых днях
	(В) теплым дням
	(Г) теплыми днями
46. В Русском музее вы можете увидеть картины только … .	(А) русских художников
	(Б) русские художники
	(В) русскими художниками
	(Г) русским художникам

47. Сегодня мы договорились встретиться	(А) на старом парке (Б) в старом парке (В) по старому парку (Г) старый парк
48. Все согласились	(А) на мое мнение (Б) для моего мнения (В) мое мнение (Г) с моим мнением
49. Скажи, пожалуйста, как ты относишься	(А) к петербургской погоде (Б) на петербургскую погоду (В) петербургской погодой (Г) петербургскую погоду
50. Машина подъехала . . . и остановилась.	(А) около магазина (Б) за магазином (В) к магазину (Г) у магазина
51. Я купил 5	(А) компьютерные игры (Б) компьютерных игр (В) компьютерным играм (Г) компьютерными играми
52. Я не могу понять, почему он отказался	(А) от моей помощи (Б) за мою помощь (В) в моей помощи (Г) моей помощью
53. . . . не было сегодня на занятиях? 54. . . . не удалось сдать этот экзамен?	(А) Какие студенты (Б) Для каких студентов (В) Каким студентам (Г) Каких студентов
55. Тебе обязательно надо ходить на эти лекции, потому что учебника . . . нет.	(А) для этого предмета (Б) по этому предмету (В) этого предмета (Г) на этот предмет
56. Почему ваше домашнее задание вы написали . . . ?	(А) карандашу (Б) карандашом (В) на карандаш (Г) карандаша

57. Видишь, она занимается, выключи телевизор, громкий звук ... мешает.	(А) у нее (Б) с ней (В) ей (Г) к ней
58. Эти вещи принадлежат	(А) нами (Б) для нас (В) к нам (Г) нам
59. Когда отец недоволен ... , 60. он иногда сердится	(А) меня (Б) со мной (В) мной (Г) на меня
61. Он пошел в гости ... . 62. По дороге он купил цветы	(А) его девушка (Б) к своей девушке (В) свою девушку (Г) своей девушке
63. Сергей встретил ... около метро. 64. Потом Сергей вместе ... вернулся домой.	(А) младшую сестру (Б) младшая сестра (В) к младшей сестре (Г) с младшей сестрой
65. Я очень рад	(А) наша встреча (Б) на нашу встречу (В) о нашей встрече (Г) нашей встрече
66. Как ты похожа ... !	(А) к своей матери (Б) в своей матери (В) на свою мать (Г) своей матерью
67. Я пришел в буфет и увидел там маленькую очередь: несколько	(А) человек (Б) человека (В) людей (Г) людях
68. Скажите, пожалуйста, сколько ... Вам нужно для подготовки?	(А) минутами (Б) минут (В) минутам (Г) на минуты

69. Он прислал мне письмо	(А) электронная почта (Б) электронную почту (В) по электронной почте (Г) к электронной почте
70. Он резал хлеб	(А) ножом (Б) с ножом (В) на нож (Г) ножу
71. Эта последняя книга известного писателя понравилась	(А) для всех (Б) всех (В) всеми (Г) всем
72. Я изучаю русский язык уже	(А) за три года (Б) три года (В) на три года
73. Занятия на нашем факультете начинаются 1 сентября	(А) 2018-го года (Б) в 2018 году (В) 2018 год
74. Мне нужно зайти в магазин	(А) в работу (Б) за работу (В) после работы
75. Мне нужно увидеть моего преподавателя	(А) перед экзаменом (Б) за экзаменом (В) в экзамене
76. Мы решили сдавать тест	(А) в будущей неделе (Б) на следующей неделе (В) следующая неделя
77. Я взял в библиотеке книги	(А) за 10 дней (Б) 10 дней (В) на 10 дней
78. Она прочитала эту книгу	(А) за 2 дня (Б) два дня (В) на 2 дня
79. Они приехали в Петербург	(А) первое сентября (Б) на первое сентября (В) первого сентября
80. Занятия по русской литературе у нас	(А) по средам (Б) на среды (В) среды

81. Я верну книгу в библиотеку	(А) за неделю
	(Б) после недели
	(В) через неделю
82. Он обещал вернуться в Петербург	(А) будущий год
	(Б) на будущем году
	(В) в будущем году
83. Все говорят, что . . . будет очень холодной.	(А) следующая зима
	(Б) в следующую зиму
	(В) на следующую зиму

ЧАСТЬ 3

Задания 84 – 134. Выберите правильный вариант.

84. В прошлом году я . . . университет.	(А) окончу
	(Б) окончил
	(В) оканчиваю
85. Студенты были недовольны расписанием занятий, и они попросили . . . его.	(А) изменить
	(Б) изменять
	(В) изменили
86. Пожалуйста, . . . такси около этого дома.	(А) остановили
	(Б) останавливайте
	(В) остановите
87. Преподаватель . . . студентам, что завтра у них будет контрольная работа.	(А) объявил
	(Б) объявлял
	(В) объявлять
88. Я привык рано	(А) встать
	(Б) вставать
	(В) вставал
89. У студентов скоро . . . каникулы.	(А) начнут
	(Б) начинают
	(В) начнутся
90. В этом предложении ты сделал ошибку, . . . его еще раз.	(А) проверяй
	(Б) проверь
	(В) проверьте
91. В этом году мой друг . . . экзамены в университет.	(А) сдавал
	(Б) сдал
	(В) сдавать

92. но плохо ... экзамены и не стал студентом.	(А) сдать (Б) сдавал (В) сдал
93. Сегодня тебе не надо ... домой рано.	(А) вернуться (Б) возвращаться (В) возвращаешься
94. Посмотри этот фильм, он тебе ... . 95. Я сейчас учусь в Петербурге, и этот город мне очень ... . 96. Боюсь, что, когда он увидит мою работу, она ему не ... . 97. Ему никогда не ... , что я делаю.	(А) нравится (Б) понравится
98. А где отец ... раньше? 99. Отец всегда много работал и почти не ... . 100. Вечером Олег ... и начал заниматься. 101. Он спал долго, но ... плохо.	(А) отдыхал (Б) отдохнул
102. — Где ты была? — Я ... в библиотеку. 103. Навстречу мне ... девушка с цветами. 104. Разговаривая с сыном, женщина ... к машине. 105. Раньше Катя часто ... в спортзал.	(А) шла (Б) ходила
106. Сегодня Антон ... в класс раньше всех. 107. В трудный момент ... друг и всегда помогал мне. 108. Обычно папа ... с работы поздно. 109. Вчера я опоздал и ... в театр после начала спектакля.	(А) пришел (Б) приходил
110. Вам надо было ... прямо! 111. Почему Вы решили ... завтра во Владимир? 112. Разве ты любишь ... на машине? Я не знал. 113. Не понимаю, зачем так часто ... на экскурсии.	(А) ехать (Б) ездить
114. Николай только вчера ... из Парижа. 115. Он еще никогда не ... в Москву зимой. 116. Он ... в Москву и сразу поехал в университет. 117. Николай не опоздал, так как самолет ... вовремя.	(А) прилетел (Б) прилетал
118. Завтра ... , пожалуйста, свою фотографию. 119. — Официант, ... , пожалуйста, еще один салат! 120. Никогда не ... свои книги в читальный зал. 121. Извините, сын хочет пить, ... , пожалуйста, воды.	(А) приносите (Б) принесите
122. Как красиво ... по небу облака! 123. Наташа сказала, что ее дети хорошо ... . 124. Наши друзья любят путешествовать и часто ... на кораблях. 125. В этом году они ... на Север.	(А) плывут (Б) плавают

126. Сегодня я свободен, ... гулять!	(А) пойдем (Б) придем (В) перейдем
127. ... вечером к нам в гости. Мы будем рады.	(А) Входите (Б) Приходите (В) Проходите
128. Мы встречаем Ивана, но он до сих пор не	(А) улетел (Б) прилетел (В) долетел
129. — Ты долго будешь в Париже? — Нет, через неделю	(А) уеду (Б) доеду (В) приеду
130. Аптека была недалеко, Вася ... до нее за 10 минут.	(А) ушел (Б) вышел (В) дошел
131. На какой вокзал ... ваш поезд?	(А) приезжает (Б) доезжает (В) заезжает
132. Девочка испугалась собаки и быстро	(А) добежала (Б) убежала (В) перебежала
133. ... завтра! Мы будем очень рады!	(А) Входите (Б) Приходите (В) Доходите
134. Я должен всем ... сувениры из Германии.	(А) привезти (Б) отвезти (В) перевезти

ЧАСТЬ 4

Задания 135 – 165. Выберите правильный вариант.

135. Ты видишь девушку, которой ... ? 136. Ты видишь девушку, с которой ... ?	(А) Олег купил цветы (Б) стоит у киоска (В) мы вчера познакомились (Г) подошел молодой человек
137. Вечером позвонили друзья, ... мы вместе отдыхали на море. 138. Вечером позвонили друзья, ... мы собираемся подарить сувениры.	(А) которых (Б) которым (В) с которыми (Г) которые

139. Я знаю, ... подарку Вы будете рады. 140. Я знаю, ... подарке вы говорите.	(А) какое (Б) какого (В) какому (Г) о каком
141. Я не забыл, ... продукты вы заказали. 142. Я уже понял, ... продуктам нужна реклама.	(А) какие (Б) каких (В) каким (Г) какими
143. Я не слышал, ... звонил Николай. 144. Конечно, я знаю, ... он ждал весь вечер.	(А) кого (Б) кто (В) кому (Г) о ком
145. Я не знаю, ... он обещал сделать. 146. Я уже объяснял, ... он был недоволен сегодня.	(А) о чем (Б) чем (В) к чему (Г) что
147. Пабло приехал в Россию, ... изучать русскую литературу. 148. Он хотел жить в Петербурге, ... здесь учился его отец.	(А) куда (Б) где (В) чтобы (Г) потому что
149. Лена пришла домой поздно, ... была в театре. 150. Борис не пошел гулять, ... был очень занят. 151. Дети играли в футбол, ... они устали. 152. Я люблю плавать, ... часто отдыхаю на море.	(А) потому что (Б) поэтому
153. Я прочитал в газете, ... открылся новый музей. 154. Мы взяли такси, ... не опоздать к поезду. 155. Оля купила овощи, ... сделать салат. 156. Мама сказала, ... я подумала о своем здоровье.	(А) что (Б) чтобы
157. Иван приедет в субботу, ... 158. Он точно не знает, ... приехать. 159. Конечно, Юра купит билеты, ... 160. Я не понял, ... отец снять квартиру.	(А) если сможет (Б) сможет ли
161. Борис играет в хоккей, ... его брат нет.	(А) а (Б) но (В) и
162. Мы поехали за город, ... пошел дождь, и мы вернулись.	(А) а (Б) но (В) и

163. Не знаю, какую кассету выбрать — с современной ... классической музыкой.	(А) и (Б) но (В) или
164. Не понимаю, ... он поехал в Сибирь.	(А) почему (Б) где (В) куда
165. Я совсем забыл, ... проехать отсюда в центр.	(А) куда (Б) где (В) как

答案解析
（附考场指令译文）

☞ 考试指令

考试时间为60分钟。

试卷包括165题。

考试时不可使用词典。

请查收试题和答题卡，并在每页答题卡上填写自己的姓名。

试卷左边为试题（如1、2），右边为备选答案。请选择正确答案，并在答题卡上标出正确答案。例如：

Ⓐ	Б	В	Г

（你选择的正确答案为A）

如果你修改答案，请按如下方法标出：

Ⓐ	Б	Ⓑ	Г

（你的原来选项为A，新的选项为B）

请将正确答案标在答题卡上，标在试卷上无效。

阅卷以答题卡为准。

1. 答案：Б。解析：выучить（完）что 学会，如 выучить новые слова（学会新单词）；научить（完）кого 教会，如 научить сына рисовать（教会儿子画画）。译文：我的第一位老师在学校教会我阅读和书写。

2. 答案：В。解析：изучать-изучить что 指在学校里系统学习和研究，如 изучать русский язык（学习俄语）。译文：在学校里我学过许多不同的课程。

3. 答案：A。解析：мочь-смочь 能够（其后可以接完成体或未完成体动词不等式）。例如：Сегодня я не могу прийти на урок.（今天我不能来上课。）；знать（未）知道，了解（其后接名词第四格)。例如:Я знаю Наташу.(我了解娜塔莎。)译文:她不能回答你的问题。

4. 答案:Б。解析:уметь(未)会(指人的技能,其后只能接未完成体动词不等式)。例如:Я *умею* играть в шахматы, но сейчас не *могу*: у меня нет времени.(我会下棋,但现在不能,我没有时间。)译文:她不会游泳。

5. 答案:Б。解析:называть-назвать кого-что кем-чем 把……称作……。例如:Мы *называем* нефть черным золотом.(我们把石油称为黑色的金子。)звать-позвать кого 叫,邀请,如 позвать брата к телефону(叫弟弟接电话)。译文:妈妈给自己的儿子起名叫伊万。

6. 答案:А。解析:называться-назваться кем-чем 称作。例如:Нефть *называется* черным золотом.(石油被称为黑色的金子。)在该句中 нефть 是第一格,做主语,черным золотом 受 называется 的要求,用第五格。译文:以前这个国家的首都叫另一个名字。

7. 答案:А。解析:ставить-поставить что 把"什么"(第四格)立放,如 поставить молоко в холодильник(把牛奶放到冰箱里);класть-положить что 把"什么"(第四格)平放,如 положить книгу на стол(把书放到桌子上)。译文:我把盛果汁的杯子放到桌子上。

8. 答案:Б。解析:вешать-повесить что 把"什么"(第四格)挂起来,如 повесить шапку на стену(把帽子挂到墙上)。译文:他把上衣挂到柜子里。

9. 答案:Б。解析:оставаться-остаться 不及物动词,"谁"(第一格,做主语)待在,留下来。例如:Сын остался дома.(儿子待在家里。)译文:街上下雨了,很冷,于是玛莎待在家里。

10. 答案:Б。解析:останавливаться-остановиться 是不及物动词,"谁、什么"(第一格,做主语)停下来。例如:Машина *остановилась*.(车停了。)оставлять-оставить кого-что 及物动词,"谁"(第一格,做主语)把"谁、什么"(第四格)留下。例如:Мама *оставила* сына дома.(妈妈把儿子留在家里。)译文:我要回去一下,我把词典落在教室里了。

11. 答案:Б。解析:везти,нести,вести 都是定向运动动词,都是未完成体,都是及物动词(都要求接第四格),但意义不同。везти 是(乘车)运送。例如:Бабушка *везет* внука домой на автобусе.(奶奶坐公共汽车带孙子回家。)нести 和 вести 都是徒步,但 нести 指手里拿着(东西),вести 指用手领着(人)。例如:Бабушка *несет* овощи домой.(奶奶拎着菜回家。)Бабушка *ведет* внука домой.(奶奶领着孙子回家。)译文:她走在街上,手里拿着书去图书馆。

12. 答案:В。解析:везти,нести,вести 都是定向运动动词,都是未完成体,都是及物动词(都要求接第四格),但意义不同。везти 是(乘车)运送。例如:Бабушка *везет* внука домой на автобусе.(奶奶坐公共汽车带孙子回家。)нести 和 вести 都是徒步,但 нести 指手里拿着(东西),вести 指用手领着(人)。例如:Бабушка *несет* овощи домой.(奶奶拎着菜回家。)Бабушка *ведет* внука домой.(奶奶领着孙子回家。)译文:妈妈领着女儿的手去幼儿园。

13. 答案:Б。解析:старший 指年长的,可能年龄很大,也可能年龄很小,如 старший брат(哥哥),反义词是 младший(年龄小的),如 младший брат(弟弟);старый 指年龄大的,如 старая бабушка(老奶奶);взрослый 指成年的,如 взрослый человек(成年人)。译文:我姐姐已经上小学二年级了。

14. 答案:В。解析:вкусный(形)好吃的;свежий(形)新鲜的;полезный(形)有益的。译文:这些食物对健康有益。

15. 答案:Б。解析:слушать(听),говорить(说),читать(读),писать(写)与 по-русски 连用;знать(知道)与 русский язык 连用。译文:她还没掌握好俄语。

16. 答案:А。解析:по-моему 依我看;по-твоему 依你看;по-своему 以自己的看法。译文:你

觉得这不对,而依我看这是对的。

17. 答案:В。解析:просто(副)简单;легко(副)容易;понятно(副)明白。译文:你说的我都明白。

18. 答案:Б。解析:"рядом с + 第五格"在……旁边;"недалеко от + 第二格"离……不远;"около + 第二格"在……附近。译文:离我家不远有一个大商店。

19. 答案:А。解析:просить-попросить кого-что 请,请求;спрашивать-спросить кого-что 问。译文:他请我帮助他。

20. 答案:Б。解析:просить-попросить кого-что 请,请求;спрашивать-спросить кого-что 问。译文:他问我在哪儿工作。

21. 答案:А。解析:просить-попросить кого-что 请,请求;спрашивать-спросить кого-что 问。译文:我的父亲让我把一切都给他讲讲。

22. 答案:Б。解析:проверять-проверить что 检查;исправлять-исправить что 改正。译文:当老师批改学生的家庭作业时,(见下句)

23. 答案:А。解析:проверять-проверить что 检查;исправлять-исправить что 改正。译文:(接上句)他修改作业里的错误。

24. 答案:А。解析:слушать кого-что 听;слышать-услышать что 听见。译文:我认真听他们说话。

25. 答案:В。解析:слушать(未)кого-что 听;слышать-услышать что 听见。译文:我听说他们结婚了。

26. 答案:Б。解析:помнить(未)кого-что 记得(指一直都记得);вспоминать-вспомнить кого-что 回忆。译文:他有一个幸福的童年,他经常很高兴地回忆童年。

27. 答案:А。解析:видеть-увидеть кого-что 看见;смотреть-посмотреть кого-что 看。译文:她戴着眼镜,因为看不清。

28. 答案:А。解析:表示在某个地点,用"в + 第六格或на + 第六格",如 в школе(在学校),на заводе(在工厂);表示在某人那里,用"у + 第二格",如 у нас(在我们这儿)。译文:明天晚上我们家将来客人。

29. 答案:В。解析:"о + 第六格"意思是"关于什么"。译文:请问,这部电影讲的是什么?

30. 答案:Г。解析:обсуждать-обсудить что 讨论,如 обсудить вопрос(讨论问题)。译文:课堂上学生们讨论了问题。

31. 答案:А。解析:ставить-поставить что 立放,如 поставить стакан в холодильник(把杯子放进冰箱)。另外,需要注意的是,свой 和 его 意义不同,свой 不能和 его,ее,их 互换。如果用 свой,则指代句中的主语 он,она,они。如果用 его,ее,их,则指另外的"他""她""他们"。试比较:Андрей не доволен *своей* работой.(安德烈不满意自己的工作。)Андрей не доволен *его* работой.(安德烈不满意他[另一个人]的工作。)译文:通常他把车停在这儿的院子里。

32. 答案:Г。解析:поздравлять-поздравить кого с чем 祝贺,如 поздравить преподавателя с Новым годом(祝老师新年快乐)。译文:祝你生日快乐,(见下句)

33. 答案:В。解析:желать-пожелать кому чего 祝愿,如 желать вам счастья(祝你幸福)。译文:(接上句)并祝你身体健康。

34. 答案:Б。解析:до чего 可以表示行为或状态发生在某行为、某事件、某时点之前的任何时间,即该行为或状态发生的时刻与某行为、某事件、某时点之间的间隔无论多长都可以,如 до обеда

(上午)。перед чем 表示行为或状态发生在临近某行为、现象、时间等之前,其时间较短,表示"临……之前",如 перед едой(饭前),перед сном(睡前)。к чему 表示行为或状态发生在"快要到(接近)……的时候",与之连用的多是表示具体时刻、时期的名词,如 к восьми часам(八点前)。试题中 мой 是 мыть(洗)的命令式。译文:通常饭前要洗手。

35. 答案:В。解析:участвовать(未)в чем 参加,如 участвовать в соревнованиях(参加比赛)。试题中 бы 为虚拟语气,表现愿望。译文:我本来想邀请你参加这项工作。

36. 答案:Г。解析:нет(现在时)、не было(过去时)、не будет(将来时)意思都是"没有"、"没有什么"用第二格。例如:Сейчас у меня *нет* учебника.(现在我没有教科书。)Раньше у меня *не было* учебника.(以前我没有教科书。)У меня *не будет* учебника.(我将不会有教科书。)译文:我们城市从来没有过大的博物馆。

37. 答案:Б。解析:обещать(未或完)пообещать(完)кому 答应,如 обещать отцу рано вернуться домой(答应父亲早点儿回家)。译文:我答应我的朋友帮助他翻译这篇很难的课文。

38. 答案:А。解析:задавать-задать что кому 给……提出……,如 задать вопрос студенту(提问大学生)。译文:记者向著名演员提了问题。

39. 答案:Г。解析:готовиться-подготовиться к чему 准备,如 готовиться к экзамену(准备考试)。译文:这次困难的考试他准备得不错,(见下句)

40. 答案:Б。解析:надеяться(未)на кого-что 希望,如 надеяться на свидание(希望见面)。译文:(接上句)因此希望得到好的分数。

41. 答案:В。解析:матч(比赛)与前置词 на 连用。译文:明天我们去体育场参加踢球赛。

42. 答案:А。解析:этаж(楼层)与前置词 на 连用,如 на третьем этаже(在三层)。译文:他们住在三楼12号。

43. 答案:Б。解析:вешать-повесить что 把……挂起来,如 повесить шапку на стену(把帽子挂到墙上)。译文:我希望你把衣服挂到这个柜子里。

44. 答案:Г。解析:много 要求与其连用的名词用复数第二格,如 много друзей(许多朋友)。译文:在这个大书店里我买了许多各种不同的书。

45. 答案:В。解析:радоваться-обрадоваться кому-чему 对……高兴,如 радоваться приезду родителей(对父母的到来感到高兴)。译文:冬天过后人们对温暖的日子感到高兴。

46. 答案:А。解析:名词第二格与名词连用,作非一致定语,表示所属关系,如 книга отца(父亲的书)。译文:在俄罗斯博物馆你看见的都是俄罗斯画家的画作。

47. 答案:Б。解析:парк(公园)与前置词 в 连用。译文:今天我们商量好在老公园见面。

48. 答案:Г。解析:соглашаться-согласиться ①с кем-чем 同意……的意见,如 согласиться с ним(同意他的想法);②на что 同意(做某事),如 согласиться на операцию(同意手术)。译文:大家同意我的意见。

49. 答案:А。解析:относиться-отнестись к кому-чему 对待,如 холодно относиться к иностранцам(冷淡地对待外国人)。译文:请问,你怎么看待彼得堡的天气?

50. 答案:В。解析:подъезжать-подъехать к кому-чему(乘车)到跟前。带前缀 под- 的动词一般后接"к + 第三格",如 подойти к окну(走到窗前)。译文:汽车开到商店前停了下来。

51. 答案:Б。解析:数词 пять 要求与其连用的名词用复数第二格,如 пять книг(五本书)。译文:我买了5个电脑游戏。

52. 答案:А。解析:отказываться-отказаться от кого-чего 拒绝,如 отказаться от помощи(拒

绝帮助)。译文:我不明白,为什么他拒绝了我的帮助。

53. 答案:Г。解析:не было(过去时)意思是"没有","没有什么"用第二格。例如:Раньше у меня не было учебников.(以前我没有教科书。)译文:哪些学生今天没上课?

54. 答案:В。解析:удаваться-удаться 是无人称动词,意思是"成功地做……",主体用第三格,动词用现在时单数第三人称或过去时中性形式。例如:Мне удалось достать билет в театр.(我成功地买到了剧票。)译文:哪些学生没通过考试?

55. 答案:Б。解析:前置词 по(第三格)在……方面,如 экзамен по математике(数学考试),тест по русскому языку как иностранному(对外俄语考试)。译文:你应该去听这些讲座,因为这门课没有教科书。

56. 答案:Б。解析:名词第五格表示行为的工具。例如:Я пишу карандашом, а он — ручкой.(我用铅笔写字,他用钢笔写字。)Парень умывается холодной водой.(年轻人用凉水洗脸。)译文:为什么你的家庭作业是用铅笔写的?

57. 答案:В。解析:мешать(未) кому-чему 影响。译文:你看,她在学习,把电视关了,声音很大影响她。

58. 答案:Г。解析:принадлежать(未) кому 属于。例如:Эта книга принадлежит мне.(这本书是我的。)译文:这些东西是我们的。

59. 答案:В。解析:доволен(довольна, довольно, довольны)是形容词短尾,对"谁、什么"(第五格)满意。译文:当父亲对我不满意时,(见下句)

60. 答案:Г。解析:сердиться-рассердиться на кого-что(完)对……生气。译文:(接上句)他就对我生气。

61. 答案:Б。解析:去"什么地方"用"в+第四格或 на+第四格",如 идти в школу(去学校),идти на завод(去工厂);去"某人处"用"к+第三格",如 идти к бабушке(去奶奶家)。译文:他去女朋友家做客。

62. 答案:Г。解析:покупать-купить что кому 给……买……。译文:路上他给女朋友买了鲜花。

63. 答案:А。解析:встречать-встретить кого-что 迎接。译文:谢尔盖在地铁站迎接妹妹。

64. 答案:Г。解析:"с+第五格"意思是"和谁一起"。译文:然后谢尔盖和妹妹一起回家了。

65. 答案:Г。解析:рад(рада, радо, рады)是形容词短尾,意思是"对什么(第三格)感到高兴"。译文:我对我们的见面感到非常高兴。

66. 答案:В。解析:похож(похожа, похоже, похожи)是形容词短尾,意思是"像什么(на+第四格)"。译文:你太像你母亲了!

67. 答案:А。解析:несколько 与 человек 连用(человек 的复数第二格还是 человек),много 和 мало 与 людей 连用,如 много людей(很多人),мало людей(很少人)。译文:我来到小吃部看见那儿排队的人很少:只有几个人。

68. 答案:Б。解析:сколько(多少)要求与其连用的名词用复数第二格。译文:请问,你需要准备多少分钟?

69. 答案:В。解析:"по+第三格"沿(着)……,顺(着)……,如 идти по берегу реки(沿着河边走)。译文:他用电子邮箱给我发来了信。

70. 答案:А。解析:名词第五格表示行为的工具。例如:Я пишу карандашом, а он — ручкой.(我用铅笔写字,他用钢笔写字。)译文:他用刀切面包。

71. 答案：Г。解析：нравиться-понравиться кому 喜欢，但用法特殊，"谁"喜欢，"谁"用第三格，"喜欢的东西"是主语，用第一格。译文：大家都喜欢著名作家最新的一本书。

72. 答案：Б。解析：表示时间的名词第四格表示行为持续的时间。例如：Я изучаю русский язык *пять лет*.（我学习俄语五年了。）*Каждую субботу* мы ходим в театр.（每星期六我们去看剧。）需要注意的是，此时句子中的动词一般用未完成体。译文：我学俄语已经三年了。

73. 答案：A。解析：表示在某年时，用"в + 顺序数词第六格"，其中只有最后一个顺序数词变格。例如：Я родился в *тысяча девятьсот девяносто девятом* году.（我生于1999年。）如果表示的"某年某月"则"某年"用第二格。例如：Он начал заниматься спортом *в декабре* прошлого года.（他去年12月开始体育锻炼。）译文：我们系从2018年9月1日开始上课。

74. 答案：В。解析："после + 第二格"意思是"在……之后"。译文：下班后我要去商店。

75. 答案：A。解析："перед + 第五格"意思是"在……之前"。译文：考试前我要见我的老师。

76. 答案：Б。解析："在哪周"用"на + 第六格"表示，如 на этой неделе（在这周），на прошлой неделе（在上周），на следующей неделе（在下周）。译文：我们决定下周考试。

77. 答案：В。解析："на + 时间第四格"表示"动作结果持续的时间"。例如：Он приехал в Пекин *на два дня*.（他来北京两天了。）这句话的意思是"他已经来北京了，приехал 动作已经完成，在北京住两天，而不是在路上走两天"。而"未完成体动词 + 时间第四格"表示"动作本身持续的时间"。例如：Они ехал в Пекин *два дня*.（他来北京用了两天时间。）这句话的意思是"他在路上走了两天"，此时句中动词必须是未完成体。译文：我在图书馆借书期限是10天。

78. 答案：A。解析："за + 时间第四格"表示"在……时间内（完成或发生某动作）"，此时句动词用完成体。例如：*За лето* больной поправился.（一个夏天病人康复了。）Рабочие закончили работу *за неделю*.（工人们在一周内完成了工作。）译文：她两天读完了这本书。

79. 答案：В。解析：顺序数词中性第二格表示"在某日"。例如：Это было *второго мая*.（这件事发生在5月2日。）Новый учебный год начинается *первого сентября*.（新学年9月1日开始。）译文：他们9月1日来到彼得堡。

80. 答案：A。解析：前置词 по чему（接表示时间的名词复数第三格）每逢，如 по средам（每星期三）。译文：每星期三我们有俄罗斯文学课。

81. 答案：Б。解析：前置词 через что 经过（多长时间），如 через неделю（一周以后）。译文：我会在一周后把书还回图书馆。

82. 答案：В。解析：表示在某年时，用"в + 第六格"表示，如 в тысяча девятьсот девяносто девятом году（在1999年），в этом году（在今年），в прошлом году（在去年），в следующем году 或 в будущем году（在明年）。译文：他答应明年回圣彼得堡。

83. 答案：A。解析：следующая зима 做主语，будет 要求 холодной 变成阴性第五格。译文：大家都说，下一个冬天将会很冷。

84. 答案：Б。解析：完成体动词过去时表示过去发生并且已经达到结果的行为。例如：Я уже *прочитал* роман.（我已经读完了小说。）译文：去年我大学毕业了。

85. 答案：A。解析：完成体动词 изменить（改变）表示一次完成的行为。译文：学生们对课程表不满意，于是他们请求更改课程表。

86. 答案：В。解析：остановите 是完成体动词 остановить（使……停下来）的命令式，表示一次完成的行为。译文：请把出租车停在这栋楼旁边。

87. 答案：A。解析：объявил（宣布）用完成体过去时，表示一次完成的行为。译文：老师向学生

88. 答案:Б。解析:表示学会、习惯、使……养成习惯、使……放弃习惯、喜爱、厌烦等意义的动词,如 бросать-бросить(放弃),привыкать-привыкнуть(习惯于),запрещать-запретить(禁止),надоедать-надоесть(厌恶),научиться(学会)之后,由于与行为的完成和结果无关,而只涉及行为本身,所以之后只用未完成体动词不定式。译文:我习惯早起。

89. 答案:В。解析:начинать-начать 是及物动词,要求第四格。例如:Студенты скоро *начнут* каникулы.(大学生很快就放假了。)句中 Студенты(第一格)是主语,начнут 是谓语,каникулы(第四格)是补语。但当 начинать-начать + ся 之后,已经是被动意义,被开始的事物做主语。在句子 У студентов скоро начнутся каникулы. 中 каникулы 是主语,начнутся 是谓语。译文:大学生很快就放假了。

90. 答案:Б。解析:проверь(检查)用完成体表示一次完成的行为,前一个句子中已经出现人称 ты,因此 проверь 用单数第二人称命令式。译文:在这个句子中你犯了一个错误,请再检查一遍。

91. 答案:А。解析:(需要注意:91题和92题是连在一起的)未完成体动词过去时可以泛指某种行为是否发生过,而不是表示行为是否已经完成、有结果。例如:Я *читал* «Как закалялась сталь».(我读过《钢铁是怎样炼成的》。)читал 只表示"读过",但没有提到"是否读完"。需要注意的是,如果91题和92题不是连在一起的,91题是独立的一道题,用 сдал 也可以。用 сдавал 表示"参加过考试",用 сдал 表示"通过了考试"。译文:今年我朋友参加了高考,(见下句)

92. 答案:В。解析:当一个动作是所期待的,应该发生的,但未发生,通常用"не + 完成体动词过去时"。例如:Мы долго ждали его письма, но так и *не получили*.(我们等他的信等了很长时间,但始终也没收到。)не сдал 表示"希望考上大学,但没考上",即结果没达到。译文:(接上句)但考得不好,没有成为大学生。

93. 答案:Б。解析:не надо(不应该)、не нужно(不需要)、не следует(不应该)、не стоит(不值得)之后,接未完成体动词不定式。例如:Не нужно *вызывать* его, он придет сам.(没必要叫他,他自己会来。)译文:今天你不用早回家。

94. 答案:Б。解析:понравится(喜欢)用完成体将来时,表示"将来(看完电影)一定会喜欢"。译文:看看这部电影吧,你会喜欢的。

95. 答案:А。解析:нравится(喜欢)用未完成体现在时,表示"现在一直喜欢"。译文:我现在在彼得堡学习,这个城市我很喜欢。

96. 答案:Б。解析:понравится(喜欢)用完成体将来时,表示"将来(看到我的工作以后)会(不)喜欢"。译文:我担心,当他看见我的工作时会不喜欢。

97. 答案:А。解析:нравится(喜欢)用未完成体现在时,表示"一直(不)喜欢"。译文:他从来不喜欢我做的事情。

98. 答案:А。解析:отдыхал(休息)用未完成体过去时表示"过去经常发生的事情(休息)"。译文:以前你父亲在哪儿度假?

99. 答案:А。解析:отдыхал(休息)用未完成体过去时表示"过去一直发生的事情(不休息)"。译文:父亲总是工作很忙,几乎不休息。

100. 答案:Б。解析:отдохнул(休息)用完成体过去时表示"休息完(一会儿)"。译文:晚上父亲休息了一会儿,然后开始工作。

101. 答案:Б。解析:отдохнул(休息)用完成体过去时表示动作最终的结果"(没)休息好"。译文:他睡了很长时间,但还是没休息好。

102. 答案:Б。解析:注意 идти 和 ходить 都是未完成体动词,其中 идти 是定向运动动词,ходить 是不定向运动动词。不定向运动动词过去时表示过去一次往返的行为,即去到某处,又返回来了。例如:Сегодня я ходил в городскую библиотеку.(今天我去了一趟市图书馆。即:去了市图书馆,又回来了)—— Где ты был? — Я ходил в магазин.("你去哪儿了?""我去了一趟商店。"即:去了商店,又回来了)译文:"你去哪儿了?""我去了一趟图书馆。"

103. 答案:А。解析:定向运动动词过去时表示当时(过去时)有一定方向的运动。例如:Она купила блокнот, когда шла на лекцию.(她在去上课的路上买了一个便条本。)译文:迎着我的对面走来一个拿着花的女孩。

104. 答案:А。解析:定向运动动词过去时表示当时(过去时)有一定方向的运动。例如:Она купила блокнот, когда шла на лекцию.(她在去上课的路上买了一个便条本。)译文:妇女一边和儿子说话,一边向车走去。

105. 答案:Б。解析:不定向运动动词的过去时可以表示过去多次往返的行为,即去到某处,现在又返回来了。例如:Прошлым летом каждый день мы ходили в бассейн.(去年夏天我们每天都去游泳馆。)译文:以前卡佳经常去体育馆。

106. 答案:А。解析:приходить-прийти 是带前缀的运动动词。пришел 用完成体过去时表示一次完成的行为。译文:今天安东来教室比大家都早。

107. 答案:Б。解析:приходил 用未完成体过去时表示过去经常发生的行为。译文:在困难时刻我的朋友总来帮助我。

108. 答案:Б。解析:приходил 用未完成体过去时表示过去经常发生的行为。译文:通常爸爸下班很晚。

109. 答案:А。解析:пришел 用完成体过去时表示一次完成的行为。译文:昨天我来晚了,到剧院时剧已经开演了。

110. 答案:А。解析:定向运动动词 ехать 表示有一定方向的运动。译文:你最好直接往前开车(坐车)。

111. 答案:А。解析:定向运动动词 ехать 表示有一定方向的运动。译文:为什么你决定明天去弗拉基米尔?

112. 答案:Б。解析:不定向运动动词 ездить 表示没有固定方向、不只进行一次的运动。译文:你难道喜欢坐车吗?我以前不知道。

113. 答案:А。解析:不定向运动动词 ездить 表示多次往返的运动。译文:我不明白,为什么经常去旅行。

114. 答案:А。解析:прилетел(飞来)用完成体过去时表示一次完成的行为。译文:尼古拉昨天刚从巴黎飞来。

115. 答案:Б。解析:прилетал(飞来)用未完成体过去时表示经常发生的行为。译文:他还从来没在冬天来过莫斯科。

116. 答案:А。解析:прилетел(飞来)用完成体过去时表示一次完成的行为。译文:他昨天刚到莫斯科就去学校了。

117. 答案:А。解析:прилетел(飞来)用完成体过去时表示一次完成的行为。译文:尼古拉没来晚,因为飞机按时到达。

118. 答案:Б。解析:принесите(带来)用完成体命令式表示一次完成的行为。译文:明天请把自己的照片带来。

119. 答案：Б。解析：принесите（带来）用完成体命令式表示一次完成的行为。译文：服务员，请再来一份沙拉！

120. 答案：А。解析：приносите（带来）用未完成体命令式表示经常发生的行为。译文：永远不要把自己的书带到阅览室。

121. 答案：Б。解析：принесите（带来）用完成体命令式表示一次完成的行为。译文：对不起，儿子要喝水，请拿点儿水来。

122. 答案：А。解析：плавать 和 плыть 都是未完成体，плавать 是不定向运动动词，плыть 是定向运动动词。句中用定向运动动词 плывут，表示云在天空向一定的方向游动。译文：云在天空游动太美了！

123. 答案：Б。解析：不定向运动动词现在时可以表示人或事物固有的能力、本领以及习惯、爱好等。例如：Он хорошо плавает.（他泳游得很好。）译文：娜塔莎说，他的孩子们游泳游得很好。

124. 答案：Б。解析：不定向运动动词现在时 плавают（此时不是"游泳"，而是"乘船"的意思）表示去各个地方，没有一定方向的运动。译文：我们的朋友喜欢旅行，经常坐船出行。

125. 答案：А。解析：句中用 плывут 表示有一定方向的运动（去北极）。译文：今年他们要坐船去北极。

126. 答案：А。解析：пойти（完）去，前缀 по-表示"开始"；приходить-прийти 来，前缀 при-表示"来"；переходить-перейти 从一个地方到另一个地方，前缀 пере-表示"转移，从一个地方到另一个地方"。译文：今天我有空，我们去散步吧！

127. 答案：Б。解析：входить-войти 走进，前缀 в-表示"进入"；приходить-прийти 来，前缀 при-表示"来"；проходить-пройти 走过，前缀 про-表示"穿越，进入"。译文：今晚到我们家做客吧，我们会很高兴。

128. 答案：Б。解析：улетать-улететь 飞走，前缀 у-表示"离开"；прилетать-прилететь 飞来，前缀 при-表示"来"；долетать-долететь 飞到，前缀 до-表示"到达"。译文：我们接伊万，但到现在他还没飞来。

129. 答案：А。解析：уезжать-уехать（乘车）离开，前缀 у-表示"离开"；доезжать-доехать（乘车）到达，前缀 до-表示"到达"；приезжать-приехать（乘车）来，前缀 при-表示"来"。译文："你将在巴黎呆很久吗？""不，一周后离开。"

130. 答案：В。解析：доходить-дойти 到达，其后接 до + 第二格。译文：药店不远，瓦夏10分钟走到了药店。

131. 答案：А。解析：приезжать-приехать（乘车）来；доезжать-доехать（乘车）到达；заезжать-заехать（乘车顺便）去。译文：你的火车到哪个火车站？

132. 答案：Б。解析：убегать-убежать 跑走，跑开，前缀 у-表示"离开"。译文：女孩害怕狗，快速跑开了。

133. 答案：Б。解析：приходить-прийти 来，前缀 при-表示"来"。译文：明天来吧！我们会非常高兴。

134. 答案：А。解析：привозить-привезти（乘车）带来，前缀 при-表示"来"。译文：我应该从德国给大家带礼物。

135. 答案：А。解析：关联词 который 指代主句中的某个名词，与该名词同性、数，而格则取决于它在从句中的地位，根据需要可以带前置词。例如：Ко мне пришел друг, *который* живет в го-

роде.(住在城里的朋友到我这儿来了。)Брат уже прочитал книгу,*которую* я вчера ему купил.(弟弟已经看完了我昨天给他买的那本书。)Студенты,*которым* помогал преподаватель,теперь учатся лучше.(老师帮助过的大学生现在学习好些了。)Я позвонил сестре,от *которой* я давно не получал письма.(我给很久没有来信的姐姐打了电话。)Деревня,в *которой* я жил раньше,находится за рекой.(以前我住过的村子在河边。)试题中受 купил 要求 которой 用第三格,用阴性 девушка 与一致。译文:你看见奥列格给买花的那个女孩了吗?

136. 答案:В。解析:которая 指代 девушка 所以用阴性,познакомиться(认识)接格关系是"с + 第五格",所以 с которой 是正确答案。译文:你看见昨天我们认识的那个女孩了吗?

137. 答案:В。解析:с которыми 意思是"和这些朋友",用复数与 друзья 一致。译文:晚上和我们一起在海边休息的朋友打来了电话。

138. 答案:Б。解析:которым 受 подарить(送)的要求变第三格,用复数与 друзья 一致。译文:晚上我们打算送纪念品的朋友打来了电话。

139. 答案:В。解析:рад(对……高兴)要求第三格,所以 какому подарку 用第三格。译文:我知道,你对什么礼物感到高兴。

140. 答案:Г。解析:говорить(说)要求"о + 第六格",所以用 о каком подарке。译文:我知道,你们在谈论什么礼物。

141. 答案:А。解析:какие продукты 受 заказали(预订)的要求变成第四格。译文:我没忘你定了什么产品。

142. 答案:В。解析:нужен(нужна,нужно,нужны)"谁"(第三格)需要"什么"(第一格,做主语)。试题从句中主语是 реклама,受 нужна 的要求,каким продуктам 变成第三格。译文:我已经明白,什么产品需要广告。

143. 答案:В。解析:受 звонил(打电话)的要求,кому 变成第三格。译文:我没听清,尼古拉给谁打电话。

144. 答案:А。解析:受 ждал 的要求 кого 变成第四格。译文:当然,我知道,他一晚上都在等谁。

145. 答案:Г。解析:что 作关联词连接的说明从句时,可根据从句谓语的要求变格。例如:Я не знаю,*кто* сейчас работает.(我不知道谁在工作。)句中 кто 做主语,用第一格。Я не знаю,*кого* сегодня он увидел.(我不知道他今天看见了谁。)句中 кого 受 увидел 的要求用第四格。试题中 что 受 сделать 要求用第四格。译文:我不知道,他答应做什么。

146. 答案:Б。解析:недоволен(对……不满意)要求第五格。译文:我已经解释了,他今天对什么不满意。

147. 答案:В。解析:чтобы(为了)连接的目的从句如果主句与从句中的主体(注意是主体,而不是主语)相同,则从句中的动词谓语用不定式。例如:*Чтобы* овладеть русским языком,мы много занимаемся.(为了掌握俄语,我们用功学习。)主句和从句中行为主体都是 мы,从句中动词用不定式。译文:为了研究俄罗斯文学,帕博罗来到俄罗斯。

148. 答案:Б。解析:关联词 где,куда,откуда 限定主句中具有地点意义的名词,如 место(位置),город(城市)等,此时使用 где,куда 还是 откуда 取决于从句中动词的意思。例如:В прошлом году я был в деревне,*где* родился мой отец.(去年我去过父亲出生的农村。)В прошлом году я был в деревне,*откуда* отец приехал.(我去过父亲来的那个农村。)В прошлом году я был в деревне,*куда* отец уехал.(去年我过去父亲去的那个农村。)译文:他生活在彼得堡,父亲曾在这

里学习过。

149. 答案:A。解析:потому что 因为,поэтому 因此。译文:列娜很晚才回家,因为看剧去了。

150. 答案:A。解析:потому что 因为,поэтому 因此。译文:鲍里斯没去散步,因为很忙。

151. 答案:Б。解析:потому что 因为,поэтому 因此。译文:孩子们踢足球了,因此累了。

152. 答案:Б。解析:потому что 因为,поэтому 因此。译文:我喜欢游泳,因此经常去海边休息。

153. 答案:A。解析:连接词 что 连接的说明从句表示现实存在的事实。чтобы 连接的说明从句表示实际上不存在的事实,只是一种假设,如果从句与主句中的主体不同,受 чтобы 的要求从句中的谓语要用过去时。试比较:Он сказал, *что* все пришли.(他说大家都来了。)Он сказал, *чтобы* все пришли.(他说让大家都来。)译文:我在报纸里看到新开了一家博物馆。

154. 答案:Б。解析:чтобы(为了)连接的目的从句如果主句与从句中的主体(注意是主体,而不是主语)相同,则从句中的动词谓语用不定式。例如:*Чтобы* овладеть русским языком, мы много занимаемся.(为了掌握俄语,我们用功学习。)主句和从句中行为主体都是 мы,从句中动词用不定式。译文:为赶上火车,我叫了出租车。

155. 答案:Б。解析:чтобы(为了)连接的目的从句如果主句与从句中的主体(注意是主体,而不是主语)相同,则从句中的动词谓语用不定式。例如:*Чтобы* овладеть русским языком, мы много занимаемся.(为了掌握俄语,我们用功学习。)主句和从句中行为主体都是 мы,从句中动词用不定式。译文:为了做沙拉,奥莉亚买了蔬菜。

156. 答案:Б。解析:连接词 что 连接的说明从句表示现实存在的事实。чтобы 连接的说明从句表示实际上不存在的事实,只是一种假设,如果从句与主句中的主体不同,受 чтобы 的要求从句中的谓语要用过去时。试比较:Он сказал, *что* все пришли.(他说大家都来了。)Он сказал, *чтобы* все пришли.(他说让大家都来。)译文:妈妈跟我说,希望我考虑自己的健康。

157. 答案:A。解析:если сможет 如果能的话(если 是连接词);сможет ли 是否能(ли 是连接词)。译文:如果可以,伊万星期六来。

158. 答案:Б。解析:если сможет 如果能的话(если 是连接词);сможет ли 是否能(ли 是连接词)。译文:他不能准确知道,他能否来。

159. 答案:A。解析:если сможет 如果能的话(если 是连接词);сможет ли 是否能(ли 是连接词)。译文:当然,如果可以,尤拉会买票。

160. 答案:Б。解析:если сможет 如果能的话(если 是连接词);сможет ли 是否能(ли 是连接词)。译文:我不明白,父亲能否租房子。

161. 答案:A。解析:а 而,но 但是,и 和。译文:鲍里斯会打冰球,而他的弟弟不会。

162. 答案:Б。解析:а 而,но 但是,и 和。译文:我们去城里,但下雨了,于是我们返回来了。

163. 答案:В。解析:и 和,но 但是,или 或者;还是。译文:我不知道,应该选什么样的磁带:现代音乐还是古典音乐。

164. 答案:A。解析:почему(连接词)为什么。译文:我不明白,他为什么去了西伯利亚。

165. 答案:В。解析:как(连接词)怎样。译文:我完全忘了,怎样从这儿去市中心。

二、俄罗斯对外俄语 B1 级考试：阅读

ТЕСТ ПО РУССКОМУ ЯЗЫКУ КАК ИНОСТРАННОМУ
ПЕРВЫЙ УРОВЕНЬ
Субтест «ЧТЕНИЕ»

Инструкция к выполнению теста

Время выполнения теста — 50 минут.

Тест состоит из 3 текстов и 20 заданий к ним.

На матрице, которую Вы получили, напишите Ваше имя и фамилию, страну, дату тестирования. Выберите правильный вариант ответа и отметьте соответствующую букву в матрице. Например:

| Ⓐ | Б | В | Г |

(Вы выбрали вариант А).

Если Вы изменили свой выбор, сделайте так:

| Ⱥ | Б | Ⓥ | Г |

(Ваш выбор — вариант В, вариант А — ошибка).

При выполнении теста можно пользоваться словарем.

Отмечайте правильный выбор только в матрице, в тесте ничего не пишите!

Проверяться будет только матрица.

Задания 1 – 5. Прочитайте текст 1 и выполните задания после него. Выберите вариант, который наиболее полно и точно отражает содержание текста.

ТЕКСТ 1

Сколько должен спать человек? На этот важный вопрос попытались ответить финские учёные, установившие оптимальную продолжительность сна. Масштабное исследование, проведённое специалистами Института социальной защиты Финляндии, позволило им сделать вывод, что правильный сон может помочь людям предотвратить болезни.

Исследование образа жизни 3 760 человек, проводимое на протяжении семи лет, показало, что женщины, которые спят по 7,6 часа в сутки, и мужчины, которые спят по 7,8 часа в сутки, имеют наименьшие шансы заболеть.

А можно ли спать меньше, оставаясь здоровым?

Считается, что великий учёный Леонардо да Винчи сумел разработать для себя особый режим дня. Стремясь большую часть времени отводить творчеству, да Винчи стал спать по 15 минут каждые 4 часа, что составляло всего 1,5 часа сна в день. Именно этим и объясняется, как гениальный художник, архитектор, скульптор, инженер и ученый имел время совершать многочисленные открытия и в области ботаники, геологии, математики, физики, геометрии, медицины и т. д.

Сегодня режим сна Леонардо да Винчи известен как «сон гения», или многофазный сон. По утверждению Клаудио Стемпи, исследователя Института суточной физиологии в Бостоне, такой не общепринятый режим сна имеет биологический смысл, так как мозг является наиболее активным и способным к творчеству в первые часы после того, как человек проснулся. Недаром такой метод спустя годы стали использовать и лорд Байрон, и Т. Джефферсон, и Наполеон, и многие другие. Основным преимуществом сна по графику да Винчи считают появление свободного времени.

Вместе с тем люди, которые попробовали режим сна Леонардо да Винчи, часто проходят сложный период адаптации, во время которого появляется чувство тошноты, головная боль и пропадает аппетит.

Основным же препятствием режима сна да Винчи является то, что далеко не каждый человек, работающий в нормированном режиме, способен позволить себе такую роскошь. Кроме того, такой вариант сна не рекомендуется людям, имеющим проблемы со здоровьем: дополнительный стресс может ухудшить их состояние.

1. Ученые выяснили, что наименьшие шансы заболеть у тех людей, которые спят ... часов в сутки.

    (А) от 4 до 6
    (Б) от 6 до 8
    (В) от 8 до 10

2. Считается, что Леонардо да Винчи спал ежедневно ... .

    (А) 1,5 часа
    (Б) 4 часа
    (В) 7 часов

3. Основное преимущество многофазного сна — ... .

    (А) увеличение продолжительности жизни
    (Б) предотвращение заболеваний
    (В) появление большего количества свободного времени

4. Многофазный сон подходит ... .

    (А) всем людям
    (Б) только здоровым людям
    (В) только людям, имеющим заболевания

5. Мозг человека наиболее активен ... .

    (А) в первые часы после сна
    (Б) во сне
    (В) перед сном

Задания 6 – 15. Прочитайте текст 2 и выполните задания к нему. Выберите вариант, который наиболее полно и точно отражает содержание текста.

ТЕКСТ 2

У Исаакиевского собора, который уже 150 лет остается самым большим храмом Петербурга, одним из главных символов города, драматичная судьба — его строили четыре раза.

Первый, деревянный, возвели на берегу Невы в 1707 году, еще при царе Петре I. Заложили храм в день памяти святого Исаакия Далматского, который совпадал с днем рождения царя — этого святого Пётр I считал своим покровителем.

Екатерина II захотела построить новый собор, причем на другом месте, за спиной знаменитого «Медного всадника», памятника Петру. Строительство доверили итальянскому зодчему Антонио Ринальди, но Ринальди заболел и уехал на родину, а вскоре скончалась и Екатерина II. Ее сын, император Павел I, поручил завершить сооружение храма другому итальянцу — Винченцо Бренне.

В 1816 году во время богослужения с потолка храма рухнул огромный кусок штукатурки, вызвав ужас среди верующих. Стало ясно, что здание нуждается в серьезном ремонте. Однако следующий император, Александр I, предпочел решить проблему кардинально и приказал перестроить собор. На этот раз ставилась задача сделать Исаакий главной церковью и украшением Петербурга. Был объявлен конкурс, который выиграл французский архитектор Огюст Монферран. Именно он представил на конкурс проект, поразивший воображение монарха. Начавшееся в 1818 году строительство растянулось на сорок лет и осуществлялось при трех императорах — Александре I, Николае I и Александре II.

Каменная громада собора вместе с куполом и крестом поднялась над городом почти на 102 метра. Собор смог одновременно вместить 12 тысяч человек.

Строительство собора завершилось в 1848 году, но еще 10 лет понадобилось для его отделки: особенно тяжело давалось золочение куполов, на отделку которых ушло 100 килограммов золота. Неотъемлемой частью золочения куполов было использование ртути, от ядовитых испарений которой погибло около 60 мастеров. На внутреннее убранство собора пошло 400 килограммов золота, 16 тонн малахита, тысяча тонн бронзы.

Торжественное открытие и освящение Исаакиевского собора, который был провозглашен кафедральным собором Русской Православной церкви, состоялось 11 июня 1858 года.

В связи с тем, что Исаакиевский собор строился необычайно долго, в Петербурге ходили слухи о намеренной задержке стройки, поскольку главному архитектору Исаакиевского собора, Огюсту Монферрану, было предсказано, что он будет жив до тех пор, пока строится собор. Возможно, это случайное совпадение, но через месяц после окончания строительства Исаакиевского собора, ставшего делом всей жизни архитектора, Огюст Монферран скончался.

6. Содержанию текста более всего соответствует название . . . .
   (А) «История создания Исаакиевского собора»
   (Б) «Исаакиевский собор — между прошлым и будущим»

(В) «Храмы Санкт-Петербурга»

7. Исаакиевский собор — самый ... собор Санкт-Петербурга.
   (А) старый
   (Б) большой
   (В) высокий

8. Петр I хотел возвести храм в память святого Исаакия, так как день памяти этого святого совпадал с днем ... .
   (А) победы над врагами
   (Б) основания Санкт-Петербурга
   (В) рождения Петра I

9. Существующий Исаакиевский собор создан по проекту ... .
   (А) О. Монферрана
   (Б) Б. Растрелли
   (В) А. Ринальди

10. Строительство собора было окончено при императоре ... .
    (А) Александре I
    (Б) Александре II
    (В) Николае I

11. Исаакиевский собор может одновременно вместить ... .
    (А) 12 тысяч человек
    (Б) 2 тысячи человек
    (В) 6 тысяч человек

12. При строительстве и отделке собора было использовано ... килограммов золота.
    (А) 20
    (Б) 100
    (В) 500

13. Отделка Исаакиевского собора продолжалась ... .
    (А) 2 года
    (Б) 5 лет
    (В) 10 лет

14. Высота Исаакиевского собора составляет ... .
    (А) 84 метра
    (Б) 102 метра
    (В) 120 метров

15. Согласно легенде, архитектору, строившему Исаакиевский собор, было предсказано, что после окончания строительства он ... .
    (А) умрет
    (Б) будет награжден
    (В) построит еще более великолепный собор

Задания 16 – 20. Прочитайте текст 3 и выполните задания к нему. Выберите вариант, который наиболее полно и точно отражает содержание текста.

ТЕКСТ 3

Датой основания Пскова принято считать 903 год — год первого упоминания города в исторической литературе. Согласно легенде, Псков был основан княгиней Ольгой. Когда она стояла на берегу Великой, ей явилось видение: три луча, исходящих с неба, сошлись на противоположном берегу. На этом месте княгиня и повелела возвести собор в честь святой Троицы. Рядом с ним стали селиться люди. Так возник город Псков.

Город рос и развивался как торговый центр. В 1240 году Псков был захвачен немецкими рыцарями. Через два года город был освобожден войском новгородского князя Александра Невского. Этот же полководец окончательно разбил врага на льду Чудского озера. Битва эта известна как Ледовое побоище.

Высшим органом власти в Пскове было народное вече — собрание, в котором мог участвовать любой мужчина, живущий в городе и владеющий домом.

К концу XV века население Пскова составляло более 30 тысяч человек. Большую часть населения города составляли ремесленники и торговцы.

В 1510 году указом Великого московского князя Василия III Псковская феодальная республика была ликвидирована, и Псков вошел в состав русского государства.

26 августа 1581 года Псков осадила стотысячная армия польского короля Стефана Батория. «Господи, какой большой город! Точно Париж. Помоги нам, Боже, с ним справиться!» — писал в своем дневнике секретарь короля Ян Пиотровский. Осада Пскова продолжалась полгода, но ни 30 приступов, ни подкопы под крепостные стены не сломили мужество защитников города. Баторий снял осаду и согласился на мирные переговоры.

16. Псков был основан . . . .
   (А) княгиней Ольгой
   (Б) Александром Невским
   (В) Иваном Грозным

17. Битва Александра Невского с врагом известна как . . . .
   (А) Ледяная битва
   (Б) Ледовое побоище
   (В) Чудская победа

18. В народном вече участвовали . . . .
   (А) все жители Пскова
   (Б) только женщины
   (В) только мужчины

19. Псков вошел в состав русского государства в . . . году.
   (А) 1240
   (Б) 1510

(В) 1581

20. Осада Пскова Стефаном Баторием продолжалась ... .
　　(А) 6 месяцев
　　(Б) 2 месяца
　　(В) 2 года

答案解析
（附考场指令译文）

☞ 考试指令

考试时间为 50 分钟。
试卷包括 3 篇文章共 20 道题。
请在答题卡上填写自己的姓名、国家和考试时间。请选择正确答案，并在答题卡上标出正确答案。例如：

| Ⓐ | Б | В | Г |

（你选择的正确答案为A）
如果你修改答案，请按如下方法标出：

| Ⓐ | Б | Ⓑ | Г |

（你的原来选项为A，新的选项为B）
答题过程中可以使用词典。
请将正确答案标在答题卡上，标在试卷上无效。
阅卷以答题卡为准。

1. 答案：Б。文中有：Исследование образа жизни 3 760 человек, проводимое на протяжении семи лет, показало, что женщины, которые спят по 7,6 часа в сутки, и мужчины, которые спят по 7,8 часа в сутки, имеют наименьшие шансы заболеть.

2. 答案：А。文中有：Стремясь большую часть времени отводить творчеству, да Винчи стал спать по 15 минут каждые 4 часа, что составляло всего 1,5 часа сна в день.

3. 答案：В。文中有：Основным преимуществом сна по графику да Винчи считают появление свободного времени.

4. 答案：Б。文中有：Основным же препятствием режима сна да Винчи является то, что далеко не каждый человек, работающий в нормированном режиме, способен позволить себе такую роскошь.

5. 答案：А。文中有：По утверждению Клаудио Стемпи, исследователя Института суточной

физиологии в Бостоне, такой не общепринятый режим сна имеет биологический смысл, так как мозг является наиболее активным и способным к творчеству в первые часы после того, как человек проснулся.

6. 答案：А。综合全文得知。

7. 答案：Б。文中有：У Исаакиевского собора, который уже 150 лет остается самым большим храмом Петербурга...

8. 答案：В。文中有：Заложили храм в день памяти святого Исаакия Далматского, который совпадал с днем рождения царя...

9. 答案：А。文中有：Был объявлен конкурс, который выиграл французский архитектор Огюст Монферран.

10. 答案：Б。文中有：Начавшееся в 1818 году строительство растянулось на сорок лет и осуществлялось при трех императорах — Александре I, Николае I и Александре II.

11. 答案：А。文中有：Собор смог одновременно вместить 12 тысяч человек.

12. 答案：В。文中有：...на отделку которых ушло 100 килограммов золота. 和 На внутреннее убранство собора пошло 400 килограммов золота...

13. 答案：В。文中有：Строительство собора завершилось в 1848 году, но еще 10 лет понадобилось для его отделки...

14. 答案：Б。文中有：Каменная громада собора вместе с куполом и крестом поднялась над городом почти на 102 метра.

15. 答案：А。文中有：...поскольку главному архитектору Исаакиевского собора, Огюсту Монферрану, было предсказано, что он будет жив до тех пор, пока строится собор.

16. 答案：А。文中有：Псков был основан княгиней Ольгой...

17. 答案：Б。文中有：Битва эта известна как Ледовое побоище.

18. 答案：В。文中有：Высшим органом власти в Пскове было народное вече — собрание, в котором мог участвовать любой мужчина, живущий в городе и владеющий домом.

19. 答案：Б。文中有：В 1510 году указом Великого московского князя Василия III Псковская феодальная республика была ликвидирована, и Псков вошел в состав русского государства.

20. 答案：А。文中有：Осада Пскова продолжалась полгода...

三、俄罗斯对外俄语 B1 级考试：听力

ТЕСТ ПО РУССКОМУ ЯЗЫКУ КАК ИНОСТРАННОМУ
ПЕРВЫЙ УРОВЕНЬ
Субтест «АУДИРОВАНИЕ»

Инструкция к выполнению теста

Время выполнения теста — 35 минут.

При выполнении теста пользоваться словарем нельзя.

Тест состоит из 6 аудиотекстов и 30 заданий к ним.

На матрице, которую Вы получили, напишите Ваше имя и фамилию, страну, дату тестирования. Вы прослушаете 6 аудиотекстов. После каждого прослушивания текста выберите правильный вариант и отметьте соответствующую букву в матрице. Например:

Ⓐ	Б	В	Г

(Вы выбрали вариант А).

Если Вы изменили свой выбор, сделайте так:

Ⓐ	Б	Ⓥ	Г

(Ваш выбор — вариант В, вариант А — ошибка).

Количество предъявлений аудиотекстов — 1.

Отмечайте правильный выбор только в матрице, в тесте ничего не пишите!

Проверяться будет только матрица.

Задания 1 – 5. Прослушайте текст 1 и выполните задания к нему.

1. Лев Толстой написал рассказ и . . . .
   - (А) подписал его своим именем
   - (Б) подписал его чужим именем
   - (В) не подписал его

2. Когда писатель закончил рассказ, он . . . .
   - (А) показал рассказ другу
   - (Б) никому его не показал
   - (В) послал рассказ в журнал

3. Редактор литературного журнала . . . .
   - (А) узнал великого писателя
   - (Б) не узнал Льва Толстого
   - (В) узнал писателя, но не сказал об этом

4. Рассказ, который написал Толстой, ...

　(А) не понравился редактору

　(Б) понравился редактору

　(В) не был прочитан редактором

5. Редактор посоветовал Льву Толстому ... .

　(А) напечатать рассказ в другом журнале

　(Б) написать еще один рассказ

　(В) никогда ничего не писать

Задания 6 – 10. Прослушайте текст 2 и выполните задания к нему.

6. Клуб «Три кота» создан ... .

　(А) для всех желающих

　(Б) для студентов и школьников

　(В) для маленьких детей

7. Чтобы тебя приняли в клуб, нужно ... .

　(А) получить рекомендацию члена клуба

　(Б) сообщить свой домашний адрес

　(В) заполнить анкету

8. В клубе «Три кота» можно ... .

　(А) изучать иностранные языки и отдыхать

　(Б) только танцевать и слушать музыку

　(В) заниматься спортом

9. После занятий в клубе проходит ... .

　(А) контрольная работа

　(Б) экскурсия

　(В) дискотека

10. Члены клуба «Три кота» поедут в круиз по ... .

　(А) Москве-реке

　(Б) городам Европы

　(В) Средиземному морю

Задания 11 – 16. Прослушайте текст 3 и выполните задания к нему.

11. Нина учится ... .

　(А) в школе

　(Б) в медицинском институте

　(В) в университете

12. Любимое место девушки в Москве — ... .

　(А) Красная площадь

(Б) Московский университет

(В) Арбат

13. Родители хотели, чтобы Нина стала ... .

(А) артисткой

(Б) врачом

(В) переводчиком

14. Родители Нины — ... .

(А) врачи

(Б) преподаватели

(В) журналисты

15. В университете Нина изучает ... .

(А) историю

(Б) экономику

(В) языки

16. Сейчас Нина увлекается ...

(А) туристическими походами

(Б) танцами и театром

(В) игрой на гитаре

Задания 17 – 20. Прослушайте текст 4 и выполните задания к нему.

17. Иван звонит Максу, чтобы ... .

(А) пригласить его к себе в гости

(Б) договориться о встрече

(В) поздравить его с днём рождения

18. Иван просит Макса купить ... .

(А) билеты в театр

(Б) книгу

(В) цветы

19. Друзья должны встретиться ... .

(А) около Большого театра

(Б) около дома Ольги

(В) на станции метро

20. Иван просит Макса ... .

(А) изменить место встречи

(Б) не опаздывать

(В) прийти раньше

Задания 21 – 25. Прослушайте текст 5 и выполните задания к нему.

21. Наташа пригласила Петю . . . .
    (А) в спортивный зал
    (Б) в кинотеатр
    (В) на концерт
22. Петя сказал Наташе, что он . . . .
    (А) пойдет с радостью
    (Б) не может пойти сегодня
    (В) должен подумать
23. Петя ходит в спортивный зал . . . .
    (А) два раза в неделю
    (Б) каждый вечер
    (В) по пятницам
24. Наташа очень любит . . . .
    (А) спорт
    (Б) кино
    (В) музыку
25. Наташа — . . . .
    (А) школьница
    (Б) студентка
    (В) преподаватель

Задания 26 – 30. Прослушайте текст 6 и выполните задания к нему.

26. В эту библиотеку Семенов . . . .
    (А) никогда раньше не ходил
    (Б) часто приходит
    (В) редко приходит
27. Семенов любит читать . . . .
    (А) романы о современной жизни
    (Б) исторические романы
    (В) детективы
28. После разговора с библиотекарем Семенов . . . .
    (А) взял журнал
    (Б) не взял журнал
    (В) сдал журнал
29. Библиотекарь сказала Семенову, что библиотека . . . .
    (А) открывается в девять часов
    (Б) заканчивает свою работу в этот день

(В) закрывается на обеденный перерыв
30. В библиотеке книги выдаются ... .
(А) на пять дней
(Б) на неделю
(В) на месяц

答案解析
（附考场指令译文）

☞ 考试指令

考试时间为35分钟。

考试时不可使用词典。

试卷包括6篇听力文章共30道题。

请在答题卡上填写自己的姓名、国家和考试时间。听力短文共6篇。每篇短文听完之后，请选择正确答案，并将正确答案在答题卡上标出。例如：

| Ⓐ | Б | В | Г |

（你选择的正确答案为A）

如果你修改答案，请按如下方法标出：

| Ⓐ | Б | Ⓥ | Г |

（你的原来选项为A，新的选项为B）

每篇听力短文只听一遍。

请将正确答案标在答题卡上，标在试卷上无效。

阅卷以答题卡为准。

以下为听力原文，包括3篇短文和3篇对话。

Задания 1–5. Прослушайте текст 1 и выполните задания к нему.

ТЕКСТ 1

Иногда с великими и известными людьми в жизни бывают интересные, даже смешные истории. Например, о русском писателе Льве Николаевиче Толстом, имя которого сегодня знают во всём мире, рассказывают такую историю.

Однажды, когда Лев Толстой был уже известным писателем и не очень молодым человеком, он написал небольшой рассказ. Однако в этот раз он решил почему-то подписать его не своим именем, а придумал какую-то другую фамилию. Писатель послал этот рассказ в литературный журнал.

Не получив ответа, через две недели Толстой пошёл в редакцию, чтобы узнать, будет напечатан его рассказ или нет, понравился он редактору или нет. Редактор встретил его не очень хорошо и сразу же сказал, что рассказ не будет напечатан. Толстой удивился и спросил почему.

Редактор объяснил, что ему совершенно не понравился этот рассказ. Более того, он был уверен, что этот рассказ написал очень молодой человек, который только начинает писать и не имеет никакого опыта.

Редактор журнала посоветовал Толстому больше ничего не писать, потому что взрослому серьёзному человеку поздно начинать учиться писать рассказы и лучше заниматься другим делом, более полезным и серьёзным.

Лев Толстой всё это выслушал молча. В конце разговора редактор всё же спросил, писал ли автор раньше что-нибудь или это его первый литературный опыт.

— Писал, — ответил Лев Толстой.

— Что же? — спросил редактор.

Лев Толстой спокойно ответил, что он написал несколько произведений, которые получили очень хорошие оценки критиков, например, романы «Война и мир» и «Анна Каренина».

Задания 6 – 10. Прослушайте текст 2 и выполните задания к нему.

ТЕКСТ 2

Приглашаем в ночной клуб!

Вам уже интересно? Московскому клубу для молодёжи «Три кота» скоро будет год. Клуб приглашает школьников и студентов. Что нужно для того, чтобы тебя приняли в клуб? Нужно записать информацию о себе в анкету: где ты учишься, твои интересы, какой иностранный язык хочешь изучать, твой адрес и номер телефона.

Создал клуб «Три кота» преподаватель английского языка Олег Петров. Он хочет помочь ребятам выучить английский, французский и немецкий языки. Место занятий — вы не поверите! — ночной клуб. Форма занятий — игры, маленькие театральные спектакли, разговоры и беседы за чаем. После занятий — всегда дискотека, на которой можно просто потанцевать и повеселиться.

В клубе идёт подготовка к молодёжному круизу. Он состоится в марте. Участники круиза посетят многие города Европы, увидят много нового и интересного. Приходите к нам в клуб «Три кота»! Не пожалеете!

Адрес клуба: Чистый переулок, дом 5. Телефон: 238 – 09 – 56.

Задания 11 – 16. Прослушайте текст 3 и выполните задания к нему.

ТЕКСТ 3

Привет! Меня зовут Нина. Мне девятнадцать лет, и я уже учусь на втором курсе университета. Что рассказать о себе? Я родилась и выросла в центре Москвы, на Арбате. Теперь Арбат

— мое самое любимое место. Кажется, что я знаю там каждый дом, каждое дерево.

Мои родители очень хотели, чтобы я стала врачом. Мой папа — хирург, все говорят, что очень хороший. Мама — детский врач. Дети ее совсем не боятся, а, наоборот, очень любят.

Но я думала, думала и поступила на филологический факультет в Московский университет. Сейчас я изучаю в университете латинский и греческий языки. Я почти свободно говорю по-немецки и по-английски.

Университетская жизнь мне очень нравится. Появилось много друзей, знакомых. Я поняла: учиться, вообще, интересно.

Мои хобби? Знаете, они все время менялись. Наверное, я становлюсь взрослой. В школе я увлекалась туризмом, играла на гитаре.

Сейчас, пожалуй, самое серьезное увлечение — театр и танцы. За последний год я посмотрела почти все новые спектакли в Москве. А танцы? Сейчас я серьезно увлечена испанскими танцами. Раз в неделю хожу в студию. Танцую и получаю настоящее удовольствие. Правда, это совсем не мешает мне всю ночь танцевать на дискотеке с друзьями. Одно другому не мешает!

Задания 17 – 20. *Прослушайте текст 4 и выполните задания к нему.*

ТЕКСТ 4

Привет, Макс. Это Иван. Ты меня узнал? Тебя, конечно, как всегда нет дома. Дела, дела. Как я тебя понимаю! Ты не забыл, что завтра мы идем к Ольге? Ей исполняется восемнадцать! Такой день!

Не забудь купить цветы. Мы же договаривались, ты помнишь? Но только не красные розы, она их, как ты помнишь, не любит. Купи лучше желтые розы, это ее любимый цвет.

Встречаемся, как обычно, на «Театральной», еще не забыл нашу любимую станцию метро? Итак, завтра на «Театральной», в центре зала. Давай встретимся в пять часов, к шести будем у Ольги. Не опаздывай! Пока!

Задания 21 – 25. *Прослушайте текст 5 и выполните задания к нему.*

ТЕКСТ 5

— Петя, давай сходим сегодня вечером в кино.

— Мне очень жаль, Наташа, но сегодня вечером я занят. Дело в том, что по вторникам и пятницам я хожу в спортивный зал.

— Это, наверное, отнимает у тебя много времени?

— Ну, что ты! Совсем немного. Четыре часа в неделю. Но ты ведь тоже ходишь на концерты, в театры…

— Да. Я очень люблю музыку и стараюсь не пропускать ни одного интересного концерта.

— Как ты успеваешь и готовиться к занятиям, и ходить на концерты?

— Просто все нужно делать вовремя.

— Ты встаешь утром рано или поздно?

— Я всегда встаю в семь часов.

— А сколько времени у тебя уходит на дорогу в университет?

— Около сорока минут. А у тебя?

— Примерно столько же.

Задания 26 – 30. Прослушайте текст 6 и выполните задания к нему.

ТЕКСТ 6

— Здравствуйте!

— Здравствуйте! Что вы хотите?

— Я хотел бы почитать что-нибудь интересное.

— А Вы записаны в нашу библиотеку?

— Да, у меня должна быть карточка. Моя фамилия Семенов Николай Ильич.

— Да, да. Давно Вы у нас не были. А что Вы любите читать: сказки, романы, детективы, поэзию?

— Сегодня все любят читать детективы, а мне нравятся большие романы.

— А какие романы вы читаете? Исторические, приключенческие, фантастические или из современной жизни?

— Наверное, я хотел почитать что-нибудь о сегодняшней жизни.

— Вот, возьмите эту книгу. Ее часто берут наши читатели.

— Спасибо! Хорошо. А что это за журнал?

— Это журнал «Новый мир» номер 5, советую Вам взять его, здесь напечатан очень интересный роман, правда, в этом номере только начало. Продолжение будет в следующем номере.

— Если можно, я посмотрю еще книги, которые принесли сегодня.

— Хорошо, но Вы должны скорее выбирать книгу, потому что скоро девять часов и мы закрываемся.

— Мне очень трудно выбрать книгу, я возьму вот эти шесть книг.

— К сожалению, по нашим правилам Вы можете взять себе только пять книг.

— Тогда я пока не буду брать журнал, подожду следующего номера.

— Хорошо, помните, что Вы должны вернуть книги через месяц.

1. Б	2. В	3. Б	4. А	5. В
6. Б	7. В	8. А	9. В	10. Б
11. В	12. В	13. Б	14. А	15. В
16. Б	17. Б	18. В	19. В	20. Б
21. Б	22. Б	23. А	24. В	25. Б
26. В	27. А	28. Б	29. Б	30. В

ТЕСТ ПО РУССКОМУ ЯЗЫКУ КАК ИНОСТРАННОМУ
ПЕРВЫЙ УРОВЕНЬ
Субтест «ПИСЬМО»

Инструкция к выполнению теста

Время выполнения теста — 60 минут.
Вам дается 2 задания.
При выполнении задания можно пользоваться словарем.

Задание 1. Вас интересуют проблемы городской и архитектурной экологии. Прочитайте текст и напишите, о чем Вы прочитали. В вашем тексте должна быть следующая информация:
- что означает слово «экология», что такое архитектурная экология;
- кто занимался проблемами экологии раньше;
- кто и зачем занимается сейчас проблемами экологии;
- почему проблемы экологии должны интересовать архитекторов;
- какие примеры показывают, что проблемы архитектурной экологии интересовали людей в давние времена;
- о чем писал создатель архитектурной науки;
- напишите, что Вы думаете о сохранении окружающей среды и о городской архитектурной экологии (2–3 фразы).

Экология города

Слово «экология» знают сейчас все люди. Как правило, его используют для характеристики условий проживания: «хорошая (плохая) экология», «в нашем районе ужасная экология». Эти слова понятны всем.

До недавнего времени считали, что экологией должны заниматься только биологи. Действительно, они лучше других знают, какими должны быть окружающая среда и условия жизни человека, растений и животных. Но в настоящее время основы экологии изучают будущие юристы, медики, инженеры и строители. Все они должны будут заниматься проблемами экологического контроля, улучшения окружающей среды, сохранения природных ресурсов, защиты человека от экологических проблем.

И конечно же, в XXI веке одной из главных задач будет экологический принцип строительства домов. Главную роль будут играть архитекторы, ведь само слово «экология» в переводе с греческого означает «понятие о доме». Новые идеи и методы строительства, использование экологически чистых строительных материалов и систем обеспечения энергией помогут сделать жизненную среду человека более комфортной и экологически безопасной.

Понятие «градостроительная экология», или «архитектурная экология», вошло в язык специалистов в конце 70-ых годов прошлого века. Архитектурная экология — это наука о том, как можно и нужно создавать экологически комфортную среду, и о том, как должны действовать люди в системе «природа — город — человек».

Это новая наука, но практической экологией люди начали заниматься очень давно, когда еще не существовало такого слова. Где выбрать самое хорошее место для строительства дома; как правильно поставить дом; куда должны смотреть окна, чтобы в комнате было больше солнца; как защитить дом от ветра и снега; как правильно заниматься сельским хозяйством — все эти вопросы люди изучали веками и передавали знания от отца к сыну. Так, например, народы Севера строили круглые дома, защищающие их от ветра; жители африканских стран — небольшие дома, поднятые над водой; в Египте до сих пор строят маленькие дома без крыш — не от бедности, а потому, что в таких домах воздух всегда свежий.

Создателем архитектурной науки по праву считается древнеримский архитектор и инженер Витрувий, живший во второй половине века до нашей эры. Он написал знаменитую работу «Десять книг об архитектуре». Каждый, кто изучал архитектуру, помнит его золотое правило: в любом архитектурном сооружении (здании или целом городе) должны соблюдаться три главных принципа: «прочность — польза — красота».

Витрувий писал, что при строительстве домов нужно помнить об особенностях каждой страны, разных климатических условиях. Поэтому архитектурное искусство способно исправлять вред, который может приносить людям природа.

Конечно, во времена Витрувия никто не мог даже представить, каким вредным может быть влияние человека на природу, ведь из-за строительства даже одного дома меняется жизнь растений и животных на маленьком участке земли. А что происходит с природой, когда появляются новые города, химические и металлургические заводы, огромные искусственные озёра?

В настоящее время золотое правило Витрувия надо дополнить: «прочность — польза — красота — экологичность».

Если создатели городов и отдельных зданий согласятся с законами и принципами общей и архитектурной экологии, они будут стараться строить такие объекты, которые делают развитие человека гармоничнее, а жизнь — прекраснее.

Задание 2. Ваш друг (ваша подруга), который (-ая) живет в другом городе, сообщил (а), что приедет к Вам через неделю. Поезд прибывает утром, в это время Вас не будет дома. Напишите другу (подруге) письмо. В своем письме Вы должны:

- объяснить, почему Вы не можете его (ее) встретить (причину вашего отсутствия);
- объяснить, как ему (ей) доехать до вашего дома и на чем;
- сказать, сколько времени должен потратить ваш друг (ваша подруга) на дорогу;
- сообщить, когда Вы приедете домой, чем может заниматься ваш друг (ваша подруга) и с кем он (она) может поговорить до вашего приезда;

· сказать, куда Вы с другом (подругой) пойдёте и что будете делать, когда Вы приедете.

В вашем письме должно быть не менее 20 фраз.

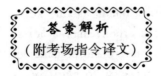

☞ 考试指令

考试时间为 60 分钟。
试卷包括 2 道题。
考试时可以使用词典。

1

Слово «экология» сейчас понимают все люди. В переводе с греческого оно означает «понятие о доме».

Раньше считали, что экологией должны заниматься биологи, потому что они лучше других знают проблемы окружающей среды. Но сейчас, чтобы сохранить природу, основы этой науки должны изучать и люди других профессий: врачи, юристы, инженеры, строители.

Архитекторы тоже должны понимать проблемы экологии, потому что в строительстве нужно использовать экологически чистые строительные материалы и новые системы обеспечения энергией.

Понятие «архитектурная экология» появилось сравнительно недавно, но практической экологией люди занимались давно. Они решали, на каком месте построить дом, как его строить, как защитить дом от ветра. Эти знания люди передавали друг другу.

Создатель архитектурной науки — древнеримский инженер Витрувий. Он еще во второй половине первого века до нашей эры писал, что в любом архитектурном сооружении должны соблюдаться три принципа: «прочность — польза — красота». Сегодня к этим основным принципам нужно добавить еще один — экологичность.

Я думаю, что проблемы архитектурной экологии очень важные. Люди строят много химических заводов, города растут, в них трудно жить. Строители и архитекторы должны помнить правила Витрувия. Они должны стараться строить дома и города, в которых человек будет хорошо себя чувствовать.

2

Дорогая Анна!

Я очень рада, что ты приедешь ко мне, мы не виделись уже больше года. Но, к сожалению, я не смогу встретить тебя на вокзале, извини. В это время у меня очень важная лекция в университете. Но после этого я свободна, и у нас будет много времени, чтобы поговорить и погулять.

Ты, конечно же, знаешь, где находится автобусная остановка около вокзала. Тебе нужен автобус №43. Надо ехать до конечной остановки. Когда выйдешь, иди прямо минут пять. Ты увидишь магазин «Продукты», после него поверни направо. Эта улица называется Пионерской. Иди по Пионерской тоже минут пять. Мой дом №42, в нем на первом этаже большая аптека. Мой точный адрес: ул. Пионерская, дом 42, квартира 15. Это второй подъезд, третий этаж.

Я буду дома после обеда, около четырех часов. Дверь тебе откроет моя младшая сестра Ира. Она покажет тебе мою комнату, и вы можете вместе пообедать. Когда я приду, мы с тобой пойдем гулять. А вечером решим, что будем делать потом.

Еще раз извини, что не встречу тебя, но ты хорошо знаешь город и все легко найдешь.

Жду тебя. До свидания.

Твоя Лера

29 апреля 2019 г.

五、俄罗斯对外俄语 B1 级考试：会话
ТЕСТ ПО РУССКОМУ ЯЗЫКУ КАК ИНОСТРАННОМУ
ПЕРВЫЙ УРОВЕНЬ
Субтест «ГОВОРЕНИЕ»

Инструкция к выполнению теста

Время выполнения теста — 60 мин.

Тест состоит из 12 заданий.

При выполнении заданий 11 и 12 можно пользоваться словарем.

Ваши ответы записываются.

Инструкция к выполнению задания 1 – 5

Время выполнения задания — до 5 минут.

Задание выполняется без подготовки.

Вам можно принять участие в диалогах. Вы слушаете реплику преподавателя и отвечаете.

Если Вы не можете дать ответ, не задерживайтесь, слушайте следующую реплику.

Помните, что Вы должны дать полный ответ (ответ «да», «нет» не является полным).

Задание 1 – 5. Примите участие в диалоге. Ответьте на вопросы собеседника.

Инструкция к выполнению задания 6 – 10

Время выполнения задания — до 8 минут.

Задание выполняется без подготовки.

Вам можно принять участие в диалогах. Познакомьтесь с ситуацией и начните диалог.

Если ситуация покажется Вам трудной, не задерживайтесь, переходите к следующей ситуации.

Задание 6 – 10. Познакомьтесь с описанием ситуации. Начните диалог.

Инструкция к выполнению задания 11

Время выполнения заданий — до 25 минут (подготовка — 15 минут, ответ — до 10 минут).

Задание 11. Прочитайте текст. Передайте его основное содержание. Ответьте на вопросы после текста.

Сирень

Однажды утром художник Петр Петрович Кончаловский случайно встретил художника Ряжского, и тот стал настойчиво приглашать его поехать с ним в деревню.

— Петр, нам необходимо поехать туда и начать рисовать людей, которые там работают!

— Извините, но я не очень люблю, когда художнику говорят: вы обязаны делать то-то. Я сам знаю, что я должен и что не должен.

— Странно вы рассуждаете, Петр. Вы рисуете природу, цветы, небо, но проходите мимо главного! Вы должны на картинах показать людей труда, новых людей!

— Я не прохожу мимо главного. Для меня главное — жизнь.

Так кончился их разговор. Кончаловский расстроился. И правда, хорошо ли то, что он изображает? «В конце концов, — размышлял Кончаловский, — все решается тем, нужна ли твоя живопись людям». На выставках он часто видел: около его картин всегда много народа. Люди смотрят, спорят. Но, может быть, это совсем не те люди, для которых он должен писать свои картины? Ведь на выставках бывает только небольшая часть населения... Но как хочется, чтобы все смогли понять, глядя на его картины, как красива жизнь! Жизнь — это праздник, и это главное.

Вечером он пошел на концерт. Музыка всегда помогала ему успокоиться, собраться с мыслями, иногда помечтать. И когда по залу потекла прекрасная музыка Баха, Кончаловский увидел лес и реку, услышал журчание воды. Перед ним, как живая, стояла картина весеннего леса. «Если бы я мог так же радовать душу человека, как музыкант...», — подумал художник. Он опять вспомнил разговор с Ряжским, и опять расстроился.

После первого отделения Кончаловский пошел в буфет. Он очень хотел холодного пива. Он зашел в буфет и стал глазами искать свободное место.

— Петр Петрович! — позвали его. — Присаживайтесь к нам!

За столиком сидели три человека. Один — уже знакомый ему рабочий Фолианыч, которого он часто встречал на выставках. Другой — старик с седыми волосами. Третий — помоложе. У всех трех были скуластые, простые лица. Кончаловский поздоровался со всеми за руку. Ему стало приятно, что у него такая же твердая рука, как у старика. Такие руки бывают у людей, делающих трудную работу. Фолианыч улыбнулся и сказал:

— Петр Петрович, я только что говорил своим друзьям, что это прекрасно, что мы встретились на концерте. Вы — художник, я — наборщик, Иван Савельевич — токарь, Василий Кузьмич — тоже. Иван Савельевич даже не поверил мне, что Вы — живой Кончаловский. И я позвал Вас не случайно. Мы хотим поговорить с Вами о Вашей картине.

Иван Савельевич начал рассказывать:

— У нас в заводской столовой Ваша картина имеется. Сирень. Года два как висит. А месяц назад, глядим, убрали ее. Вместо нее другую повесили — «Тяжелую индустрию». На картине — домна и четыре трубы дымят. Это значит, что ее повесили, чтобы картина нашему рабочему пролетарскому сознанию соответствовала. Сирень, значит, не соответствует. Ну, мы пошли в заводской комитет. Говорим: отдайте обратно нашу сирень, а трубы снимите. Мы душой радуемся, когда на сирень смотрим!

— Ну и как, послушались в завкоме? — дрогнувшим голосом спросил Кончаловский.

— А как же! Конечно! — радостно засмеялись рабочие.

Во втором отделении концерта Кончаловский никак не мог сосредоточиться. «Нет, я не прохожу мимо самого главного, — продолжал мысленно Кончаловский свой утренний спор с Ряжским. — Жизнь многообразна. Моим цветам и пейзажам среди рабочих людей тоже есть место. Нет, не зря я так люблю цветы, особенно сирень. В ней есть все, что существует в природе — небо, солнце, радуга. Цветы надо писать постоянно, писать так, чтобы в них звучала музыка. Эту музыку услышат все». Кончаловский опять вспомнил Ряжского. Как жаль, что не было его на концерте и он не мог посидеть в буфете вместе с ним и теми тремя рабочими.

Расскажите, как люди могут встретиться и познакомиться.

Как Вы думаете, почему художник Кончаловский пожалел, что на концерте не было художника Ряжского?

Как Вы думаете, почему рассказ называется «Сирень»?

Инструкция к выполнению задания 12

Время выполнения задания — 20 минут (подготовка — 10 минут, ответ — 10 минут).

Вы должны подготовить сообщение на предложенную тему. Вы можете составить план сообщения, но не должны читать свое сообщение.

Задание 12. Представьте, что Вы открыли ресторан. Вам надо рассказать друзьям о Вашем ресторане.

Вы можете рассказать:

— где находится ресторан;
— как ресторан оформлен, какой в нем зал, столики, какие стоят цветы и т. д.;
— как одеты официанты, как они обслуживают клиентов;
— какая там играет музыка;
— какие там блюда и напитки;
— о стоимости блюд;
— о скидках (для студентов, детей, пенсионеров).

В вашем рассказе должно быть не менее 20 фраз.

答案解析
（附考场指令译文）

☞ 考试指令

考试时间为 60 分钟。
试卷包括 12 道题。
回答第 11 题和 12 题时可使用词典。
考生的回答会被录音。

1~5 题考试指令
答题时间 5 分钟。
完成下列各题时没有准备时间。
请完成对话。听到老师的问题后进行回答。
如果不能回答,不必耽误时间,请继续回答下一个问题。
注意:请用完全句回答(不能只回答"是"或"不是")。

以下为录音内容。

Задание 1 – 5. Ответьте на вопросы.

1. — У нашей подруги скоро юбилей. Что мы ей подарим? У тебя есть идеи?
   — ... .

2. — Сегодня будет дождь. За город не поедем. Куда пойдем?
   — ... .

3. — Почему ты такой радостный?
   — ... .

4. — О чем ты говорил вчера с родителями?
   — ... .

5. — Почему ты хочешь поехать на юг?
   — ... .

6~10 题考试指令
答题时间 8 分钟。
完成下列各题时没有准备时间。
请完成对话。先了解对话情景再回答问题。
如果情景很难,不必耽误时间,请继续下一个情景。

以下为录音内容。

Задание 6 – 10. Начните разговор.

6. Ваш друг собирается летом поехать в Россию. Дайте ему несколько советов.

7. Ваши друзья вечером придут к Вам в гости. Расскажите, что Вы приготовите на ужин и как будете развлекать их.

8. Ваш друг заболел. Его не было в университете 3 дня. Позвоните ему по телефону и расскажите, что было интересного в университете.

9. Позовите друга в магазин. Уговорите его пойти с Вами.

10. Ваш друг посмотрел интересный фильм. Расспросите друга об этом фильме.

11 题考试指令

答题时间 25 分钟（其中准备时间不超过 15 分钟，回答问题时间不超过 10 分钟）。

12 题考试指令

答题时间 20 分钟（其中准备时间不超过 10 分钟，回答问题时间不超过 10 分钟）。
请对给出的题目进行叙述。可以列提纲，但回答时不能照提纲宣读。
叙述不少于 20 个句子。

以下为参考答案。

1. Обычно девушке нравится кукла. И я подарю ей куклу.

2. Я поеду в Эрмитаж. Ведь он является одним из крупнейших музеев мира.

3. Сегодня у меня день рождения.

4. О политике мира.

5. На севере холодно, а на юге тепло.

6. Россия является одной из крупнейших стран мира. В России много достопримечательностей. Посоветую вам посмотреть Кремль, Красную площадь и т. д. Там красиво и интересно.

7. Я знаю, что вам нравится китайская кухня. И поэтому сегодня я купил мясо и овощи в магазине. Я буду готовить суп из овощей и курицу. Я думаю, что мои блюда вам понравятся.

8. Здравствуй, Андрей! Как сейчас твое здоровье? Очень жаль, что тебя не было в университете. У нас на факультете прошла интересная лекция, которую прочитал известный профессор из Англии.

9. Катя, здравствуй! Я попрошу тебя со мной пойти в магазин. Скоро Новый год, а мы еще не приготовили подарки друзьям. Сейчас в магазине большой выбор подарков.

10. Привет, Антон! Мне сказали, что ты смотрел интересный фильм «Москва слезам не верит». Ты знаешь, что я еще не успел его посмотреть. Расскажи мне об этом фильме.

11. Люди встречаются и знакомятся по-разному. Может быть, на уроке, на экскурсии, в ресторане или на концерте. Петр Петрович Кончаловский познакомился с рабочими после первого отделения концерта в буфете, где они кушали.

Конечно, Петр Петрович Кончаловский пожалел, что на концерте не было художника Ряжского. Дело в том, что между ними был спор о том, нужна ли живопись людям. У них неодинаковые мнения. После спора Петр Петрович начал сомневаться, что рабочим его картина, может быть, не нужна. Но беседа с рабочими вернула ему уверенность в себе. И об этом он хочет рассказать Ряжскому.

Сирень, может быть, это только символ его работы. Именно цветы дают людям надежду на прекрасное будущее.

12. Китайская кухня имеет древнюю, многотысячелетнюю историю. Китайцы гордятся своей кухней, которая славится своим вкусом и запахом. Она привлекает разных людей мира.

В России много французских, итальянских и немецких ресторанов. Пока сейчас в Москве мало китайских ресторанов, и поэтому я решил открыть собственный китайский ресторан около Московского университета, в котором учатся китайцы и иностранцы из разных уголков мира. Китайская еда здоровая и диетическая, поражает своим невероятным многообразием. Она охватывает традиции многих кулинарных школ. А наш ресторан занимается Сычуаньской кухней, особенность — острый вкус и резкий, характерный аромат. Хого — «китайский самовар» для варки овощей и мяса — является блюдом, которое превосходит даже самые беспрецедентные европейские фантазии. Конечно, в нашем ресторане обслуживают клиентов официанты в традиционном китайском костюм, столики и стулья сделаны из дерева в китайском стиле. Здесь клиенты могут пробовать китайские блюда, пьют сок или пиво из Китая, и одновременно наслаждаются китайской музыкой. Наши блюда, честно говоря, дорогие. Но обязательно дается льгота по студенческим билетам.

Мы приветствуем вас в нашем ресторане!

第三部分

俄罗斯对外俄语 B1 级考试词汇表

> 1. 本表根据俄罗斯对外俄语考试大纲编写,为 B1 级考试必备词汇。
> 2. 为方便记忆,词汇均加重音。

A

а【连】可是,而 Папа — учи́тель, а ма́ма — инжене́р. 爸爸是老师,而妈妈是工程师。

абсолю́тно【副】绝对地

абсолю́тный, -ая, -ое【形】绝对的 абсолю́тная тишина́ 绝对安静

а́вгуст, -а【阳】八月 в а́вгусте 在八月

авиацио́нный, -ая, -ое【形】航空的

авиа́ция, -и【形】航空 вое́нная авиа́ция 军用航空 гражда́нская авиа́ция 民用航空

авто́бус, -а【阳】公共汽车 е́здить на авто́бусе 乘坐公共汽车

авто́бусный, -ая, -ое【形】公共汽车的 авто́бусная остано́вка 公共汽车站

автома́т, -а【阳】自动机;自动仪器;自动装置 по́льзоваться автома́том 使用自动仪器

автомоби́ль, -я【阳】汽车 легково́й автомоби́ль 轿车

автомоби́льный, -ая, -ое【形】汽车的 автомоби́льный тра́нспорт 汽车运输

а́втор, -а【阳】作者 а́втор кни́ги 书的作者

агроно́м, -а【阳】农学家;农艺师,农业技术员 гла́вный агроно́м 总农艺师

администра́ция, -и【阴】行政管理机关 администра́ция фа́брики 工厂行政管理机关

а́дрес, -а, 复 -а́, -о́в【阳】地址,住址 служе́бный а́дрес 工作地址 дать а́дрес 留下地址

А́зия, -и【阴】亚洲 геогра́фия А́зии 亚洲地理

азиа́тский, -ая, -ое【形】亚洲的 азиа́тская эконо́мика 亚洲经济

акаде́мик, -а【阳】科学院院士 почётный акаде́мик 荣誉院士

акаде́мия, -и【阴】①科学院 Росси́йская Акаде́мия нау́к 俄罗斯科学院 ②学院;大学(仅用于某些高等学校) вое́нно-медици́нская акаде́мия 军医学院 акаде́мия худо́жеств 美术学院

актёр, -а【阳】演员

акти́вный, -ая, -ое【形】积极的,主动的 акти́вные слова́ 积极词汇 принима́ть акти́вное уча́стие в чём 积极参加

а́лгебра, -ы【阴】代数

алло́【感】(打电话时招呼用语)喂

альбо́м, -а【阳】①纪念册;相册 альбо́м для фотогра́фий 相册 ②画册,图集 альбо́м ви́дов Москвы́ 莫斯科风景画册

ана́лиз, -а【阳】分析 хими́ческий ана́лиз 化学分析 ана́лиз о́браза геро́я кни́ги 书中主人公的形象分析

анализи́ровать, -рую, -руешь【未】проанализи́ровать【完】что 分析

англи́йский, -ая, -ое【形】英国(人)的 англи́йский язы́к 英语

англича́нин, -а, 复 -а́не, -а́н【阳】英国人

апре́ль, -я【阳】四月 Пе́рвое апре́ля — День сме́ха в за́падных стра́нах. 4月1日是西方国家的愚人节。

апте́ка, -и【阴】药店;配药室 в апте́ке 在药店

аре́ст, -а【阳】逮捕

аресто́вывать, -аю, -аешь【未】арестова́ть, -ту́ю, -ту́ешь【完】кого-что 逮捕;拘捕 аресто́вывать престу́пника 逮捕罪犯

а́рмия, -и【阴】军队 кра́сная а́рмия 红军

арти́ст, -а【阳】演员,艺人 о́перный арти́ст 歌

剧演员

архите́ктор, -а【阳】建筑师

архитекту́ра, -ы【阴】建筑艺术 средневеко́вая архитекту́ра 中世纪建筑艺术

аспира́нт, -а【阳】副博士研究生 взять кого́ к себе́ в аспира́нты 招……为自己的研究生

аспиранту́ра, -ы【阴】副博士研究生班，副博士研究生学历 ко́нчить аспиранту́ру 副博士研究生毕业

астроно́м, -а【阳】天文学家

астроно́мия, -и【阴】天文学

аудито́рия, -и【阴】(大学的)教室 чита́ть ле́кции в аудито́рии 在教室里讲课

афи́ша, -и【阴】(关于戏剧、电影音乐会、讲演等的)广告，海报 афи́ша фи́льма 电影海报

аэропо́рт, -а【阳】(飞机航线上的)航空站 в аэропорту́ 在机场

Б

ба́бушка, -и, 复二 -шек【阴】祖母，外祖母 ба́бушка со стороны́ ма́тери 姥姥 ба́бушка по отцу́ 奶奶

бале́т, -а【阳】芭蕾舞 класси́ческий бале́т 古典芭蕾舞 бале́ты «Спя́щая краса́вица» и «Щелку́нчик» 芭蕾舞《睡美人》和《胡桃夹子》За́втра в Большо́м теа́тре идёт бале́т Чайко́вского «Лебеди́ное о́зеро». 明天大剧院将上演柴可夫斯基的芭蕾舞《天鹅湖》。

банк, -а【阳】银行 банк Кита́я 中国银行

баскетбо́л, -а【阳】篮球(运动) игра́ть в баскетбо́л 打篮球

бассе́йн, -а【阳】游泳池 бассе́йн для пла́вания 游泳池 откры́тый бассе́йн 露天游泳池

бе́гать, -аю, -аешь【未】跑，奔跑 Челове́к бе́гает вокру́г до́ма. 一个人在房子周围跑。

беда́, -ы́, 复 бе́ды, бед, бе́дам【阴】不幸，灾难，倒霉事 расска́зывать свою́ беду́ 讲述自己的不幸 Случи́лась беда́. 发生了不幸。Беда́ прихо́дит не одна́. 祸不单行。Друзья́ познаю́тся в беде́. 患难识知己。

бе́дность, -и【阴】贫穷

бе́дный, -ая, -ое【形】①穷苦的，贫穷的 бе́дная семья́ 贫穷的家庭 ②чем (内容)贫乏的 пи́ща, бе́дная витами́нами 缺乏维生素的食物 ③可怜的，不幸的 бе́дный брак 不幸的婚姻

бежа́ть, бегу́, бежи́шь【未】①跑，奔路 Челове́к бежи́т к реке́. 一个人向河边跑去。②(车船等)急驶，急驰 Секу́ндная стре́лка бежи́т. 秒针在迅速移动着。③(转)(时间)流逝；(水等)流，淌 Вре́мя бежи́т. 光阴飞逝。

без/безо【前】кого́-чего́ ①没有，缺少；无 чай без са́хара 不加糖的茶 ②(与表示时间数量的词连用)差……，缺…… без пяти́ шесть 差五分钟六点 ③不在(场)时，缺席时 Без вас приходи́л челове́к. 您不在时来过一个人。

безопа́сность, -и【阴】安全；无危险 Комите́т госуда́рственной безопа́сности (КГБ) 国家安全委员会 (克格勃)

бе́лый, -ая, -ое【形】①白色的，白的 бе́лая бума́га 白纸 бе́лые но́чи 白夜 бе́лое вино́ 白葡萄酒 ②白匪的，白党的 бе́лая а́рмия 白军

бензи́н, -а【阳】汽油 рабо́тать на бензи́не 靠汽油工作

бе́рег, -а, о бе́реге, на берегу́, 复 -а́, -о́в【阳】岸，陆地 бе́рег мо́ря 海岸

берёза, -ы【阴】桦树；白桦树 бе́лая берёза 白桦树

бере́чь, -егу́, -ежёшь【未】кого́-что ①保存，珍藏 бере́чь фотогра́фии 珍藏照片 ②节省，爱惜 бере́чь ка́ждую копе́йку 不浪费一戈比 Береги́ честь смо́лоду. 名誉要从小爱惜。

бесе́да, -ы【阴】交谈，会谈，谈心 оживлённая бесе́да 热烈的交谈

бесе́довать, -дую, -дуешь【未】с кем 交换意见，倾谈 бесе́довать с дру́гом 和朋友交谈

беспла́тный, -ая, -ое【形】免费的，无报酬的 беспла́тное обуче́ние 免费教育 беспла́тное медици́нское обслу́живание 免费医疗

беспла́тно【副】免费地

беспокóиться, -óюсь, -óишься【未】о ком-чём 不安, 担心 Все родители беспокоятся о будущем своих детей. 所有父母都担心子女的前途。

библиотéка, -и【阴】图书馆 городскáя библиотéка 市图书馆

бизнесмéн, -а【阳】商人

бизнес, -а【阳】生意 заниматься бизнесом 做生意

билéт, -а【阳】①票, 券 театрáльный билéт 戏票 билéт на пóезд 火车票②证, 证件 студéнческий билéт 学生证③考签 экзаменациóнный билéт 考签

биогрáфия, -и【阴】个人经历, 履历; 传记 крáткая биогрáфия 简历 биогрáфия Гóрького 高尔基传

биографический, -ая, -ое【形】履历的 биографическая анкéта 履历表

биология, -и【阴】生物学 биология мóря 海洋生物学

бить, бью, бьёшь【未】побить 及 пробить【完】что 打破 бить посýду 打破器皿

благодарить, -рю́, -ришь【未】поблагодарить【完】кого-что за что 致谢, 感谢 благодарить от всей души 衷心感谢 благодарить вас за пóмощь 谢谢您的帮助

благодаря́【前】кому-чему 由于, 多亏 Он вы́здоровел благодаря́ забóтам врачéй. 多亏医生的照顾他才得以康复。

бланк, -а【阳】表格 заполнить бланк 填表格

близко【副】近

бог, -а【阳】上帝

богатство, -а【中】丰富, 大量 богатство лесóв 丰富的森林资源

бой, бóя, о бóе, в бою́, 复 бой, боёв【阳】战斗 вести бой 进行战斗

бóлее【副】①кого-чего 多于……, 超过…… бóлее десяти рублéй 超过10卢布②（与性质形容词连用构成比较级）更加 бóлее спокóйный 更安静的

болéзнь, -и【阴】疾病 тяжёлая болéзнь 重病

бóлен, -á, -ó, -ы́【短尾】чем 生病 Я бóлен гриппом. 我得了感冒。

болéть, болит【未】感到疼痛 Живóт болит. 肚子疼。

больница, -ы【阴】医院 дéтская больница 儿童医院 положить кого в больницу 送……去住院

больно【副】疼痛地 больно удáрить 痛打

больнóй, -áя, -óе【形】①чем 有病的 У негó больнóе сéрдце. 他心脏有病。Он бóлен желýдком. 他有胃病。②（用作名词）病人 приём больны́х 接待病人

большинствó, -á【中】大部分, 大多数 абсолютное большинствó 绝对多数 относительное большинствó 相对多数

большóй, -áя, -óе【形】大的 большáя рáдость 极大的喜悦 большáя бýква 大写字母

бóмба, -ы【阴】炸弹 áтомная бóмба 原子弹

бомбить, -блю́, -бишь【未】что 轰炸 бомбить фронт 轰炸前线

борóться, борю́сь, бóрешься【未】с кем или за что 斗争, 奋战 борóться с врагáми 与敌人战争 борóться за свобóду 为自由而战

борьбá, -ы́【阴】斗争 клáссовая борьбá 阶级斗争

боя́ться, боюсь, боишься【未】кого-чего 感到害怕; 怕 боя́ться волкóв 怕狼

брат, -а, 复 брáтья, -ьев【阳】弟兄, 哥哥, 弟弟 роднóй брат 亲兄弟

брать, берý, берёшь【未】взять, возьмý, возьмёшь【完】①拿, 取 брать книгу со столá 从桌上拿起书②随身携带 брать с собóй детéй 带着孩子

бросáть, -аю, -аешь【未】брóсить, -óшу, -óсишь【完】кого-что 扔, 掷, 投 бросáть мяч 扔球 брóсить бумáгу в корзинку 把纸扔入垃圾筒儿

бýдущий, -ая, -ее【形】①将来的, 未来的 бýдущая жизнь 未来的生活②（中性用作名词）

未来,前途 счастливое будущее 幸福的未来

буква, -ы, 复二 букв【阴】字母 писать с большой буквы 第一个字母大写

бумага, -и【阴】纸 лист бумаги 一张纸 почтовая бумага 信纸

бутылка, -и, 复二 -лок【阴】瓶子 молочная бутылка 牛奶瓶 бутылка минеральной воды 一瓶矿泉水

буфет, -а【阳】茶点部,小卖部,小吃部 буфет на вокзале 火车站小卖部

бы【语】①(表示有可能产生)要是,若是 Я поехал бы, если бы было время. 假如有时间,我就去了。②(表示愿望)最好;就好了;但愿能 Нам бы вместе поехать. 我们要是能一起走该多好!

бывать, -аю, -аешь【未】①有,存在 Бывают странные случаи. 常有很奇怪的事。②常到,常在 бывать в клубе 常去俱乐部③往往是,常是;有时是 Он редко бывает болен. 他很少生病。

быстрый, -ая, -ое【形】快的,迅速的 быстрый рост 迅速发展

быть【现在时只用第三人称 есть 或省略,否定用 нет;将来时 буду, будешь;过去时 был, была, было; не был, не была, не было】①有,存在 Не было свободного времени. 没有空闲时间。②处在;到 быть на приёме 出席招待会③发生 Вчера была гроза. 昨天下了雷雨。④是,系 Отец был врачом. 父亲当过医生。

В

в【前】I кого-что①到,往,向 уехать в Сибирь 到西伯利亚去②成为,变成 вырасти в крупного учёного 成为著名学者③(数)为,计 комната в двадцать квадратных метров 20 平方米的房间④在……(时)в среду 在周三⑤穿,戴上 одеться в пальто 穿上大衣 II чём ①在……里 учиться в университете 在大学里学习②在……时 в прошлом году 在去年

вагон, -а【阳】车厢 пассажирский вагон 客车车厢

важно【副】重要 Очень важно доводить дело до конца. 重要的就是把事情做到底。

важный, -ая, -ое【形】重大的,重要的 важное событие 重要事件

валюта, -ы【阴】货币

ванная, -ой【阴】浴室,洗澡间

варить, варю, варишь【未】сварить【完】что 煮 варить яйцо 煮鸡蛋 варить обед 做饭

ваш, -его【代】你们的,您的 ваша книга 您的书

вариант, -а【阳】方案,方法

ввозить, -ожу, -озишь【未】ввезти, -зу, -зёшь【完】кого-что 带来

вверх【副】向上,往上 подниматься вверх 上楼

вверху【副】在上边;在高处

вдали【副】在远处 жить вдали от города 住在远离城市的地方

вдвоём【副】两人,两人一起 жить вдвоём 两人住在一起

вдруг【副】突然,忽然 Вдруг раздался крик. 忽然响起叫起。

ведь【语】本来,不是吗 Ведь правда? 难道不对吗?【连】要知道,因为 Веди нас, ведь ты знаешь дорогу. 你领我们去吧,你是认得路的。

везде【副】到处 везде и всюду 随时随地

везти, -зу, -зёшь【未】кого-что (用车、船、马等)搬送,运送 везти песок 运沙土

век, -а, о веке, на веку, 复 -а, -ов【阳】①世纪 двадцатый век 20 世纪②时代,时期 каменный век 石器时代 золотой век китайской литературы 中国文学的黄金时代

велик, -а, -о, -и【短尾】кому 对……来说太大 Этот костюм мне велик. 这套衣服我穿大。

великий, -ая, -ое【形】①大的,巨大的 великий ужас 巨大的恐怖②伟大的 великая победа 伟大的胜利 Великий шёлковый путь 丝绸之

路 Великая Китайская стена 长城 Великая Отечественная война 伟大的卫国战争

верить, -рю, -ришь【未】поверить【完】①во кого-что 相信, 有信心 верить в народ 相信人民 ②кому 信任, 信赖 верить другу 信任朋友

верно【副】正确地 верно ответить на вопросы 正确回答问题

вернуться, -нусь, -нёшься【完】回来, 返回 вернуться домой 返回家

верный, -ая, -ое【形】忠诚的, 忠实的 верный друг 忠实的朋友

верхний, -яя, -ее【形】①上面的 верхний этаж 上层 ②穿在外面的 верхняя и нижняя одежда 外衣和内衣 ③上游的 верхнее течение реки 河上游

весело【副】愉快地

весёлый, -ая, -ое【形】快乐的, 愉快的 весёлый характер 快乐的性格

весенний, -яя, -ее【形】春天的 весенний пейзаж 春色

весна, -ы, 复 вёсны, -сен, -снам【阴】春天, 春季 ранняя весна 早春 праздник Весны 春节

весной【副】在春天 Это было весной. 这件事发生在春天。

вести, веду, ведёшь【未】①кого-что 领, 引导 вести ребёнка 领着小孩 ②кого-что 驾驶, 开 вести машину 开车 ③通往 Лестница ведёт на крышу. 楼梯通往房顶。Дорога ведёт в лес. 道路通向森林。

весь, всего【代】①整个, 全部 Он всю ночь работал. 他工作了一整夜。②(中性用作名词)一切, 一切东西 Всё в порядке. 一切正常。③(复数用作名词)一切人, 所有的人 Все налицо. 大家都来了。

ветер, ветра【阳】风 сильный ветер 强风

вечер, -а, 复 -а, -ов【阳】傍晚, 晚间 с утра до вечера 从早到晚 песня «Подмосковные вечера» 歌曲《莫斯科郊外的晚上》

вечерний, -яя, -ее【形】傍晚的, 晚间的 вечерняя школа 夜校 вечерняя заря 晚霞

вечером【副】在傍晚时, 在晚上

вешать, -аю, -аешь【未】повесить, -ешу, -есишь【完】кого-что 挂, 悬挂; 吊 повесить картину 挂画

вещь, -и, 复 -и, -ей【阴】物品, 东西 ценные вещи 贵重物品

взрослый, -ая, -ое【形】成年的 взрослый юноша 成年的青年

видео【中, 不变】视频

видеть, вижу, видишь【未】увидеть【完】кого-что 看见, 看到 видеть незнакомого 看见一个陌生人 видеть сон 做梦

видеться, вижусь, видишься【未】увидеться【完】с кем 见面, 相会 видеться с другом 和朋友见面

виза, -ы【阴】签证

вилка, -и, 复二 -лок【阴】餐叉, 叉子 столовая вилка 餐叉

висеть, вишу, висишь【未】挂着, 悬挂着 висеть под потолком 吊在天棚下

включать, -аю, -аешь【未】включить, -чу, -чишь【完】①кого-что во что 使加入, 列入, 编入 включать кого в список спортсменов 把……列入运动员名单 ②что 接通, 开(开关), 开动 включать свет 开灯 включать газ 开煤气

вкусно【副】好吃 вкусно пить чай 津津有味地喝茶

вкусный, -ая, -ое【形】味道好的, 好吃的; 津津有味的 вкусный обед 美味的午餐

владеть, -ею, -еешь【未】кем-чем ①有, 占有, 具有 владеть землёй 占有土地 ②统治, 控制 Одна мысль владеет им. 一个念头支配着他。③会使用; 精通 владеть русским языком в совершенстве 精通俄语

власть, -и, 复 -и, -ей【阴】①权力 родительская власть 父母的权力 ②政权 власть народной демократии 人民民主政权

вместе【副】一起; 共同; 同时地 вместе работать 一起工作

вме́сто【前】кого-чего 代替，代 Иди́ вме́сто меня́. 你替我去吧。

вне【前】кого-чего 在……之外，在……范围之外；超出 вне опа́сноти 没有危险 вне пла́на 计划外

вниз【副】向下，往下 спусти́ться вниз 下去，下来 плыть вниз по Во́лге 沿伏尔加河顺流而下

внизу́【副】在下面，在下部，在底下 Кни́га лежи́т внизу́ на по́лке. 书放在书架底格。

внима́ние, -я【中】注意，注意力 привлека́ть внима́ние 吸引注意力 обраща́ть внима́ние на кого-что 关心，关注 уделя́ть внима́ние кому-чему 关心，关注

внима́тельно【副】注意地

внима́тельный, -ая, -ое【形】注意的，细心的，留神的 внима́тельный взгляд 专注的目光

вноси́ть, -ошу́, -о́сишь【未】внести́, -су́, -сёшь【完】кого-что во что ①带到里面；送到 внести́ ве́щи в ваго́н 把东西拿进车厢 ②记入，载入 вноси́ть но́вые усло́вия в догово́р 把新条款加到合同中

внук, -а【阳】孙儿；外孙 У неё уже́ вну́ки подраста́ют. 她的孙子们正在长大。

внутри́【副】在内部，在里面 Все находи́лись внутри́. 大家都在里边。【前】кого-что 在……内部，在……里面 находи́ться внутри́ го́рода 在城里

вода́, -ы́, 四格 во́ду, 复 во́ды, вод, во́дам【阴】水 пре́сная вода́ 淡水 минера́льная вода́ 矿泉水 путеше́ствие по воде́ 水上旅行

води́ть, вожу́, во́дишь【未】кого-что ①领，引 води́ть дете́й гуля́ть 领孩子们去玩 ②驾驶，开 води́ть маши́ну 开车

воева́ть, вою́ю, вою́ешь【未】作战，战斗，打仗；斗争 воева́ть с захва́тчиками 与侵略者作斗争

вое́нный, -ая, -ое【形】战争的；军事的 вое́нная промы́шленность 军事工业

во вре́мя【前】чего 在……时候

во-вторы́х【插】第二，其次

возвраща́ться, -а́юсь, -а́ешься【未】возврати́ться, -ащу́сь, -ати́шься【完】回来，回去 возвраща́ться домо́й 回家

во́здух, -а【阳】空气 дыша́ть во́здухом 呼吸空气

вози́ть, вожу́, во́зишь【未】кого-что 搬运，运送 вози́ть дрова́ из ле́са 从森林中运木材 вози́ть у́голь в шко́лу 往学校运煤

возмо́жно【副】有可能，可能 Вполне́ возмо́жно, что он прав. 很可能他是正确的。

возмо́жность, -и【阴】可能性 возмо́жность уда́чи 成功的可能性

возмо́жный, -ая, -ое【形】可能的 вполне́ возмо́жный слу́чай 完全可能的事

возника́ть, (第一、二人称不用) -ает【未】возни́кнуть, -кнет【完】发生；产生；出现 Возни́кло подозре́ние. 产生了怀疑。

во́зраст, -а【阳】年龄，岁数 зре́лый во́зраст 成年

война́, -ы́, 复 во́йны, войн, во́йнам【阴】战争 гражда́нская война́ 国内战争 оте́чественная война́ 卫国战争 холо́дная война́ 冷战

вокза́л, -а【阳】火车站；码头 железнодоро́жный вокза́л 火车站 речно́й вокза́л 河运站

вокру́г【副】周围，四周 Вокру́г ни души́. 周围一个人也没有。【前】кого-чего 在（某物的）周围；围绕；涉及 спо́ры вокру́г сло́жного вопро́са 围绕一个复杂问题的争论

волейбо́л, -а【阳】排球（运动）игра́ть в волейбо́л 打排球

волнова́ться, -ну́юсь, -ну́ешься【未】взволнова́ться【完】激动；不安 волнова́ться пе́ред экза́менами 考试之前紧张 волнова́ться о де́тях 替孩子们担心

во́лос, -а, 复 во́лосы, воло́с, -а́м【阳】头发 чё́рные во́лосы 黑头发

во-пе́рвых【插】第一点；一来，一则

вопро́с, -а【阳】（提出的）问题 зада́ть вопро́с

提问 ответить на вопрос 回答问题

восемнадцатый, -ая, -ое【数】第十八 восемнадцатая средняя школа 第 18 中学

восемнадцать, -и【数】十八 восемнадцать школ 18 所学校

восемь, восьми【数】八 восемь мальчиков 八个男孩

восемьдесят, восьмидесяти【数】八十 Старику уже восемьдесят лет. 老人已 80 岁了。

восемьсот, восьмисот【数】八百 Тысяча минус двести — восемьсот. 1 000 减 200 等于 800。

воскресенье, -я【中】星期日 по воскресеньям 每逢星期天

воспитание, -я【中】①教育 хорошее воспитание 良好的教育 ②培养 воспитание смены 培养接班人

воспитывать, -аю, -аешь【未】воспитать, -аю, -аешь【完】кого-что 教育，教养 воспитывать хорошего бойца 培养优秀的战士 воспитывать в детях любовь к Родине 培养孩子们热爱祖国

восстанавливать, -аю, -аешь【未】восстановить, -овлю, -овишь【完】кого-что 恢复 восстановить разрушенный город 恢复被破坏的城市

восстанавливание, -я【中】恢复

восток, -а【阳】①东方，东面 на востоке 在东方 ②东方国家 Дальний Восток 远东 Ближний Восток 近东

восточный, -ая, -ое【形】东方的, 东部的, 在东面的 восточная сторона 东面 восточная культура 东方文化

восьмой, -ая, -ое【数】第八 восьмой раз 第八 Восьмое марта 妇女节

вот【语】(指出眼前、近处的事物) 这就是；看, 瞧 Вот идёт поезд. 你看, 火车来了。

впервые【副】第一次, 初次 впервые в жизни 生平第一次

вперёд【副】向前 Вперёд к новым победам! 向着新的胜利前进！

впереди【前】кого-чего 在……的前面 идти впереди всех 走在大家前面

впечатление, -я【中】印象 впечатление детства 童年的印象 произвести какое впечатление на кого 给……留下……印象

враг, -а【阳】仇人, 敌人 победа над врагом 战胜敌人 Язык мой — враг мой. 祸从口出。

врач, -а【阳】医生, 大夫 зубной врач 牙科医生 детский врач 儿科医生 врач китайской медицины 中医医生

вред, -а【阳】危害, 损害

вредно【副】有害地

вредный, -ая, -ое【形】кому-чему 有害的 вредная людям теория 对人类有害的理论 курить вредно 吸烟有害

время, -мени, 复 -мена, -мён, -менам【中】①时间；岁月；光阴 время и пространство 时间与空间 ②时刻, 时候 в любое время дня 一天中任何时候 ③季节 времена года 一年四季

всегда【副】老是, 总是, 始终, 永远 Он всегда дома. 他经常在家。

вслух【副】使人听见地, 出声地 читать вслух 朗读

вспоминать, -аю, -аешь【未】вспомнить, -ню, -нишь【完】кого-что 或 о ком-чём 记起, 想起, 回忆 вспоминать свою молодость 回忆自己的青年时代 вспомнить о важном деле 回忆重要的事情

вставать, -таю, -таёшь【未】встать, -ану, -анешь【完】站立起来, 起身 вставать со стула 从椅子上站起来 Солнце встало. 太阳升起来了。

встреча, -и【阴】相遇, 遇见 встреча со знакомым 遇见熟人

встречать, -аю, -аешь【未】встретить, -чу, -тишь【完】кого-что 遇到, 遇见 встречать старого друга 遇见老朋友

встречаться, -аюсь, -аешься【未】встретиться, -чусь, -тишься【完】с кем-чем 相逢, 相遇,

相见 встречáться с товáрищами 与同学们相遇

вступáть, -áю, -áешь【未】вступи́ть, -уплю́, -у́пишь【完】во что 加入，参加 вступáть в пáртию 入党 вступáть в профсою́з 加入工会 вступи́ть в брак 结婚

вто́рник, -а【阳】星期二 во вто́рник 在星期二

второ́й, -áя, -óе【数】第二；次要的，第二位的 второ́й иностра́нный язы́к 第二外语

вход, -а【阳】（走）进，（走）入 свобо́дный вход и вы́ход 自由出入 предъяви́ть про́пуск при вхо́де 进门时出示通行证

входи́ть, -ожу́, -óдишь【未】войти́, -йду́, -йдёшь【完】во что 走进 войти́ в аудито́рию 走进教室

вчерá【副】昨天 Мы ви́делись вчерá. 我们昨天见了面。

вчерáшний, -яя, -ее【形】昨天的 вчерáшний день 昨天

вы, вас, вам, вас, вáми, о вас【代】您；你们 обращáться к кому на вы 对……以"您"相称

выбирáть, -áю, -áешь【未】вы́брать, -беру́, -берешь【完】① кого-что 选择 выбирáть подáрок 挑选礼物 ② кого-что кем-чем 选举 выбирáть литератýру свое́й специáльностью 选择文学作为自己的专业

вы́бор, -а【阳】① 选择 вы́бор профéссии 选择职业 ② 供挑选的东西 большо́й вы́бор товáров 百货俱全

вы́глядеть, -яжу, -ядишь【未】каким 有……外貌；（外观）看来是 вы́глядеть больны́м 显出病态 Онá вы́глядит моло́же свои́х лет. 她看上去比实际年龄年轻。

выдаю́щийся, -аяся, -ееся【形】杰出的，卓越的，优秀的 выдаю́щиеся достижéния 卓越的成就 выдаю́щийся талáнт 杰出的天才

выезжáть, -áю, -áешь【未】вы́ехать, -еду, -едешь【完】（乘车、马等）出发，动身，启程 выезжáть из го́рода 出城 выезжáть за грани́цу 出国

вызывáть, -áю, -áешь【未】вы́звать, -зову́, -зовешь【完】кого-что 叫出来，唤出来 вызывáть врачá на́ дом 叫医生到家里应诊

выи́грывать, -аю, -аешь【未】вы́играть, -аю, -аешь【完】что 获胜 выи́грывать дéло 打赢官司 вы́играть шáхматную пáртию 赢了一局棋

выключáтель, -я【阳】开关

выключáть, -áю, -áешь【未】вы́ключить, -чу, -чишь【完】кого-что 切断（线路），关闭 выключáть свет 关灯

выноси́ть, -ошу́, -óсишь【未】вы́нести, -су, -сешь【完】кого-что ① 拿出，搬出，带到 выноси́ть цветы́ из ко́мнаты 把花从房间里搬出去 ② 忍受住 выноси́ть си́льную боль 忍受住剧烈的疼痛

выпивáть, -áю, -áешь【未】вы́пить, -пью, -пьешь【完】что 喝下 вы́пить за Ро́дину 为祖国干杯 вы́пить за здоро́вье 为健康干杯

выполня́ть, -я́ю, -я́ешь【未】вы́полнить, -ню, -нишь【完】что 实现，完成，执行，履行 выполня́ть рабо́ту 完成工作

выражáть, -áю, -áешь【未】вы́разить, -ажу, -азишь【完】что 表露出；表示；表达（某种思想、感情等）выражáть мысль 表达思想

выражéние, -я【中】表情 весёлое выражéние глаз 愉快的眼神

вырастáть, -áю, -áешь【未】вы́расти, -расту, -растешь【完】长大 Дéти вы́росли. 孩子们长大了。

высо́кий, -ая, -ое【形】高的，高大的；高空的 высо́кий рост 高身材 высо́кая горá 高山

высоко́【副】高高地

высотá, -ы́, 复 -о́ты, -о́т【阴】高，高度，高处 высотá до́ма 房子的高度 летéть на большо́й высотé 在高空飞行

вы́ставка, -и, 复二 -вок【阴】展览，展览会 вы́ставка карти́ны 画展 посещáть вы́ставку 参观展览会

выступа́ть, -а́ю, -а́ешь【未】вы́ступить, -уплю, -упишь【完】①走出来，出现 Из толпы́ вы́ступило не́сколько челове́к. 从人群中走出几个人。②с чем 演说,（上台）表演 выступа́ть с конце́ртом 音乐会演出

выступле́ние, -я【中】发言，表演 выступле́ние с ре́чью 发言 кра́ткое выступле́ние на собра́нии 会上简短的发言

выу́чивать, -аю, -аешь【未】вы́учить, -чу, -чишь【完】①кого чему 教会，使学会 выу́чивать кого ремеслу́ 教会……手艺②что 学会，背熟 выу́чивать текст 背熟课文 вы́учить наизу́сть 背诵

вы́ход, -а【阳】出去，离开 вы́ход на рабо́ту 出门上班 вы́ход из тру́дного положе́ния 摆脱困境的出路

выходи́ть, -ожу́, -о́дишь【未】вы́йти, вы́йду, вы́йдешь【完】①走出 выходи́ть из ко́мнаты 走出房间②朝向 Окно́ выхо́дит на юг. 窗户朝南开。③（与 замуж 连用）за кого 出嫁，嫁给 вы́йти за́муж за врача́ 嫁给医生④из кого-чего 出身于，起源于 вы́йти из семьи́ учителе́й 出身于教师世家

выходно́й, -а́я, -о́е【形】①出门穿的，节日穿的 выходно́й костю́м 出门穿的套装②（用作名词）休假日 У меня́ сего́дня выходно́й. 我今天休息。

Г

газ, -а【阳】气，气体，天然气 гото́вить пи́щу на га́зе 用天然气做饭 кварти́ра с га́зом 有天然气设备的住宅

газе́та, -ы【阴】报，报纸 ежедне́вная газе́та 日报 вече́рняя газе́та 晚报

галере́я, -и【阴】美术馆，画廊 Третьяко́вская галере́я 特列季亚科夫美术馆

где【副】在哪儿 Где вы рабо́таете? 您在哪儿工作?

где́-нибудь【副】不管在什么地方，无论在何处

генера́л, -а【阳】将军 генера́л а́рмии 军队大将

гео́граф, -а【阳】地理学家

географи́ческий, -ая, -ое【形】地理的 географи́ческая экспеди́ция 地理勘察

геогра́фия, -и【阴】地理，地理学 физи́ческая геогра́фия 自然地理学 уро́к геогра́фии 地理课

гео́лог, -а【阳】地质学家 День гео́лога 地质工任务者日

геологи́ческий, -ая, -ое【形】地质学的 геологи́ческий факульте́т 地质系

геро́й, -я【阳】英雄 геро́й на́шего вре́мени 当代英雄 па́мятник наро́дным геро́ям 人民英雄纪念碑

ги́бель, -и【阴】（由于遇险、遭受灾害等造成的）覆灭，毁灭，死亡 ги́бель корабля́ 轮船覆灭

ги́бнуть, -ну, -нешь【未】灭亡，死亡

гимна́зия, -и【阴】中学

гита́ра, -ы【阴】吉他 игра́ть на гита́ре 弹吉他

глава́, -ы́, 复 гла́вы, глав【阴】章，篇 пе́рвая глава́ кни́ги 书的第一章

гла́вный, -ая, -ое【形】主要的 гла́вная роль 主要作用 гла́вный врач больни́цы 医院主任医生 гла́вный инжене́р 总工程师

глаз, -а, о гла́зе, в глазу́, 复 глаза́, глаз, глаза́м【阳】眼睛 пра́вый глаз 右眼 чёрные глаза́ 黑眼睛 провожа́ть его́ глаза́ми 目送他

глубина́, -ы́, 复 -и́ны【阴】深，深度 морски́е глубины́ 海的深度 в глубине́ души́ 在心灵深处

глубо́кий, -ая, -ое【形】深的 глубо́кая река́ 水深的河 глубо́кий кри́зис 深刻的危机 произвести́ глубо́кое впечатле́ние на кого-что 对……产生强烈的印象

глу́пый, -ая, -ое【阴】愚笨的，愚蠢的 глу́пый посту́пок 愚蠢行为

глу́по【副】愚蠢地

говори́ть, -рю́, -ри́шь【未】сказа́ть, -ажу́, -а́жешь【完】说，说话 гро́мко говори́ть 大声

地说 говорить с большим увлечением 津津有味地说

год, -а, о го́де, в году́, 复 го́ды 及 года́, годо́в 及 лет【阳】①年 Но́вый год 新年 четы́ре вре́мени го́да 一年的四季 ②年岁 Он уже́ в года́х. 他已经上了年岁。③年代，时期 девяно́стые го́ды 20 ве́ка 20 世纪 90 年代

голова́, -ы́, 四格 го́лову, 复 го́ловы, голо́в, голова́м【阴】头 опусти́ть го́лову 低头 челове́к с голово́й 有头脑的人

го́лос, -а (-у), 复 -а́, -о́в【阳】声音，嗓音 лиши́ться го́лоса 嗓子哑了 ре́зкий го́лос 刺耳的声音

голубо́й, -а́я, -о́е【形】天蓝色的，淡蓝色的 голубы́е глаза́ 蓝色的眼睛 голубо́е не́бо 蓝色的天空

гора́, -ы́, 四格 го́ру, 复 го́ры, гор, гора́м【阴】山 идти́ в го́ру 上山 спуска́ться с горы́ 下山

горди́ться, -жу́сь, -ди́шься【未】кем-чем 感到自豪，感到骄傲 горди́ться успе́хами 以成绩自豪

го́рдый, -ая, -ое【形】чем 有自尊心的，感到自豪的；雄伟的 го́рдый успе́х 令人骄傲的成绩

го́ре, -я【中】悲伤，痛苦 заболе́ть с го́ря 忧伤成疾

горизо́нт, -а【阳】地平线，水平线 ли́ния горизо́нта 地平线 Со́лнце на горизо́нте. 太阳在地平线上。

го́рло, -а【中】咽喉，喉咙 Го́рло боли́т. 嗓子疼。сыт по го́рло 吃得极饱

го́род, -а, 复 -а́, -о́в【阳】城市 за́ го́родом 在郊外 промы́шленный го́род 工业城市

городско́й, -а́я, -о́е【形】城市的，市区的 городско́е хозя́йство 市政事业 городско́й жи́тель 市民

го́рький, -ая, -ое【形】①苦的 го́рькое лека́рство 苦药 ②痛苦的，困苦的 го́рький смех 苦笑

горя́чий, -ая, -ее【形】热的，烫的 горя́чий чай 热茶

го́спиталь, -я【阳】医院，病院（多指军医院） попа́сть хиру́ргом в полеву́ю го́спиталь 进野战医院当外科医生

господи́н, -а, 复 господа́, госпо́д, поспода́м【阳】先生 господи́н мини́стр 部长先生

гости́ница, -ы【阴】旅馆，宾馆，饭店 останови́ться в гости́нице 在宾馆住下

гость, -я, 复 -и, -е́й【阳】客人，来宾 идти́ в го́сти 到……家去做客 быть в гостя́х 做客

госуда́рственный, -ая, -ое【形】国家的，国营的，国立的，国务的 госуда́рственный флаг 国旗 госуда́рственный герб 国徽 госуда́рственний университе́т 国立大学

госуда́рство, -а【中】国家 грани́цы госуда́рства 国界

гото́вить, -влю, -вишь【未】заготовить, подгото́вить 及 сто́твить【完】кого-что ①准备 гото́вить ученика́ к экза́мену 帮助学生准备考试 ②培养 Техни́ческий вуз гото́вит ка́дры для разли́чных о́траслей промы́шленности. 工科大学为各个工业部门培养人才。③预备，预习 гото́вить уро́ки 准备功课 ④做饭，做菜 гото́вить обе́д 做饭

гото́виться, -влюсь, -вишься【未】к чему 准备，预备 гото́виться к ле́кции 准备讲座 гото́виться в аспиранту́ру 准备考研究生

гото́в, -а, -о, -ы【短尾】准备 Я гото́в отве́тить на вопро́сы. 我准备回答问题。

гра́дус, -а【阳】①（角或弧的）度 у́гол в 60 гра́дусов 60 度角 ②（温度或体温的）度 моро́з 10 гра́дусов 零下 10℃ пять гра́дусов тепла́ 零上 5℃

граждани́н, -а, 复 гра́ждане, гра́ждан【阳】公民 долг граждани́на 公民的职责

гражда́нский, -ая, -ое【形】①民事的 гражда́нское де́ло 民事 гражда́нский брак 同居婚姻 ②非军用的，民用的 гражда́нская авиа́ция 民航

гражда́нство, -а【中】国籍

грамм, -а【阳】克 сто гра́ммов сли́вочного ма́сла 100 克奶油

граммáтика, -и【阴】语法 рýсская граммáтика 俄语语法

граница, -ы【阴】①界线,交界线 на границе двух эпóх 世纪之交 ②国界 госудáрственная граница 国境线 находиться за границей 在国外 уéхать за границу 出国 вернýться из-за границы 从国外回来

граничить, -чу, -чишь【未】с кем-чем 与……为邻

грипп, -а【阳】流行性感冒 вирусный грипп 病毒性感冒

грóмкий, -ая, -ое【形】大声的,高声的 грóмкий гóлос 大声

грóмко【副】大声地

грýппа, -ы【阴】①一群,一批 грýппа специалистов 一批专家 ②组,班,队 грýппа учáщихся 一班学生

грýстный, -ая, -ое【形】感到忧愁的,忧郁的 грýстный взгляд 忧郁的目光

грýстно【副】忧郁地

грязный, -ая, -ое【形】泥泞的 грязная дорóга 泥泞的道路

грязно【副】脏地

грязь, -и, о грязи, в грязи【阴】泥泞,污垢 На дворé грязь. 院子里尽是泥。

губá, -ы́, 复 гýбы, губ, -áм【阴】唇,嘴唇 сжать гýбы 紧闭嘴唇

гуманитáрный, -ая, -ое【形】人文的 гуманитáрные наýки 人文科学

гулять, -яю, -яешь【未】погулять【完】散步,漫步 гулять с детьми 带着孩子们散步

Д

да【语】是的,不错

давáть, даю́, даёшь【未】дать, дам, дашь, даст, дадим, дадите, дадут【完】что кому 给;让给 дать дéньги дéтям 给孩子们钱

давнó【副】很久以前;很早 Он давнó вернýлся. 他回来很久了。

дáже【语】甚至 Дáже дéти это понимáют. 这个连小孩都明白。

далёкий, -ая, -ое【形】远的,远距离的,长途的 далёкие гóры 远山 далёкое бýдущее 遥远的未来

далекó【副】远 сидéть далекó от сцéны 坐得离舞台很远 Тише éдешь, дáльше бýдешь. 宁静致远。

дарить, дарю́, дáришь【未】подарить【完】что кому 赠送,送 подарить дрýгу книгу в подáрок 送给朋友书做礼物 подарить дóчери кýклу ко дню рождéния 女儿生日送她一个洋娃娃

дáта, -ы【阴】日期,日子 исторические дáты 具有历史意义的日子

два, двух【数】两个 два человéка 两个人 две дóчери 两个女儿

двадцáтый, -ая, -ое【数】第二十

двáдцать, -и【数】二十,二十个 Двáдцать раз тебé говорил. 已经对你说了有20次了。

двенáдцатый, -ая, -ое【数】第十二 двенáдцатый год (史) 1812年(指拿破化侵俄战争)

двенáдцать, -и【数】十二,十二个 двенáдцать стýльев 12把椅子

дверь, -и, о двéри, на двéри, 复-и, -éй, -ям【阴】门,门口 стоять в дверях 站在门口 ключ от двéри 门钥匙

двéсти, двухсóт【数】二百,二百个 в двухстáх километрах от гóрода 离城200公里的地方

двигаться, -аюсь, -аешься 或 движусь, движешься【未】двинуться, -нусь, -нешься【完】走动,移动,转动,运动 Земля движется вокрýг Сóлнца. 地球围绕太阳运转。

движéние, -я【中】动,转动 привести что в движéние 使……开动起来 Нет матéрии без движéния и движéния без матéрии. 没有不运动的物质,也没有无物质的运动。

двóйка, -и, 复 二-óек【阴】①(数字)二 ②(成绩分数)两分 получить двóйку по истории 历史得了两分

дворе́ц, -рца́【阳】宫殿 Зи́мний дворе́ц 冬宫 Ле́тний дворе́ц 夏宫 дворе́ц пионе́ров 少年宫

де́вочка, -и, 复二 -чек【阴】女孩子, 小姑娘 де́вочка с больши́ми глаза́ми 长着一双大眼睛的女孩

де́вушка, -и, 复二 -шек【阴】少女, 姑娘 влюби́ться в де́вушку 爱上姑娘

девяно́сто, -а【数】九十, 九十个 за девяно́сто лет кому́ (某人) 90 岁开外了

девятна́дцатый, -ая, -ое【数】第十九

девятна́дцать, -и【数】十九, 十九个

девя́тый, -ая, -ое【数】第九

де́вять, -и́【数】九, 九个

девятьсо́т, девятисо́т【数】九百, 九百个

де́душка, -и, 复二 -шек【阳】(дед 的爱称) 爷爷, 姥爷 Мой де́душка живёт в дере́вне. 我爷爷住在农村。

де́йствие, -я【中】① 行为, 行为 самово́льные де́йствия 擅自行动 ②(机器等的) 转动, 运转 привести́ что в де́йствие 使……运转起来 ③ 作用, 效用 Лека́рство оказа́ло де́йствие. 药物见效了。

дека́брь, -я́【阳】12月 7 декабря́ — годовщи́на на́шей сва́дьбы. 12月7日是我们的结婚纪念日。

дека́н, -а【阳】系主任 дека́н факульте́та ру́сского языка́ и литерату́ры 俄语语言文学系主任

декана́т, -а【阳】系办公室

деклара́ция, -и【阴】宣言, (郑重) 声明 Боло́нская Деклара́ция 博洛尼亚宣言

де́лать, -аю, -аешь【未】сде́лать【完】① что 做, 干, 制造 де́лать станки́ 生产机床 де́лать пода́рок 准备礼物 ② 做, 进行, 完成 де́лать убо́рку 做扫除 ③ кого-что кем-чем 使……成为 де́лать кого помо́щником 使……成为助手

дели́ть, делю́, де́лишь【未】раздели́ть【完】кого-что на что ① 分, 划分, 分类 дели́ть студе́нтов на две гру́ппы 把大学生分成两个班 ② 共享 дели́ть с кем го́ре и ра́дость 与……同甘共苦

дели́ться, делю́сь, де́лишься【未】подели́ться 及 раздели́ться【完】① на что 分成, 划分成 Студе́нты пе́рвого ку́рса деля́тся на три гру́ппы. 一年级的大学生分成三个班。② чем с кем 分享, 分用 дели́ться с кем куско́м хле́ба 与……有饭同吃 ③ чем с кем 交流, 交换 Они́ ча́сто деля́тся ме́жду собо́й о́пытом рабо́ты. 他们经常相互交流工作经验。

де́ло, -а, 复 дела́, дел, дела́м【中】事情, 工作 привы́чное де́ло 习以为常的事 дома́шние дела́ 家事 сиде́ть без де́ла 无所事事

демократи́ческий, -ая, -ое【形】民主的 демократи́ческий строй 民主制度 демократи́ческий стиль рабо́ты 工作的民主作风

демокра́тия, -и【阴】民主 боро́ться за демокра́тию 为民主而斗争

демонстра́ция, -и【阴】游行 первома́йская демонстра́ция 五一节游行

день, дня【阳】① 白昼, 白天 в середи́не дня 在中午, 午间 в пе́рвой полови́не дня 在上午 во второ́й полови́не дня 在下午 ② 一天 В году́ 365 дней. 一年有 365 天。③ 日子, 日期 рабо́чий день 工作日

де́ньги, де́нег, деньга́м【复】钱, 货币 фальши́вые де́ньги 假钞 бума́жные де́ньги 纸币

депута́т, -а【阳】代表 наро́дный депута́т 人民代表 депута́т парла́мента 国会议员

дере́вня, -и, 复 -и, -ве́нь, -вня́м【阴】村, 村庄 жить в ма́ленькой дере́вне 住在小村子里

де́рево, -а, 复 дере́вья, дере́вьев【中】树, 树木, 木料 фрукто́вые дере́вья 果树

держа́ть, держу́, де́ржишь【未】кого-что 拿着, 握着, 咬着 держа́ть ребёнка за́ руку 领着孩子的手

деся́тый, -ая, -ое【数】第十

де́сять, -и́【数】十, 十个 де́сять су́ток 10 昼夜

де́ти, дете́й, де́тям, дете́й, детьми́, о де́тях

【复】儿童，孩子 театр для детей 儿童剧院 книги для детей 儿童读物

детский，-ая，-ое【形】儿童的，孩子的，子女的 детский сад 幼儿园 детский дом 孤儿院 детская больница 儿童医院

детство，-а【中】童年，童年时代 друг детства 童年的朋友

дешёвый，-ая，-ое【形】便宜的，廉价的 дешёвые ткани 便宜的衣料

дёшево【副】便宜地

деятель，-я【阳】活动家 государственный деятель 国务活动家

деятельность，-и【阴】活动，工作 научная деятельность 科研工作

диктант，-а【阳】听写 писать диктант 听写

дискотека，-и【阴】迪斯科

диплом，-а【阳】毕业证书，文凭 получить диплом об окончании института 获得大学毕业证书

директор，-а，复-á，-ов【阳】经理，厂长；(中、小学)校长；院长 директор завода 厂长 директор института славянских языков 斯拉夫语学院院长

дискета，-и【阴】磁盘

длина，-ы【阴】长，长度 меры длины 长度单位

длинный，-ая，-ое【形】长的，长时间的 длинное платье 长裙 длинный зимний вечер 漫长的冬夜

для【前】кого-чего 为，给(某人、某物做某事) учиться для революции 为革命而学习

днём【副】在白天 Днём он не бывает дома. 白天他不常在家。днём с огнём не найти 白天打着灯笼都找不到(指很难得的人或事)

до сдидания【词组】再见

до【前】кого-чего①到，至 от школы до завода всего три километра 从学校到工厂总共三公里②(可与за连用)在……以前 за полчаса до отхода поезда 在火车开车前半小时

добавлять，-яю，-яешь【未】добавить，-влю，-вишь【完】что 添上，增加，增补 добавлять сахар в чай 往茶水里加糖 добавлять соль в суп 往汤里加盐

добиваться，-аюсь，-аешься【未】добиться，-бьюсь，-бьёшься【完】чего (经过努力)达到，得到，获得 добиться успеха 取得成功 добиться цели 达到目的

добрый，-ая，-ое【形】①善心的，善良的 добрый характер 善良的性格②良好的，好的 добрая традиция 好传统 будьте добры 劳驾，费心；借光(请求别人时的客气话)

доволен，-льна，-льно，-льны【短尾】кем-чем 满足 Я доволен работой. 我对工作满意。

договариваться，-аюсь，-аешься【未】договориться，-рюсь，-ришься【完】о чём 谈妥，约定 договориться о месте встречи 商定会见地点

доезжать，-аю，-аешь【未】доехать，-еду，-едешь【完】до чего (驶)到，(乘车、马等)到达 доехать до Шанхая на самолёте 乘飞机抵达上海

дождь，-я【阳】雨 сильный дождь 大雨 Дождь льёт как из ведра. 下着倾盆大雨。

доказывать，-аю，-аешь【未】доказать，-ажу，-ажешь【完】что 证明，证实 доказать свою точку зрения 证明自己的观点

доклад，-а【阳】报告 научный доклад 学术报告 доклад на тему о развитии народного хозяйства 关于发展国民经济的报告

доктор，-а，复-á，-ов【阳】①医生 вызвать доктора на дом 叫医生到家②博士 учёная степень доктора 博士学位 доктор филологических наук 语言学博士

документ，-а【阳】文件 секретный документ 机密文件

должен，-жна，-жно，-жны【短尾】应当，必须，应该 Мы должны учиться у героев. 我们应当向英雄们学习。

долго【副】长时间地

дом，-а(-у)，复-á，-ов【阳】房子 жилой дом 住宅 разойтись по домам 各回各家

дóма【副】在家里 чýвствовать себя́ как дóма 像在家里一样

домáшний, -яя, -ee【形】家庭的, 家常的 домáшние задáния 家庭作业 домáшние делá 家务事

домохозя́йка, -и【阴】家庭主妇

домóй【副】回家 идти́ домóй 回家 порá домóй 该回家了

доноси́ться, -óсится【未】донести́сь, -есётся【完】(声音、气味等)传到, 传来 Из-за реки́ донеслáсь пéсня. 从河对岸传来歌声。

дополня́ть, -ю, -ешь【未】допóлнить, -ню, -нишь【完】что 补充 допóлнить услóвия 补充条件

дорóга, -и【阴】路, 道路 шоссéйная дорóга 公路 дорóга к счастли́вой жи́зни 通往幸福生活之路

дорогóй, -áя, -óе【形】①贵的, 值钱的 дороги́е товáры 昂贵的商品 ②亲爱的, 亲切的 дорогóй друг 亲爱的朋友

дóрого【副】贵地

доскá, -и́, 四格 дóску, 复 дóски, досóк, доскáм【阴】①板, 木板 соснóвая доскá 松木板 ②黑板 Иди́ к доскé. 到黑板前来。

достáточно【副】①足够, 相当 достáточно си́льный 相当有力的 ②(用作谓语) когó-чегó 足够 Для э́того достáточно трёх человéк. 办这事有三个人足够了。

достигáть, -áю, -áешь【未】дости́гнуть, -гну, -гнешь【完】чего ①走到, 到达 дости́гнуть грани́цы 到达边境 ②达到(某种程度、水平) дости́гнуть передовóго мировóго ýровня 达到世界先进水平

достижéние, -я【中】成就, 成绩 новéйшие достижéния 最新成就 достижéния трудá 劳动成果

доходи́ть, -ожý, -óдишь【未】дойти́, дойдý, дойдёшь【完】до когó-чегó ①走到, 到达 дойти́ до стáнции 走到车站 ②达到(某种程度、状态、结果、地步) Морóз дошёл до 30 грáдусов. 冷到零下30℃。

дочь, дóчери, дóчери, дочь, дóчерью, о дóчери, 复 дóчери, дочерéй, дочеря́м, дочерéй, дочерьми́, о дочеря́х【阴】女儿 еди́нственная дочь 独生女 стáршая дочь 大女儿

дрéвний, -яя, -ee【形】古代的, 古时的 дрéвний гóрод 古城

друг, -a, 复 друзья́, друзéй【阳】朋友 сердéчный друг 知心朋友

другóй, -áя, -óе【形】①别的, 另外的, 不同的 на другóм мéсте 在不同的地方 ②其次的, 第二的 на другóй день 在第二天

дрýжба, -ы【阴】友谊, 友情 способствовать дрýжбе нарóдов двух стран 促进两国人民的友谊 Дрýжба — дрýжбой, слýжба — слýжбой. 交情归交情, 公事归公事。

дружи́ть, -жý, -жи́шь【未】с кем 交好, 要好 Они́ дружи́ли с дéтства. 他们自幼交好。

дрýжно【副】友好地

дрýжный, -ая, -ое【形】友好的, 和睦的 дрýжный коллекти́в 和睦的集体

дýма, -ы【阴】杜马

дýмать, -аю, -аешь【未】подýмать【完】о ком-чём или над чем 想, 想念, 思索 дýмать о боевы́х друзья́х 怀念战友 дýмать над вопрóсом 思考问题

душ, -a【阳】淋浴, 淋浴器, 莲蓬头 приня́ть душ 洗淋浴 включи́ть душ 打开淋浴

дыша́ть, дышý, ды́шишь【未】чем 呼吸 дыша́ть свéжим вóздухом 呼吸新鲜空气

дя́дя, -и, 复二 -ей【阳】伯父, 叔父, 舅父, 姑父, 姨父 Я с шести́ лет жил у дя́ди, стáршего брáта моегó отцá. 我从六岁起就住在伯父家。

Е

Еврóпа, -ы【阴】欧洲 путешéствовать по Еврóпе 欧洲旅行

европéйский, -ая, -ое【形】欧洲的 европéйская история 欧洲历史

его【代】他的，它的 его семья 他的家 его вещи 他的东西

еда, -ы【阴】食物，食品，吃的东西 вкусная еда 美味食品 мыть руки перед едой 饭前洗手

единственный, -ая, -ое【形】唯一的 единственная надежда 唯一的希望 единственный в семье ребёнок 家中仅有的一个孩子

единый, -ая, -ое【形】统一的，一致的 единый план 统一的计划 единая учебная программа 统一的教学大纲

её【代】她的，它的 её платье 她的连衣裙 её адрес 她的地址

ездить, езжу, ездишь【未】①乘(车、船等)来去，骑(马)来去 ездить на выставку 去参观展览②(使用交通工具)经常到(某处) ездить в театр 常去剧院

ёлка, -и, 复二 ёлок【阴】枞树，枞树游艺会 быть на ёлке 参加枞树游艺会

если【连】①如果，假如，要是 Если враг не сдаётся, его уничтожают. 如果敌人不投降，就叫他灭亡。②(用于插入句中)如果，假如 если можно так сказать 如果可以这么说的话

естественный, -ая, -ое【形】自然的，天然的 естественные богатства 天然资源 естественные науки 自然科学

есть¹, ем, ешь, ест, едим, едите, едят【未】съесть【完】кого-что 吃东西，咬，啃 есть с аппетитом 吃得很香 есть суп ложкой 用匙喝汤

есть²【动】①是(系词 быть 的现在时) Физика есть наука о строении, общих свойствах и законах движения материи. 物理学是一门研究物质结构、物质一般性能和物质运动规律的科学。②存在，有 У меня есть словарь. 我有一本词典。

ежегодно【副】每年

ежедневно【副】每天

ехать, еду, едешь【未】①乘，骑 ехать на поезде 乘火车②开着，行驶 Поезд едет. 火车在行驶。

ещё【副】还，再 Читайте ещё раз. 再读一遍。

Ж

жалеть, -ею, -еешь【未】пожалеть【完】кого-что 或 кого-чего①怜悯，怜惜 жалеть сирот 怜悯孤儿②爱惜，珍惜；舍不得，吝惜 не жалеть сил 全力以赴地

жаль【副】①кого-что 或 кого-чего 可怜 жаль сирот 可怜孤儿②感到可惜，感到遗憾 Жаль, что он не приехал. 他没有来真是遗憾。

жаркий, -ая, -ое【形】热的，炎热的 жаркая баня 烧得很热的浴池 жаркая погода 热天气

жарко【副】热 Солнце печёт жарко. 太阳火热地烤着。

ждать, жду, ждёшь【未】кого-что 或 кого-чего 等候 ждать друзей 等朋友们 Я буду ждать его, пока он не вернётся. 我要等到他回来。

же【语】到底，究竟

желать, -аю, -аешь【未】пожелать【完】①чего 希望，想 желать свободы и счастья 渴望自由和幸福 Желаю, чтобы ты как можно скорее вернулся. 我希望你能尽快回来。②кому-чему чего 祝愿 Желаю вам всего хорошего. 祝您一切都好。

жёлтый, -ая, -ое【形】黄色的，黄的 жёлтые листья 黄叶

жена, -ы, 复 жёны, жён, жёнам【阴】妻子 изменять жене 对妻子不忠 развестись с женой 和妻子离婚

жениться, женюсь, женишься【未/完】на ком (男子)结婚，娶妻 жениться на чьей племяннице 同……的侄女结婚

женский, -ая, -ое【形】妇女的，女子的，女用的 женский туалет 女洗手间 Международный женский день 国际妇女节

женщина, -ы【阴】妇女，女人 замужняя жёнщина 已嫁的女人

жив, -á, -о, -ы【短尾】活着 Бабушка ещё жива. 奶奶还活着。

живой, -áя, -óе【形】活的,有生命的 живáя рыба 活鱼

жи́вопись, -и【阴】绘画

живо́тное, -ого【中】动物 дома́шние живо́тные 家畜

жизнь, -и【阴】①生命 На Луне́ нет жи́зни. 在月球上没有生命。②生活 счастли́вая жизнь 幸福的生活

жи́тель, -я【阳】居民,住户 жи́тель се́вера 北方居民

жить, живу́, живёшь【未】生活,生存 Он жил со́рок лет. 他活了40岁。

журна́л, -а【阳】杂志 журна́л мод 时装杂志

журнали́ст, -а【阳】新闻工作者,新闻记者 пресс-конфере́нция для кита́йских и иностра́нных журнали́стов 中外新闻记者招待会

З

за【前】Ⅰ кем-чем①位于……的外面、后面 учи́ться за грани́цей 在国外学习②(坐在、站在)……旁 сиде́ть за обе́дом 坐着吃午饭③跟随,尾随 Иди́ за мной! 跟我走! ④(时间次序上)挨着……За весно́й наступа́ет ле́то. 春天过后夏天来临。⑤在(做某事)的同时 За стака́ном ча́я мы успе́ли переговори́ть обо всём. 喝茶时我们什么都谈了。⑥对……(注意、观察) следи́ть за хо́дом де́ла 注意事态的发展⑦谋求,谋取 идти́ за гриба́ми 去取蘑菇 Ⅱ кого-что①在……外面,越出……界线 уе́хать за грани́цу 出国②(坐到、站到)……旁 сесть за стол 坐在桌旁③超过某一限度、程度 Моро́з за два́дцать гра́дусов. 冷到零下20℃以下。

заболева́ть, -áю, -áешь【未】заболе́ть, -éю, -éешь【完】чем 生病,害病 заболе́ть гри́ппом 得了感冒

забо́та, -ы【阴】①操心,操劳 облегчи́ть дома́шние забо́ты 减轻家务负担②о ком-чём 关心,关怀 забо́та о жи́зни наро́да 关心人民生活

забо́титься, -чусь, -тишься【未】позабо́титься【完】о ком-чём 关心,关怀;关照,照顾 забо́титься о роди́телях 关心父母

зави́сеть, -и́шу, -и́сишь【未】от кого-чего 依附,依赖,取决于 Цена́ това́ра зави́сит от его́ ка́чества. 商品是按其质量定价。

заво́д, -а【阳】工厂 автомоби́льный заво́д 汽车制造厂 рабо́тать на заво́де 在工厂工作

задодско́й, -áя, -óе【形】工厂的

завоёвывать, -аю, -аешь【未】завоева́ть, -ою́ю, -ою́ешь【完】кого-что 征服 завоева́ть страну́ 征服国家

за́втра【副】明天 За́втра я уе́ду. 我明天走。

за́втрак, -а【阳】早餐 гото́вить за́втрак 做早饭

за́втракать, -аю, -аешь【未】поза́втракать【完】吃早饭 Когда́ вы за́втракаете? 你们什么时候吃早饭?

задава́ть, -даю́, -даёшь【未】зада́ть, -да́м, -да́шь, -да́ст, -дади́м, -дади́те, -даду́т【完】что кому 提出,给予 зада́ть вопро́с 提出问题 зада́ть ученика́м дома́шние зада́ния 给学生留家庭作业

зада́ние, -я【中】①任命,使命 произво́дственное зада́ние 生产任务②课题,作业 проверя́ть дома́шние зада́ния 检查家庭作业

зада́ча, -и【阴】①任务 полити́ческая зада́ча 政治任务②习题 зада́ча по а́лгебре 代数习题

заезжа́ть, -áю, -áешь【未】зае́хать, -е́ду, -е́дешь【完】(乘车)顺路去,顺便到(某处) зае́хать к дру́гу 顺路去朋友那里

зака́зывать, -аю, -аешь【未】заказа́ть, -ажу́, -а́жешь【完】что 订做,订购,订制 заказа́ть обе́д 订餐 заказа́ть костю́м 订做衣服

заинтересова́ться【完】чем 对……感兴趣 интересова́ться поли́тикой 对政治感兴趣

зака́нчивать, -аю, -аешь【未】зако́нчить, -чу,

-чишь【完】что 完成，结束 зако́нчить рабо́ту 做完工作 зако́нчить разгово́р 结束谈话

заключа́ть, -а́ю, -а́ешь【未】заключи́ть, -чу́, -чи́шь【完】кого-что 签订，订立 заключа́ть догово́р 签订合同 заключа́ть соглаше́ние 签订协议

зако́н, -а【阳】法律，法令 Конститу́ция — основно́й зако́н. 宪法是根本大法。

закрича́ть, -чу́, -чи́шь【完】开始叫喊起来 закрича́ть от бо́ли 痛得叫起来

закрыва́ть, -а́ю, -а́ешь【未】закры́ть, -ро́ю, -ро́ешь【完】кого-что 盖上，关上 закры́ть сунду́к 盖上箱子盖 закры́ть во́ду 关上水

зал, -а【阳】大厅 а́ктовый зал 大礼堂 зал ожида́ния 候车室，候机室

заменя́ть, -ю, -ешь【未】замени́ть, -ню́, -ни́шь【完】кого-что 代替

замеча́тельный, -ая, -ое【形】出色的，卓越的，非常好的 замеча́тельное молодо́е поколе́ние 出色的青年一代

замеча́ть, -а́ю, -а́ешь【未】заме́тить, -чу, -тишь【完】кого-что 看到，发现 заме́тить недоста́тки в рабо́те 发现工作中的缺点

замолча́ть, -чу́, -чи́шь【完】停止说话，沉默起来 Все замолча́ли. 大家都沉默起来。

за́муж【副】出嫁 вы́йти за́муж за кого 出嫁，嫁给(谁)

за́мужем【副】за кем 已出嫁 Она́ за́мужем за лётчиком. 她嫁给了飞行员。

занима́ться, -а́юсь, -а́ешься【未】заня́ться, займу́сь, займёшься【完】①чем 着手做(某事)，开始做，从事 занима́ться спо́ртом 从事体育运动②学习，工作 занима́ться в библиоте́ке 在图书馆学习

заня́тие, -я【中】①工作；学习 часы́ заня́тий 办公时间 расписа́ние заня́тий 课程表②事情，工作，职业 род заня́тий 职业，行业

за́нят, -ята́, -ято, -яты【短尾】чем 有事，没有空，(东西)被人占用着 за́нятое вре́мя 忙碌的时间 Дире́ктор за́нят дела́ми. 经理很忙。

за́пад, -а【阳】①西方，西，西部 определи́ть по ко́мпасу за́пад 依据指南针确定西方方向②西方国家 иску́сство За́пада 西方的艺术

за́падный, -ая, -ое【形】①西方的，西部的 за́падная грани́ца 西部边界②西欧的，西方的 за́падная литерату́ра 西方文学

за́пах, -а (-у)【阳】气味 вещество́ без за́паха 无味物质

запи́сывать, -аю, -аешь【未】записа́ть, -ишу́, -и́шешь【完】кого-что 记录下来，做笔记 записа́ть свои́ мы́сли 把自己的想法记下来

запла́кать, -а́чу, -а́чешь【完】哭起来，开始哭 запла́кать от бо́ли 由于疼痛而哭起来

заполня́ть, -я́ю, -я́ешь【未】запо́лнить, -ню, -нишь【完】что 填写 заполня́ть бланк 填表

запомина́ть, -а́ю, -а́ешь【未】запо́мнить, -ню, -нишь【完】кого-что 记住，记牢 Я запо́мнил э́то стихотворе́ние сло́во в сло́во. 我逐字地背会了这首诗。

запреща́ть, -а́ю, -а́ешь【未】запрети́ть, -ещу́, -ети́шь【完】кому 不准做(某事)，禁止 запрети́ть кури́ть 禁止吸烟 Вход посторо́нним запрещён. 闲人免进。

запуска́ть, -а́ю, -а́ешь【未】запусти́ть, -ущу́, -у́стишь【完】кого-что①投，掷 запуска́ть ка́мень в соба́ку 投石打狗②发射，放射，开动 запусти́ть иску́сственный спу́тник Земли́ 发射人造地球卫星

зараба́тывать, -аю, -аешь【未】зарабо́тать, -аю, -аешь【完】что 挣钱，赚钱 зарабо́тать себе́ кусо́к хле́ба свои́м трудо́м 靠自己劳动谋生

зара́нее【副】事先，预先 зара́нее угада́ть 事先预料到

зарпла́та, -ы【阴】工资 получи́ть зарпла́ту 领工资 вы́дать зарпла́ту 发工资 жить на зарпла́ту 靠工资生活

зарубе́жный, -ая, -ое【形】国外的 зарубе́жные го́сти 外宾

засмея́ться, -ею́сь, -еёшься【完】笑起来 Они́ засмея́лись. 他们大笑起来。

зате́м【副】以后, 随后, 后来 Снача́ла мы порабо́таем, а зате́м поговори́м. 我们先工作, 然后再谈。

заходи́ть, -ожу́, -о́дишь【未】зайти́, -йду́, -йдёшь【完】顺便去 По́сле собра́ния зайди́те ко мне. 会后请到我这儿来一趟。

заче́м【副】为什么 Я не зна́ю, заче́м пришёл он. 我不知道他为什么来。

зачёт, -а【阳】(大学成绩) 测验; 考查 сдава́ть зачёт 参加考查 экза́мен и зачёт 考试和考查

защи́та, -ы【阴】保卫, 捍卫 защи́та свобо́ды и незави́симости 维护自由与独立 защи́та суверените́та 保卫主权 защи́та до́кторской диссерта́ции 博士论文答辩 Междунаро́дный день защи́ты дете́й 国际儿童节

защища́ть, -а́ю, -а́ешь【未】защити́ть, -ищу́, -ити́шь【完】кого-что от чего ①保卫, 保护 защити́ть го́род от враго́в 保护城市防止敌人侵犯 защити́ть свою́ то́чку зре́ния 捍卫自己的观点 ②防护 защити́ть поля́ от за́сухи 护土防旱 ③辩护, 申辩 защища́ть диссерта́цию 学位论文答辩

заявле́ние, -я【中】声明 вы́ступить с заявле́нием 发表声明

звать, зову́, зовёшь【未】позва́ть【完】кого-что 呼唤, 招呼 звать дете́й в ко́мнату 叫孩子们到房间里去 Как его́ зову́т? 他叫什么名字?

звезда́, -ы́, 复 звёзды, звёзд, -ам【阴】星 поля́рная звезда́ 北极星 кра́сный флаг с пятью́ звёздами 五星红旗

зверь, -я, 复 -и, -е́й, -я́м【阳】野兽 пушны́е зве́ри 毛皮兽

звони́ть, -ню́, -ни́шь【未】позвони́ть【完】кому 打电话 звони́ть по телефо́ну друзья́м 给朋友们打电话

звоно́к, -нка́【阳】钟声, 铃声 Разда́лся звоно́к. 铃响了。

звук, -а【阳】声音, 响声 ре́зкий звоно́к 刺耳的声音

звуча́ть, -чи́т【未】прозвуча́ть【完】发出声音 На ле́стнице звуча́т знако́мые шаги́. 楼梯上响起熟悉的脚步声。

зда́ние, -я【中】建筑物 зда́ние в пять этаже́й 五层大楼

здесь【副】在这里 Живу́ здесь давно́. 我住在这里很久了。

здоро́ваться, -аюсь, -аешься【未】поздоро́ваться【完】问好, 打招呼 ве́жливо здоро́ваться 彬彬有礼地打招呼

здоро́в, -а, -о, -ы【短尾】健康 Оте́ц здоро́в. 父亲很健康。

здоро́вый, -ая, -ое【形】健康的 Он до́лго боле́л, а тепе́рь здоро́в. 他病了很久, 可是现在很健康。

здра́вствуйте【命令式】您好; 你们好

зелёный, -ая, -ое【形】绿的, 绿色的 зелёная трава́ 青草 зелёный чай 绿茶

землетрясе́ние, -я【中】地震 пострада́ть от землетрясе́ния 因地震遭灾

земля́, -и́, 四格 зе́млю, 复 зе́мли, земе́ль, зе́млям【阴】①地球 происхожде́ние Земли́ 地球的起源 ②田地, 土地 обраба́тывать зе́млю 耕地

зе́ркало, -а, 复 -ала́, -а́л, -ала́м【中】镜子 смотре́ть в зе́ркало 照镜子

зима́, -ы́, 四格 зи́му, 复 зи́мы, зим, зи́мам【阴】冬季, 冬天 суро́вая зима́ 严冬 Ско́лько лет, ско́лько зим! 久违了!

зи́мний, -яя, -ее【形】冬季的, 冬天的 зи́мние кани́кулы 寒假 Зи́мний дворе́ц 冬宫

зимо́й【副】在冬天 Зимо́й у нас быва́ет си́льный моро́з. 我们这里冬天很冷。

злой, -а́я, -о́е【形】恶的, 凶的 злой от приро́ды хара́ктер 天生凶恶的性情

знако́м, -а, -о, -ы【短尾】кому 或 с чем 熟悉, 了解 Э́тот челове́к мне не знако́м. 这个人我不认识。Я знако́м с литерату́рой Кита́я. 我了解中国文学。

знако́миться, -млюсь, -мишься【未】познако́миться【完】с кем-чем① 与……结识，相识 познако́миться с това́рищем 和同学结识② 了解，熟悉 познако́миться с обстано́вкой 了解情况

знако́мый, -ая, -ое【形】① кому 熟悉的 знако́мый нам вопро́с 我们所熟悉的问题 знако́мый мне го́лос 我熟悉的声音② с кем-чем 经历过的，见识过的，对……有所了解的，熟悉……的 кри́тик, знако́мый с иностра́нной литерату́рой 了解外国文学的评论家

знамени́тый, -ая, -ое【形】有名的，著名的 знамени́тая кни́га 名著 знамени́тое выраже́ние 名言

зна́ние, -я【中】① 知道，了解；(对事物的)认识 зна́ние зако́нов разви́тия 知晓发展规律② 知识 зна́ния по хи́мии 化学知识 Зна́ние — си́ла. 知识就是力量。

знать, -а́ю, -а́ешь【未】кого-что 或 о ком-чём 知道，了解 знать результа́т 知道结果 Я об э́том ничего́ не знал. 关于这个我一无所知。

значе́ние, -я【中】意义，意思 име́ть ра́зные значе́ния 具有不同的涵义

зна́чить, -чу, -чишь【未】что 含有……的意义，意思是……，表明，说明 Что э́то зна́чит? 这是什么意思？Кра́сный свет зна́чит е́хать нельзя́. 红灯表示不能通行。

зо́лото, -а【中】金，金子 чи́стое зо́лото 纯金 добы́ть зо́лото 采金

золото́й, -а́я, -о́е【形】金的，金子做的 золото́е кольцо́ 金戒指 золота́я о́сень 金色的秋天

зонт, -а́【阳】雨伞

зо́нтик, -а【阳】伞，雨伞 зо́нтик от со́лнца 阳伞

зоопа́рк, -а【阳】动物园 идти́ в зоопа́рк 去动物园

зри́тель, -я【阳】观看的人，观众 театра́льные зри́тели 剧院的观众

зуб, -а【阳】牙齿 чи́стить зу́бы 刷牙

И

и【连】① 并，和 дру́жба и еди́нство наро́дов 各民族间的友谊和团结② 于是 Контра́кт был подпи́сан, и они́ приняли́сь за рабо́ту. 合同已签订，于是他们着手工作了。③ 因此 Всю ночь шёл снег, и у́тром на дворе́ всё ста́ло бе́лым. 下了一夜雪，次日清晨外边一片雪白。④ 然而，可是 Все о́кна бы́ли откры́ты, и всё-таки бы́ло ду́шно. 窗户全开着，可还是闷得慌。

игра́, -ы́, 复 и́гры【阴】① 游戏 де́тская игра́ 儿童游戏② 比赛 Олимпи́йские и́гры 奥运会

игра́ть, -а́ю, -а́ешь【未】сыгра́ть【完】① 游戏 Де́ти игра́ют в саду́. 孩子们正在花园里玩。② во что 打球，竞技 игра́ть в ша́хматы 下象棋 игра́ть в волейбо́л 打排球③ на чём 演奏，扮演 игра́ть на роя́ле 弹钢琴

игру́шка, -и, 复二 -шек【阴】玩具 де́тские игру́шки 儿童玩具

иде́я, -и【阴】① 思想，观念 передовы́е иде́и 先进思想② 主意，念头，想法 Ему́ в го́лову пришла́ иде́я. 他有了一个念头。У меня́ иде́я. 我有一个主意。

идти́, иду́, идёшь【未】① 走，行走 идти́ пешко́м 步行② 去(做某事) идти́ в го́сти 去做客③ 移动，行驶 По́езд бы́стро идёт на юг. 火车迅速向南方驶去。④ 进行，运转；降落(指雨、雪等) Дождь идёт. 下着雨。⑤ 上演 Иду́т но́вые фи́льмы. 上演新电影。⑥ кому 合适，合身(指衣服、帽子等)；相称 Вам о́чень иду́т коро́ткие во́лосы. 您留短发很合适。Ей идёт пла́тье голубо́го цве́та. 她穿天蓝色衣服合适。

из/изо【前】кого-чего① 从，自，由 вы́йти из ко́мнаты 从房间里出来 вы́йти из терпе́ния 忍不住② 指出消息、材料、印象的来源 узна́ть из письма́ 从信中得知③ ……之中的，其中的 Кто из вас зна́ет? 你们当中谁知道？

④用……制成的 Эта чашка сделана из пластмассы. 这个碗是塑料做的。⑤由……组成 букет из роз 玫瑰花束 ⑥（表示某人、某物）发展、演变成为 Из него выйдет музыкант. 他将成为一个音乐家。

избирать, -аю, -аешь【未】избрать, -беру, -берёшь【完】① кого-что кем-чем 选择，挑选 избрать химию своей специальностью 选择化学作为自己的专业 ② кого 选举 иметь право избирать и быть избранным 有选举权与被选举权

известный, -ая, -ое【形】кому-чему 著名的 известный всей стране художник 全国著名的画家

извините【命令式】对不起

издавать, -даю, -даёшь【未】издать, -ам, -ашь, -аст, -адим, -адите, -адут【完】кого-что 出版 издавать А. С. Пушкина 出版普希金的作品 издать собрание сочинений писателя 出版作家文集

издание, -я【中】① 出版；颁布 издание полного собрания сочинений Лу Синя 出版鲁迅全集 ② 出版物 список изданий 出版物目录

из-за【前】кого-чего ① 从……后面，从……那边；从……旁边 вернуться из-за границы 从国外归来 ②（一般与 встать, подняться 等词语连用）表示从某物后面的座位上站起来 встать из-за стола 从桌旁座位上站起来 ③ 由于，因为 отсутствовать из-за болезни 因病缺席

излагать, -ю, -ешь【未】изложить, -жу, -жишь【完】что 讲述 излагать историю 讲故事

изложение, -я【中】叙述，讲述 краткое изложение 简述

изменение, -я【中】改变，变化 изменение расписания занятий 课程表的变化

изменять, -яю, -яешь【未】изменить, -еню, -енишь【完】кого-что 更改，改变 изменять старые обычаи и нравы 移风易俗

изменяться, -яюсь, -яешься【未】измениться, -енюсь, -енишься【完】改变，起变化 Его взгляды на жизнь совершенно изменились. 他对生活的看法完全改变了。

изображать, -аю, -аешь【未】изобразить, -ажу, -азишь【完】кого-что 画出 изображать море 画大海

изучать, -аю, -аешь【未】изучить, -учу, -учишь【完】кого-что 学习；学会，掌握 изучать иностранный язык 学习外语 изучать военную историю 学习军事史

или【连】① 或，或者，还是 Или вы придёте ко мне, или я зайду за вами. 或者您到我这儿来，或者我去找您。② 以及，或者 ботаника, или наука о растениях 植物学，或者说关于植物的科学 ③ 也就是 Вчера вечером Иван Иванович, или директор школы, прочитал доклад. 伊万·伊万诺维奇，也就是校长，昨晚做了一个报告。

иметь, -ею, -еешь【未】кого-что 有 иметь дом 有房子

иметься, -еется【未】有 При университете имеется средняя школа. 大学有一所附属中学。

имя, имени, 复 имена, имён, именам【中】名字，名称 имя и отчество 名和父亲 имя первого космонавта 第一位宇航员的名字

инженер, -а【阳】工程师 главный инженер 总工程师 Учитель — инженер человеческих душ. 教师是人类灵魂的工程师。

иногда【副】有时 Он иногда бывает у нас. 他有时到我们这儿来。

иностранец, -нца【阳】外国人 обучение иностранцев китайскому языку 教外国人汉语

иностранный, -ая, -ое【形】外国的 иностранный язык 外语 иностранная валюта 外币

институт, -а【阳】学院,（科学院的）研究所 политехнический институт 工学院 медицинский институт 医学院 педагогический институт 师范学院 научно-исследовательский институ́т 科学研究所

инструме́нт, -а【阳】①工具,器械,仪器 измери́тельный инструме́нт 测量仪器,量具 ②乐器 музыка́льный инструме́нт 乐器

интере́с, -а【阳】①к чему 兴趣,趣味 прояви́ть огро́мный интере́с к нау́ке 对科学表现出极大的兴趣 чита́ть с больши́м интере́сом 津津有味地读 ②利益 подчиня́ть свои́ ли́чные интере́сы интере́сам коллекти́ва 让个人利益服从集体利益

интере́сно【副】①有趣地,有意思地 интере́сно расска́зывать 讲得有趣 ②(无人称句中用作谓语)很感兴趣,很有趣 На ве́чере бы́ло интере́сно. 晚会开得很有意思。

интере́сный, -ая, -ое【形】有兴趣的,有意思的 интере́сный расска́з 有趣的故事

интересова́ть, -су́ю, -су́ешь【未】кого 使感兴趣,引起兴趣 Меня́ интересу́ет ва́ше мне́ние. 我很想知道您的意见。

интересова́ться, -су́юсь, -су́ешься【未】заинтересова́ться【完】кем-чем 对……感兴趣 интересова́ться исто́рией 对历史感兴趣

информа́тика, -и【阴】信息学

информа́ция, -и【阴】①通知,报道,通报 официа́льная информа́ция 官方消息 газе́тная информа́ция 报纸上的报道 ②信息 тео́рия информа́ции 信息论

иска́ть, ищу́, и́щешь【未】кого-что 寻找 иска́ть рабо́ту 找工作

исключа́ть, -а́ю, -а́ешь【未】исключи́ть, -чу́, -чи́шь【完】кого-что из чего (从名单里)除去,取消,开除 исключи́ть кого из кружка́ 把……从小组里开除出去 исключа́ть и́мя из спи́ска 从名单中除名

исключе́ние, -я【中】开除

иску́сственный, -ая, -ое【形】人工的,人造的 иску́сственный алма́з 人造金刚石 иску́сственный спу́тник Земли́ 人造地球卫星

иску́сство, -а【中】艺术 литерату́ра и иску́сство 文学和艺术

исполня́ть, -я́ю, -я́ешь【未】испо́лнить, -ню, -нишь【完】что 履行,执行,实现 исполня́ть обя́занности 履行职责 исполня́ть обеща́ние 履行诺言

исправля́ть, -я́ю, -я́ешь【未】испра́вить, -влю, -вишь【完】что 修理,改正 исправля́ть мото́р 修理发动机 исправля́ть вину́ 改正过错

иссле́дование, -я【中】研究,调查 иссле́дование вопро́сов 研究问题 нау́чное иссле́дование 科学研究

иссле́дователь, -я【阳】研究者

иссле́довать, -дую, -дуешь【未】что 研究 иссле́довать исто́рию 研究历史

истори́ческий, -ая, -ое【形】历史的 истори́ческий факульте́т 历史系

исто́рия, -и【阴】①历史 исто́рия Кита́я 中国史 дре́вняя исто́рия 古代史 ②故事 расска́зывать исто́рию 讲故事

истра́чивать, -ю, -ешь【未】истра́тить, -чу, -тишь【完】кого-что 花费,耗费 истра́тить де́ньги на кни́ги 花钱买书

их【代】他们的,她们的,它们的 на их ли́цах 在他们的脸上

июль, -я【阳】七月 в ию́ле 在七月

ию́нь, -я【阳】六月 в ию́не 在六月

К

к【前】кому-чему ①向,朝,往;到 плыть от о́строва к о́строву 从一个岛游向另一个岛 ②快到……时候 верну́ться к обе́ду 午饭前回来 ③靠近,附加,紧贴上 лицо́м к лицу́ 面对面 плечо́м к плечу́ 肩并肩 ④(指出某些动作所及的对象)对,向 прислу́шаться к сове́там друзе́й 倾听朋友的劝告 ⑤(表示隶属等)对于 любо́вь к наро́ду 对人民的爱

кабине́т, -а【阳】办公室,书房 кабине́т дека́на 系主任办公室

ка́ждый, -ая, -ое【形】①每,每一,每一个 ка́ждый день 每天 ②(用作名词)每个人 Ка́ждому изве́стно, что... 人人都知道……

каза́ться, кажу́сь, ка́жешься【未】показа́ться【完】①кем-чем 有……的样子,样子是……,好像 каза́ться бо́дрым 看起来精力充沛 каза́ться моло́же свои́х лет 显得比实际年龄年轻 ②кому 觉得,感到,以为 Мне ка́жется, что я вас где́-то ви́дел. 我觉得,我在什么地方见过您。

казни́ть, -ню́, -ни́шь【未】кого 处决,处……以死刑 казни́ть престу́пника 处以罪犯死刑

казнь, -и【阴】死刑,极刑 приговори́ть его́ к сме́ртной ка́зни 判处他死刑

как【副】怎样,如何,怎么 Как пройти́ на вокза́л? 去火车站怎么走?

како́й, -а́я, -о́е【代】什么样的,怎么样的,如何的 Каку́ю рабо́ту зада́ли на́ дом? 留了什么家庭作业?

календа́рь, -я́【阳】日历 насто́льный календа́рь 台历

ка́мень, -мня, 复-мни, -мне́й【阳】石头 стена́ из ка́мня 石墙

кани́кулы, -ул【复】假期 зи́мние кани́кулы 寒假 ле́тние кани́кулы 暑假

каранда́ш, -а́【阳】铅笔 автомати́ческий каранда́ш 自动铅笔

ка́рта, -ы【阴】地图 ка́рта ми́ра 世界地图

карти́на, -ы【阴】画;图画 карти́на ру́сских худо́жников 俄罗斯画家的绘画

карто́фель, -я【阳】马铃薯,土豆 блю́до из карто́феля 用土豆做的菜

ка́сса, -ы【阴】出纳处、收款处,售票处 заплати́ть де́ньги в ка́ссу 到收款处付款

кассе́та, -ы【阴】磁带

касси́р, -а【阳】出纳员,售票员

кастрю́ля, -и【阴】平底锅

ката́ться, -а́юсь, -а́ешься【未】游玩,骑 ката́ться на ло́дке 划船 ката́ться на конька́х 溜冰

кафе́【中,不变】咖啡馆 кафе́-моро́женое 咖啡冷饮厅 Интерне́т-кафе́ 网咖

ка́чество, -а【中】质量,质地 ка́чество проду́кции 产品质量

кварти́ра, -ы【阴】住宅,寓所,套房 кварти́ра в четы́ре ко́мнаты 有四个房间的住房 кварти́ра со все́ми удо́бствами 设备齐全的住房

килогра́мм, -а, 复二-ов【阳】公斤,千克 купи́ть килогра́мм са́хару 买一公斤糖

киломе́тр, -а【阳】公里 По́езд идёт со ско́ростью 100 киломе́тров в час. 火车以每小时100公里的速度行进。

кино́【中,不变】①电影,影片 широкоэкра́нное кино́ 宽银幕影片 ②电影院 Что сего́дня идёт в кино́? 今天电影院演什么电影?

кинотеа́тр, -а【阳】电影院 Кинотеа́тр закры́т на ремо́нт. 电影院装修停业。

кио́ск, -а【阳】售货亭,摊亭 газе́тный кио́ск 报亭

ки́слый, -ая, -ое【形】酸的 ки́слые я́блоки 酸苹果 ки́слые щи 酸白菜汤

класс, -а【阳】①阶级 рабо́чий класс 工人阶级 ②(中小学)年级 ученики́ пе́рвого кла́сса 一年级学生 ③教室 войти́ в класс 走进教室

класть, кладу́, кладёшь【未】положи́ть, -ожу́, -о́жишь【完】кого-что 放,平放 класть кни́гу на по́лку 把书放到书架上 положи́ть что в осно́ву 把……作为基础 положи́ть нача́ло чему́ 为……奠定基础

кли́мат, -а【阳】气候 сыро́й кли́мат 潮湿的气候 морско́й кли́мат 海洋性气候

клуб, -а【阳】俱乐部 рабо́чий клуб 工人俱乐部 спорти́вный клуб 体育俱乐部

ключ, -а́【阳】①от чего 钥匙 ключ от ко́мнаты 房间的钥匙 подобра́ть ключ 选配钥匙 ②к чему 关键 ключ к побе́де 胜利的关键 ③к чему 答案 ключ к упражне́ниям 练习答案

кни́га, -и【阴】书,书籍 уче́бная кни́га по ру́сскому языку́ 俄语教科书 взя́ться за кни́гу 开始看书

кни́жный, -ая, -ое【形】书的 кни́жный магази́н 书店

когда́【副】什么时候,何时 Когда́ начнётся собрáние? 会议什么时候开始?

коллекционéр, -а【阳】收藏家

коллекциони́ровать, -рую, -руешь【未】что 收藏 коллекциони́ровать мáрки 集邮

коллéкция, -и【阴】收藏品

коли́чество, -а【中】数目,数量 большóе коли́чество книг 大量的书籍

кольцó, -á, 复 кóльца, колéц, кóльцам【中】环,圈,戒指 золотóе кольцó 金戒指

комáнда, -ы【阴】①口令,命令 как по комáнде 一齐,动作整齐地 ②小队,队 футбóльная комáнда 足球队 сбóрная комáнда 联队

кóмната, -ы【阴】房间,室 квартúра из трёх кóмнат 三居室住宅 ключ от кóмнаты 房间钥匙 снять кóмнату 租房子

компьюúтер, -а【阳】计算机 компьюúтер пéрвого поколéния 第一代计算机

компáния, -и【阴】公司 межнационáльная компáния 跨国公司 нефтянáя компáния 石油公司

композúтор, -а【阳】作曲家 гениáльный композúтор 天才的作曲家

конвéрт, -а【阳】信封 конвéрт для авиапóчты 航空信封 конвéрт с мáркой 带邮票的信封

конéц, -нцá【阳】(东西的)末尾,末端,末梢;(地点的)尽头 конéц недéли 周末 конéц гóда 年末

конéчно【插】当然,自然,无疑 Он, конéчно, прав. 他当然是对的。

конститýция, -и【阴】宪法 конститýция КНР 中华人民共和国宪法

констрýктор, -а【阳】设计师,设计人 констрýктор самолётов 飞机设计师

контрáкт, -а【阳】合同

контрóльный, -ая, -ое【形】检查的;控制的 контрóльные óрганы 监察机关 контрóльная рабóта 测验

конферéния, -и【阴】(代表)会议 наýчная конферéция 学术会议

конфéта, -ы【阴】糖果 шоколáдные конфéты 巧克力糖

концéрт, -а【阳】音乐会,演奏会 пойти́ на концéрт 去听音乐会

кончáть, -áю, -áешь【未】кóнчить, -чу, -чишь【完】что ①作完,办完,结束 кóнчить рабóту 做完工作 ②结束,终止 кóнчить заня́тия по звонкý 按时下课 ③毕业 кóнчить университéт 大学毕业

кончáться, -áется【未】кóнчиться, -ится【完】完,完结;结束,终止 Дéньги кóнчились. 钱用完了。Собрáние кóнчилось. 会议结束了。

копéйка, -и, 复二 -пéек【阴】戈比 до послéдней копéйки 全部(花光)

корáбль, -я́【阳】舰,大船 торгóвый корáбль 商船

коридóр, -а【阳】走廊 вы́йти в коридóр 到走廊去

кори́чневый, -ая, -ое【形】褐色的,咖啡色的 кори́чневые боти́нки 褐色的皮鞋

корми́ть, кормлю́, кóрмишь【未】накорми́ть, покорми́ть 及 прокорми́ть【完】когó 给……吃,喂 корми́ть детéй обéдом 给孩子们午饭吃

корóткий, -ая, -ое【形】①短的 корóткие вóлосы 短发 ②短促的,短时间的 корóткий визи́т 短期访问

корреспондéнт, -а【阳】新闻记者,通讯员 сóбственный корреспондéнт газéты 本报通讯员 специáльный корреспондéнт 特派记者

косми́ческий, -ая, -ое【形】宇宙的 косми́ческая ракéта 宇宙火箭 косми́ческий корáбль 宇宙飞船

космонáвт, -а【阳】宇航员

кóсмос, -а【阳】宇宙 завоевáние кóсмоса 征服宇宙

костю́м, -а【阳】西装,西服 мужскóй костю́м 男西装 спорти́вный костю́м 运动服

котóрый, -ая, -ое【代】①哪个,哪一个,第几 Котóрый час? 几点钟? ②这个,那个,这种 гóрод, в котóром прошлó дéтство 度过童

年的那个城市

кóфе【阳,不变】咖啡 гóрький кóфе 苦咖啡 чёрный кóфе 不加牛奶的咖啡 варúть кóфе 煮咖啡

красúвый, -ая, -ое【形】美丽的,好看的 красúвый тáнец 优美的舞蹈

крáсный, -ая, -ое【形】①红的,红色的 Крáсная плóщадь 红场 крáсное винó 红葡萄酒②红色的(指革命的) крáсная áрмия 红军

красотá, -ы́, 复-óты, -óт【阴】美丽 душéвная красотá 心灵美

красть, крадý, крадёшь【未】укрáсть【完】когочто 偷窃,盗窃 укрáсть дéньги 偷钱

крáткий, -ая, -ое【形】①短时间的,短促的 крáткий разговóр 简短的谈话②简明的 крáткий курс лéкций 简明教程

крéпкий, -ая, -ое【形】①坚硬的,牢固的 крéпкий орéх 坚硬的核桃②强壮的,健壮的 крéпкий оргнúзм 强壮的体格③很有力的,猛烈的,厉害的 крéпкий морóз 严寒 крéпкий сон 沉睡④浓的,强烈的 крéпкий чай 浓茶 крéпкий кóфе 浓咖啡

крéпко【副】牢固地

крéсло, -а【中】圈椅,安乐椅 сесть в крéсло 坐到沙发椅上

крестьянин, -а, 复-яне, -ян【阳】农民 союз рабóчих и крестьян 工农联盟

крúзис, -а【阳】危机

кричáть, -чý, -чúшь【未】крúкнуть, -кну, -кнешь【完,一次】①叫喊,呼喊 кричáть от бóли 痛得直叫②на когó 斥责,责骂 кричáть на мáльчика 责骂孩子

кровáть, -и【阴】床 лежáть на кровáти 躺在床上

крóме【前】когó-чегó 除……以外 Крóме э́того, ничегó не знáю. 除此之外,别的我什么都不知道。

крýглый, -ая, -ое【形】①圆的,圆形的 крýглое лицó 圆脸②整的 крýглый год 整年,全年 крýглые сýтки 整整一昼夜

крýпный, -ая, -ое【形】①(颗粒)大的,大粒的 крýпный пот 大粒汗珠②(体积、数量、规模)大的 крýпный гóрод 大城市③重要的,严重的 крýпные собы́тия 大事

крéрокс, -а【阳】复印机

кто, когó, комý, когó, кем, о ком【代】谁,什么人,何人

кудá【副】往哪儿,到哪儿 Кудá ты смóтришь? 你往哪儿看?

культýра, -ы【阴】①文化,文明 национáльная культýра 民族文化②技能,修养,文化程度,文化水平 человéк высóкой культýры 文化程度很高的人

культýрный, -ая, -ое【形】①文化的 культýрные свя́зи мéжду нарóдами 各民族间的文化来往②有文化的,水平高的,文明的 культýрное óбщество 文明社会

купáться, -áюсь, -áешься【未】искупáться 及вы́купаться【完】洗澡,游水 купáться в рекé 在河里游水 купáться в бассéйне 在游泳池游泳

курúть, курю́, кýришь【未】покурúть【完】что 吸烟,抽烟 курúть табáк 抽烟草

курс, -а【阳】年级 учúться на вторóм кýрсе 在二年级学习

кýртка, -и【阴】(男子的)短上衣,上装 кóжаная кýртка 皮短上衣

кусóк, -скá【阳】一块,小块 кусóк хлéба 一块面包 кусóк сы́ра 一块干酪

кýхня, -и, 复二 кýхонь【阴】①厨房 готóвить обéд на кýхне 在厨房做饭②饭菜 китáйская кýхня 中餐 европéйская кýхня 西餐

Л

лаборатóрия, -и【阴】实验室 химúческая лаборатóрия 化学实验室

лáдно【语】好吧,行,可以 Лáдно, я придý. 好吧,我来!

лáмпа, -ы【阴】灯,灯泡 зажéчь лáмпу 点灯

ле́вый, -ая, -ое【形】左的,左边的 ле́вая рука́ 左手

лежа́ть, -жу́, -жи́шь【未】躺 лежа́ть на дива́не 躺在沙发上

лёгкий, -ая, -ое【形】①轻的,轻巧的 лёгкий чемода́н 轻的手提箱 лёгкая и тяжёлая промы́шленность 轻工业和重工业②容易的,容易懂的,容易做的 лёгкая зада́ча 容易的习题

легко́【副】①容易地 легко́ усво́ить но́вые слова́ 很容易掌握生词②轻松地 На душе́ у него́ легко́. 他的心情很轻松。

лёд, льда, о льде, на льду́【阳】冰 то́нкий лёд 薄冰

лека́рство, -а【中】药,药剂 приня́ть лека́рство 服药,吃药

ле́кция, -и【阴】(大学的)课,(公开)讲演 чита́ть ле́кцию 上课

лес, -а, в лесу́, 复 -а́, -о́в【阳】树林,森林 густо́й лес 浓密的森林

лесно́й, -а́я, -о́е【形】森林的 лесны́е грибы́ 森林里的蘑菇

ле́стница, -ы【阴】楼梯,梯子 поднима́ться по ле́стнице 上楼梯

лета́ть, -а́ю, -а́ешь【未】飞,飞翔,飞行 Пти́ца лета́ет. 鸟儿在飞翔。Я никогда́ не лета́л на самолёте. 我从来没坐过飞机。

лете́ть, лечу́, лети́шь【未】飞,飞行 Самолёт лети́т на юг. 飞机往南飞。

ле́тний, -яя, -ее【形】夏天的,夏季的 ле́тние кани́кулы 暑假

ле́то, -а【中】夏天,夏季 Ско́лько лет, ско́лько зим! 久违了!

ле́том【副】在夏天,在夏季 ле́том про́шлого го́да 在去年夏天

лётчик, -а【阳】飞行员 лётчик и стюарде́сса 飞行员和空姐

ли【语】是不是,是否,是吗 Придёшь ли ты? 你来吗?

лимо́н, -а【阳】柠檬 чай с лимо́ном 柠檬茶

лине́йка, -и, 复二 -е́ек【阴】直尺,尺 провести́ черту́ по лине́йке 用直尺画线

ли́ния, -и【阴】线,线条 пряма́я ли́ния 直线

лист¹, -а́, 复 ли́стья, -ьев【阳】树叶 зелёные ли́стья 绿叶

лист², -а́, 复 -ы́, -о́в【阳】张,页,薄片 лист бума́ги 一页纸

литерату́ра, -ы【阴】文学 кита́йская литерату́ра 中国文学 литерату́ра сере́бряного ве́ка 白银时代文学

литерату́рный, -ая, -ое【形】①文学的 литерату́рное произведе́ние 文学作品②合乎标准语规范的 литерату́рный язы́к 标准语

лифт, -а【阳】电梯,升降机 подня́ться на ли́фте 坐电梯上去

лице́й, -я【阳】中学

лицо́, -а́, 复 ли́ца, лиц, ли́цам【中】脸,面孔 черта́ лица́ 面庞

ли́шний, -яя, -ее【形】剩余的,多余的 ли́шние де́ньги 余钱 ли́шние ве́щи 用不着的东西

лоб, лба, о лбе, на лбу́【阳】额,脑门 откры́тый лоб 宽阔的前额

лови́ть, ловлю́, ло́вишь【未】пойма́ть, -а́ю, -а́ешь【完】кого-что 捕,捉,抓 лови́ть ры́бу 捕鱼 лови́ть во́ра 抓小偷

ложи́ться, ложу́сь, ложи́шься【未】лечь, ля́гу, ля́жешь【完】躺下,卧倒 лечь на дива́н 躺到沙发上 ложи́ться спать в 9 часо́в 九点睡觉

ло́жка, -и, 复二 -жек【阴】匙子,勺子 столо́вая ло́жка 汤匙

лома́ть, -а́ю, -а́ешь【未】слома́ть【完】кого-что 弄坏,损坏,拆毁 лома́ть игру́шки 弄坏玩具 лома́ть ста́рый дом 拆旧房子 лома́ть го́лову над чем 终尽脑汁

луна́, -ы́, 复 лу́ны, лун, лу́нам【阴】月亮,月球 полёт на Луну́ 飞向月球

лу́чший, -ая, -ее【形】比较好的

лы́жи, лыж【复】滑雪板 ходи́ть на лы́жах 滑雪

люби́мый, -ая, -ое【形】敬爱的,亲爱的,可爱的 люби́мый друг 亲爱的朋友

люби́ть, люблю́, лю́бишь【未】кого-что 爱,喜

欢 люби́ть дете́й 爱孩子

любова́ться, -бу́юсь, -бу́ешься【未】полюбова́ться【完】кем-чем 欣赏,观赏,玩赏 любова́ться приро́дой 欣赏大自然

любо́вь, -бви́, 五格-о́вью【阴】к кому-чему 爱,爱戴 любо́вь к Ро́дине 爱祖国

любо́й, -а́я, -о́е【形】任何的,不论什么样的,随便哪一个的 любо́й цено́й доби́ться успе́ха 不惜任何代价争取成功

лю́ди, люде́й, лю́дям, люде́й, людьми́, о лю́дях【复】(челове́к 的复数)人们,人士 молоды́е лю́ди 年轻人 лю́ди нау́ки 科学界人士

М

магази́н, -а【阳】商店,店铺 универса́льный магази́н 百货商店

магнитофо́н, -а【阳】磁带录音机 слу́шать магнитофо́н 听录音机

май, -я【阳】五月 пра́здник Пе́рвого ма́я 五一节

ма́ленький, -ая, -ое【形】小的,矮的 ма́ленький рост 小个子 ма́ленькие де́ти 小孩子

мал, -а́, -о, -ы́【短尾】小 Руба́шка мне мала́. 衬衫我穿有点儿小。

ма́ло【副】①少,不多 чита́ть ма́ло 很少读书 ②(用作不定量数词)很少 ма́ло де́нег 很少的钱

ма́льчик, -а【阳】男孩子

ма́ма, -ы【阴】妈妈

ма́рка, -и, 复二-рок【阴】①邮票 почто́вая ма́рка 邮票 ②(商品的)牌子,牌号,商标 вино́ лу́чшей ма́рки 名酒

март, -а【阳】三月

ма́сло, -а, 复-а́, ма́сел, масла́м【中】油,黄油 живо́тное ма́сло 动物油 расти́тельное ма́сло 植物油

ма́стер, -а, 复-а́, -о́в【阳】①工匠,匠人 ма́стер часовы́х дел 钟表匠 ②行家,能手 Де́ло ма́стера бои́тся. 事怕行家。

матема́тик, -а【阳】数学家

матема́тика, -и【阴】数学 вы́сшая матема́тика 高等数学

математи́ческий, -ая, -ое【形】数学的 математи́ческий факульте́т 数学系

матро́с, -а【阳】水兵 ста́рший матро́с 上等水兵

матч, -а【阳】比赛 футбо́льный матч 足球赛

мать, ма́тери, ма́тери, мать, ма́терью, о ма́тери, 复 ма́тери, матере́й【阴】母亲 родна́я мать 生母

маши́на, -ы【阴】①机器 электро́ннно-вычисли́тельная маши́на 电子计算机②汽车 ли́чная маши́на 私人汽车

медици́на, -ы【阴】医学 кита́йская медици́на 中医

медици́нский, -ая, -ое【形】医学的,医务的,医疗的 медици́нская по́мощь 医疗救护 медици́нский институ́т 医学院

ме́дленно【副】慢地

медсестра́, -ы́【阴】护士

ме́жду【前】кем-чем 在……之间,介于……之间 ме́жду горо́й и реко́й 在山与河之间

междунаро́дный, -ая, -ое【形】国际的 междунаро́дная поли́тика 国际政治 междунаро́дный аэропо́рт 国际机场

ме́лкий, -ая, -ое【形】小的 ме́лкий песо́к 细沙

мело́дия, -и【阴】旋律 краси́вая мело́дия 好听的旋律

меню́【中,不变】食谱,菜单 В меню́ нет щей. 菜单里没有汤。

меня́ть, -ю, -ешь【未】что 改变 меня́ть план 改变计划

ме́стный, -ая, -ое【形】地方的,本区的 ме́стный обы́чай 地方风俗 по ме́стному вре́мени 按当地时间

ме́сто, -а, 复 места́, мест【中】①地方,地点 рабо́чее ме́сто 工作的地方②位子,座位 уступи́ть ме́сто 让座

ме́сяц, -а【阳】月,月份 о́тпуск на ме́сяц 一个

月的假期 В году́ 12 ме́сяцев. 一年有 12 个月。

метр, -а【阳】米 квадра́тный метр 平方米 куби́ческий метр 立方米

метро́【中,不变】地铁 ста́нция метро́ 地铁站

меха́ник, -а【阳】机械师

мечта́, -ы́【阴】幻想,理想 мечта́ о сча́стье 幻想幸福 мечта́ всей жи́зни 一生的理想

мечта́ть, -а́ю, -а́ешь【未】о ком-чём 幻想,向往 мечта́ть о бу́дущем 幻想未来

меша́ть, -а́ю, -а́ешь【未】помеша́ть【完】кому-чему 妨碍,打扰 Ребёнок меша́ет мне рабо́тать. 小孩妨碍我工作。

милиционе́р, -а【阳】民警 уча́стковый милиционе́р 地段民警

мили́ция, -и【阴】警察局

ми́лый, -ая, -ое【形】可爱的 ми́лая улы́бка 可爱的笑容

ми́ло【副】亲切地

министе́рство, -а【中】部 Министе́рство фина́нсов 财政部 Министе́рство образова́ния 教育部 Министе́рство иностра́нных дел 外交部

мини́стр, -а【阳】(政府的)部长,大臣 мини́стр иностра́нных дел 外交部长

ми́нус, -а【阳】①减 Де́сять ми́нус три равно́ семи́. 10 减 3 等于 7。②缺点 ликвиди́ровать ми́нус 克服缺点

мину́та, -ы【阴】①分钟,分 объяви́ть переры́в на 20 мину́т 宣布休息 20 分钟②一会儿;时刻,时候 в тру́дную мину́ту 在困难时刻

мир, -а【阳】世界 чемпио́н ми́ра 世界冠军

ми́рный, -ая, -ое【形】和平的 ми́рная обстано́вка 和平环境

мла́дший, -ая, -ее【形】年纪比较小的 мла́дшее поколе́ние 晚辈 мла́дший брат 弟弟

мно́гий, -ая, -ое【形】许多的,很多的 Прошли́ мно́гие го́ды. 过了很多年。

мно́го【副】许多,很多 Он мно́го зна́ет. 他知道得多。【数】许多,大批 мно́го люде́й 许多人

мо́жет быть【插】可能

мо́жно【副】кому 可以,能够 Эту рабо́ту нам мо́жно зако́нчить за два дня. 这项工作我们能在两天内完成。

мой, моя́, моё, мои́【代】我的 мой дом 我的房子

молодёжь, -и【阴】青年 уча́щаяся молодёжь 青年学生

молодёжный, -ая, -ое【形】年轻人的

молодо́й, -а́я, -о́е【形】青年的,年轻人的 молодо́е поколе́ние 年轻一代 молодо́й учёный 年轻的学者

молоко́, -а́【阴】牛奶 ки́слое молоко́ 酸奶

молча́ть, -чу́, -чи́шь【未】沉默,不说话 Его́ спра́шивают, а он молчи́т. 别人在问他,而他却沉默着。

моме́нт, -а【阳】①一会儿,时刻 оди́н моме́нт 一瞬间②时机 в да́нный моме́нт 现在

мо́ре, -я【中】大海

моро́женое, -ого【中】冰淇淋 шокола́дное моро́женое 巧克力冰淇淋

моро́з, -а【阳】严寒

морско́й, -а́я, -о́е【形】海的,海洋的 морско́й порт 海港

моско́вский, -ая, -ое【形】莫斯科的 моско́вское вре́мя 莫斯科时间

моря́к, -а́【阳】海员 вое́нный моря́к 水兵

мост, -а, о -е, на -у́, 复 -ы́, -о́в【阳】桥,桥梁 железнодоро́жный мост 铁路桥

москви́ч, -а́【阳】莫斯科人

мочь, могу́, мо́жешь【未】смочь【完】能,能够 Ниче́м не могу́ вам помо́чь. 我没法帮助您。

муж, -а, 复 мужья́, муже́й, мужья́м【阳】丈夫 муж и жена́ 丈夫和妻子

му́жественный, -ая, -ое【形】英勇的,勇敢的 му́жественный во́ин 英勇的战士

му́жество, -а【中】英勇,勇气,英勇精神 прояви́ть му́жество в бою́ 在战斗中表现出勇敢精神

мужско́й, -а́я, -о́е【形】男(人)的 мужско́й костю́м 男西服 мужско́й туале́т 男洗手间

мужчи́на, -ы【阳】男人 настоя́щий мужчи́на 真正的男人

музе́й, -я【阳】博物馆，陈列馆 музе́й изобрази́тельных иску́сств 造型艺术博物

му́зыка, -и【阴】音乐，乐曲 класси́ческая му́зыка 古典音乐 лёгкая му́зыка 轻音乐

музыка́льный, -ая, -ое【形】音乐的 музыка́льный инструме́нт 乐器

музыка́нт, -а【阳】音乐家

мультфи́льм, -а【阳】动画片

мы, нас, нам, нас, на́ми, о нас【代】我们 Мы в реда́кции обсуди́ли статью́. 我们在编辑部里讨论了文章。

мы́ло, -а, 复 мыла́, мыл, мыла́м【中】肥皂 туале́тное мы́ло 香皂

мысль, -и【阴】思想，想法 интере́сная мысль 有趣的想法

мыть, мо́ю, мо́ешь【未】вы́мыть 及 помы́ть【完】кого-что 洗 мыть посу́ду 洗餐具

мя́гкий, -ая, -ое【形】① 软的, 柔软的 мя́гкие во́лосы 柔软的头发 ② 温柔的, 和顺的 мя́гкий хара́ктер 温柔的性格

мя́со, -а【中】肉 све́жее мя́со 鲜肉 моро́женое мя́со 冻肉

мяч, -а́【阳】球 ко́жаный мяч 皮球

Н

на【前】Ⅰ кого-что ① 往, 向……上面 идти́ на рабо́ту 去上班 ② 表示期限或一段时间 план на год 年度计划 опозда́ть на час 迟到一小时 ③ 表示度量、数量和范围 купи́ть на сто рубле́й 花100卢布买 ④ 指明目的、用途和目标 пра́во на образова́ние 受教育的权利 учи́ться на инжене́ра 学当工程师 ⑤ 表示行为方法和状态 на голо́дный желу́док 饿着肚子 сдать экза́мен на пятёрку 考试得了5分 Ⅱ ком-чём ① 在……上 (面) писа́ть на бума́ге 在纸上写 ② 在……(时候), 在……中 на рассве́те 在黎明时 на про́шлой неде́ле 在上周 ③ 借助于, 用 жа́рить на ма́сле 用油炸 говори́ть на ру́сском языке́ 说俄语 е́хать на авто́бусе 乘坐公共汽车

наблюда́ть, -а́ю, -а́ешь【未】кого-что 或 за кем-чем 观看, 注视, 观察, 研究 наблюда́ть восхо́д со́лнца 观看日出 наблюда́ть за полётом пти́цы 观察鸟飞

наве́рное【插】大概, 想必 Наве́рное, ты зна́ешь об э́том, но почему́-то подели́ться с други́ми не хо́чешь. 你大概知道这件事, 但不知道为什么不愿意告诉别人。

наве́рх【副】往上, 向上 положи́ть чемода́н наве́рх 把箱子放到上边 подня́ться наве́рх 升上去

наверху́【副】在上面 сиде́ть наверху́ 在上面坐着

навеща́ть, -а́ю, -а́ешь【未】навести́ть, -ещу́, -ести́шь【完】кого-что 访问, 拜访, 探望 навести́ть друзе́й 拜访朋友 навести́ть больно́го 探望病人

навсегда́【副】永久, 永远 навсегда́ запо́мнить 永远记住

награ́да, -ы【阴】奖赏, 奖励, 奖品 награ́да за до́лгий и че́стный труд 表彰长期诚实劳动而授予的奖品

награжда́ть, -а́ю, -аешь【未】награди́ть, -ажу́, -ади́шь【完】кого-что чем 奖, 奖赏 награди́ть его́ о́рденом 奖给他勋章 награди́ть отли́чников пре́мией 奖给优等生奖学金

надева́ть, -а́ю, -а́ешь【未】наде́ть, -е́ну, -е́нешь【完】что на кого-что 穿上, 戴上 наде́ть на ребёнка ша́пку 给小孩戴上帽子

наде́жда, -ы【阴】на кого-что 希望, 期望 наде́жда на сча́стье 希望幸福

наде́яться, -е́юсь, -е́ешься【未】понаде́яться【完】на кого-что 希望, 期待 наде́яться на по́мощь 期待帮助

на́до【副】кому (用作谓语) 应当, 应该 Его́ беспоко́йство нам на́до поня́ть. 我们应该理解

他的不安。

надпись, -и【阴】题词 надпись на книге 书上的题词

назад【副】向后,往后 идти назад 往回走 оглянуться назад 往后看

название, -я【中】名称,名字 названия растений 植物的名称 название фильма 电影名

называть, -аю, -аешь【未】назвать, -зову, -зовёшь【完】кого-что кем-чем 称作,起名叫 назвать сына Иваном 给儿子取名伊万

называться, -аюсь, -аешься【未】назваться, -зовусь, -зовёшься【完】кем-чем 称作 Как называется эта рыба? 这是什么鱼? Как это называется по-русски? 这个俄语叫什么?

наизусть【副】背熟,记熟 читать стихи наизусть 背诵诗

налево【副】向左 налево от входа 在入口左边

напоминать, -аю, -аешь【未】напомнить, -ню, -нишь【完】①кому о ком-чём 提醒,使记起,使想起 напомнить ему о собрании 提醒他开会 ②кого-что 像 Сын напоминает отца. 儿子长得像父亲。

направо【副】向右 повернуть направо 向右拐 направо от дома 从房子向右

например【插】例如,比方 Со мной был, например, такой странный случай. 比方,我就碰到过这样一件奇怪的事。

напротив【副】在对面 Он живёт напротив. 他住在对面。【前】кого-чего 在……对面 сесть напротив друг друга 面对面坐下

народ, -а (-у)【阳】人民 российский народ 俄罗斯人民 народы всех стран 各国人民

народный, -ая, -ое【形】人民的 Китайская Народная Республика 中华人民共和国

нарушать, -аю, -аешь【未】нарушить, -шу, -шишь【完】что ①破坏,扰乱 нарушить покой 扰乱安宁 нарушить тишину 打破寂静 ②违反;侵犯 нарушить договор 违反条约

нарядный, -ая, -ое【形】打扮得漂亮的,(指人)盛装的;装饰华丽的 нарядная женщина 盛装的妇女

население, -я【中】居民 население города 城市居民 По численности населения Китай стоит на первом месте в мире. 中国人口数量居世界首位。

настоящий, -ая, -ее【形】①现在的;目前的 в настоящий момент 在此刻 в настоящее время 现在②真实的,真正的 настоящая фамилия 真姓 настоящий друг 真正的朋友

настроение, -я【中】情绪 весёлое настроение 愉快的心情

наука, -и【阴】科学 наука и техника 科学技术 гуманитарные науки 人文科学 естественные науки 自然科学

научиться, -чусь, -чишься【完】学会 научиться ездить на велосипеде 学会骑自行车

научный, -ая, -ое【形】科学的 научная деятельность 科学活动 научная литература 科学文献

находить, -ожу, -одишь【未】найти, найду, найдёшь【完】кого-что 找到,发现 найти потерянную вещь 找到丢失的东西

находиться, -ожусь, -одишься【未】найтись, -йдусь, -йдёшься【完】在,位于 Дача находится недалеко от станции. 别墅离车站不远。

национальность, -и【阴】民族 Он по национальности украинец. 按民族他是乌克兰人。

национальный, -ая, -ое【形】①民族的 национальный костюм 民族服装②国家的,国立的 национальный флаг 国旗 национальный гимн 国歌

нация, -и【阴】①民族 китайская нация 中华民族②国家 Организация Объединённых Наций 联合国

начало, -а【阴】开端,开始 начало учебного года 学年开始 Хорошее начало — половина успеха. 良好的开端是成功的一半。

начинать, -аю, -аешь【未】начать, -чну, -чнёшь【完】что 开始,着手 начать работу 开始工作 начать учиться 开始学习

начина́ться, -а́ется【未】нача́ться, -чнётся【完】开始 Начался́ но́вый год. 新的一年开始了。

наш, -его【代】我们的 наш дом 我们的家

не【语】不,没有,别,不要 Он живёт не оди́н. 他不是一个人生活。

не то́лько, но и【连】不仅……,而且……

не́бо, -а, 复 небеса́, -е́с, -еса́м【中】天,天空 си́нее не́бо 蓝色的天空

неве́ста, -ы【阴】新娘,未婚妻 жени́х и неве́ста 新郎和新娘

невозмо́жно【副】不可能 невозмо́жно вы́полнить зада́чу 不可能完成任务

неда́вно【副】不久以前 Это случи́лось неда́вно. 这是不久前发生的。

недалеко́【副】①(指距离)不远,很近 жить недалеко́ от це́нтра го́рода 住在离市中心不远的地方 ②(指时间)不久,很快 Недалеко́ и пра́здник Весны́. 春节就在眼前。

неде́ля, -и, 复二 неде́ль【阴】星期,周 на э́той неде́ле 在本周 на сле́дующей неде́ле 在下周 В неде́ле семь дней. 一周有七天。

незави́симость, -и【阴】独立性,自主性 национа́льная незави́симость 民族独立 отста́ивать свою́ незави́симость 坚持独立

неизве́стный, -ая, -ое【形】①无人知道的,不认识的 неизве́стная земля́ 无人知晓的土地 ②不著名的,无名的 неизве́стный арти́ст 不著名的演员

не́который, -ая, -ое【代】①某一 в не́котором смы́сле 在某种意义上②(复)某些,有些 не́которые живо́тные 某些动物

нелегко́【副】不容易

нельзя́【副】кому(用作谓语)不可以;不行 Без дру́жбы нельзя́ жить. 没有友谊不能生活。

неме́дленно【副】马上

немно́го【副】(程度上)稍许,稍微,一点儿 Подожди́те немно́го. 请稍等一会儿。【数】不多,一些 немно́го жи́телей 居民不多

необходи́мо【副】кому(用作谓语)必需,一定要 Необходи́мо приня́ть ме́ры. 必须采取措施。Вам необходи́мо бро́сить кури́ть. 您必须戒烟。

неожи́данно【副】意外地

непло́хо【副】不错

не́сколько【副】一点儿,有些 не́сколько отвле́чься от основно́й те́мы 有些偏离主题【数】几个,一些 рассказа́ть в не́скольких слова́х 简短地叙述

несмотря́【前】на кого-что 不顾,不管;尽管,虽然 Он занима́ется несмотря́ на уста́лость. 尽管累,他仍在学习。

нести́, несу́, несёшь【未】кого-что 拿着,送(来、去)Они́ несу́т шкаф в ко́мнату. 他们把柜子抬进房间。

несча́стный, -ая, -ое【形】不幸的 несча́стный челове́к 不幸的人

несча́стье, -я【中】不幸,灾难,不幸的事故 Произошло́ несча́стье. 发生了不幸的事情。

нет【语】①不,不是;没有 Нет, подожди́те, ещё на́до поду́мать. 不,等一等,还得再考虑考虑。②кого-чего(用作谓语)没有,无 У меня́ нет вре́мени. 我没时间。

неудо́бно【副】不方便

неуже́ли【语】难道(说),莫非 Неуже́ли он согласи́лся? 难道他同意了？

нефть, -и【阴】石油 добы́ть нефть 开采石油

ни【语】①无论,不管 Ско́лько я ни проси́л, он всё же не согласи́лся. 无论我怎么央求,他还是不同意。②一点也(没有、不) Круго́м нет ни души́. 周围一个人也没有。

ни́зкий, -ая, -ое【形】低的,矮的 ни́зкое кре́сло 矮的椅子 ни́зкая температу́ра 低温

ни́зко【副】低地,矮地

никогда́【副】任何时候也(不);永远(不);从来(不);始终(不) Я никогда́ не забыва́л. 我从来没有忘记过。

никуда́【副】任何地方也(不),哪里也(不) Никуда́ не пое́ду. 我哪儿也不去。

ничего́【语】(用作谓语)没关系,不要紧 Пусть

придёт, ничего́. 让他来吧，没关系。【副】还好，还不错 Обе́д получи́лся ничего́. 午饭做得还不错。

но【连】但是，可是，然而 Мы уста́ли, но несмотря́ на э́то дово́льны. 我们累了，但却感到满意。

но́вость, -и, 复-и, -е́й【阴】新闻，消息 после́дние но́вости 最新消息

но́вый, -ая, -ое【形】新的 но́вые иде́и 新思想 но́вое лека́рство 新药

нога́, -и́, 四格но́гу, 复но́ги, ног, -а́м【阴】脚，腿 пере́дние и за́дние но́ги ло́шади 马的前后腿 ле́вая нога́ 左腿 пра́вая нога́ 右腿

нож, -а́【阳】刀 столо́вый нож 餐刀 о́стрый нож 锋利的刀

но́жницы, -иц【复】剪子，剪刀 медици́нские но́жницы 医用剪刀

ноль 或 нуль, -я́【阳】零，零度 ноль часо́в 零点 5 гра́дусов ни́же нуля́ 零下5度

но́мер, -а, 复-а́【阳】①号，号码 но́мер телефо́на 电话号码②(杂志的)期 после́дний но́мер журна́ла 最新一期的杂志③(旅馆等的)房间 заказа́ть но́мер 订房间

норма́льный, -ая, -ое【形】正常的，合乎规范的 норма́льная обстано́вка 正常的局势 норма́льная температу́ра 正常体温

нос, -а, о но́се, в (на) носу́, 复-ы́【阳】鼻子 пятно́ под но́сом 鼻子底下的污点

носи́ть, ношу́, но́сишь【未】кого́-что ①带着(走)носи́ть ве́щи в ваго́н 把东西带进车厢 ②穿着，戴着 носи́ть све́тлое пла́тье 穿浅色的连衣裙 носи́ть часы́ 戴手表 носи́ть очки́ 戴眼镜

носки́, -ко́в【复】短袜 па́ра носко́в 一双短袜

ночь, -и, о но́чи, в ночи́, 复-и, -е́й【阴】夜 глубо́кая ночь 深夜

но́чью【副】在夜间 вы́ехать но́чью 夜里出发

ноя́брь, -я́【阳】十一月

нра́виться, -влюсь, -вишься【未】понра́виться【完】кому́-чему́ 喜欢，中意 Э́тот челове́к мне нра́вится. 我喜欢这个人。Мне нра́вился ро́зовый цвет. 我喜欢粉红色。

ну́жно【副】кому́-чему́(用作谓语)需要，必须，应当 Ему́ ну́жно верну́ться. 他应该回去。Ну́жно, что́бы все яви́лись. 需要大家都来。

ну́жен, -а́, -о, -ы́【短尾】需要 Мне нужна́ кни́га. 我需要书。

О

о/об/обо【前】①что 碰着，触着 опере́ться о край стола́ 靠着桌子边 ②ком-чём 关于 рассказа́ть об э́том 讲这件事

о́ба, обо́их【数】两个，俩 О́ба сы́на на заво́де. 两个儿子都在工厂。Обе́ до́чери — студе́нтки. 两个女儿都是大学生。

обе́д, -а【阳】①午餐，宴会 пригласи́ть на обе́д 邀请进午餐 ②正午，中午 по́сле обе́да 下午

обе́дать, -аю, -аешь【未】пообе́дать【完】吃午饭 обе́дать в столо́вой 在食堂吃午饭

обеща́ние, -я【中】诺言，允诺 вы́полнить обеща́ние 履行诺言

обеща́ть, -а́ю, -а́ешь【未/完】пообеща́ть【完】кому́-чему́ что 答应，许诺 обеща́ть кому́ де́ньги 答应给……钱 обеща́ть прийти́ во́время 答应准时来

оби́дно【副】(感到)委屈；(感到)遗憾 оби́дно слу́шать упрёки 委屈地听指责 Оби́дно, что я опозда́л. 很遗憾，我迟到了。

обижа́ть, -а́ю, -а́ешь【未】оби́деть, -и́жу, -и́дишь【完】кого́-что 欺负，欺侮；使受委屈；使难受 оби́деть его́ замеча́нием 提出的意见使他难受

обижа́ться, -а́юсь, -а́ешься【未】оби́деться, -и́жусь, -и́дишься【完】на кого́-что 受委屈，感到受辱；见怪；生气 оби́деться на замеча́ние 对意见抱屈

о́блако, -а, 复-а́, -о́в【中】云，云彩 Облака́ плыву́т по не́бу. 云在天上漂浮。

о́бласть, -и, 复-и, -е́й【阴】①领域，范围，方面

нóвая óбласть наýки 新的科学领域②州（俄罗斯行政单位）Московская óбласть 莫斯科州

обмáнывать, -аю, -аешь【未】обманýть, -анý, -áнешь【完】кого-что 欺骗 обманýть покупáтеля 欺骗顾客

обмéн, -а【阳】чем 交换 обмéн мáрками 交换邮票

обмéниваться, -аюсь, -аешься【未】обменя́ться, -я́юсь, -я́ешься【完】кем-чем 交换，互换 обменя́ться сувенúрами 交换礼物 обменя́ться óпытом 交流经验

обозначáть, -áю, -áешь【未】обознáчить, -чу, -чишь【完】что①标出 обознáчить на кáрте гранúцу 在地图上标出界线②意味着，意思是 Что обозначáет эта цúфра? 这个数字表示什么?

обозначéние, -я【中】标注

обрáдоваться, -дуюсь, -дуешься【完】чему 对……感到高兴 обрáдоваться приéзду родúтелей 对父母的到来感到高兴

образовáние, -я【中】教育 вы́сшее образовáние 高等教育 Министéрство образовáния 教育部

образóвывать, -аю, -аешь【未】образовáть, -зýю, -зýешь【未/完】что 形成, 成立 Дорóга образýет полукрýг. 道路形成半圆形。

образóвываться, -ается【未】образовáться, -зýется【未/完】形成, 构成, 出现 На дворé образовáлась я́ма. 院子里出现了一个坑。

обращáть, -áю, -áешь【未】обратúть, -ащý, -атúшь【完】кого-что на что 把……转向，把……引向 обратúть внимáние на развúтие экономúки 注重经济发展

обращéние, -я【中】①回转，旋转 обращéние Луны́ вокрýг Землú 月球围绕地球旋转②称呼，呼语 В дипломатúческих докумéнтах такóе обращéние не прúнято. 外交文件里不采用这样的称呼。

обстанóвка, -и【阴】环境,情况，形势 международная обстанóвка 国际局势

обсуждáть, -áю, -áешь【未】обсудúть, -ужý, -ýдишь【完】что 讨论,磋商 обсудúть нóвый проéкт 讨论新方案

óбувь, -и【阴】鞋 спортúвная óбувь 运动鞋 кóжаная óбувь 皮鞋

обходúть, -ожý, -óдишь【未】обойтú, обойдý, обойдёшь【完】кого-что①绕行 обойтú гóрод с ю́га 从南面绕过城市②走遍 обойтú все квартúры 走遍所有的住宅

общéние, -я【中】交际

общежúтие, -я【中】(公共)宿舍 студéнческое общежúтие 大学生宿舍

обществвенный, -ая, -ое【形】①社会的 общéственные отношéния 社会关系 общéственные наýки 社会科学②公有的, 公共的, 公用的 общéственная библиотéка 公共图书馆

óбщество, -а【中】社会 человéческое óбщество 人类社会

óбщий, -ая, -ее【形】普遍的,共同的,全体的 óбщее явлéние 普遍现象 óбщее собрáние 全体会议 имéть óбщий язы́к 有共同语言

объединя́ть, -я́ю, -я́ешь【未】объединúть, -ню́, -нúшь【完】кого-что во что①联合 объединúть два инститýта в одúн 把两所学院合并为一所②团结 объединúть все революцúонные сúлы мúра 团结世界上的一切革命力量

объявля́ть, -я́ю, -я́ешь【未】объявúть, -явлю́, -я́вишь【完】о чём 或 кого-что кем-чем 宣布,宣告 объявúть о начáле заня́тий 宣布开学 объявúть собрáние откры́тым 宣布开会

объяснéние, -я【中】说明；解释 объяснéние явлéний прирóды 解释自然现象

объясня́ть, -я́ю, -я́ешь【未】объяснúть, -ню́, -нúшь【完】解释 Между нáми недоразумéние, нам необходúмо объяснúть. 我们之间产生了误会，需要彼此解释清楚。

обыкновéнный, -ая, -ое【形】平常的,普通的 обыкновéнное явлéние 通常现象 обыкновéнный человéк 普通人

обы́чай, -я【阳】风俗, 习惯 войти́ в обы́чай 已成习惯

обы́чно【副】一般, 通常 По вечерáм я обы́чно бывáю дóма. 晚上我通常都在家里。

обязáтельно【副】一定地

óвощи, -éй【复】蔬菜 суп из овощéй 蔬菜汤

огóнь, огня́【阳】①火 огóнь в печи́ 炉子里的火 ②火光, 灯光 зажéчь огóнь 点灯

огрóмный, -ая, -ое【形】巨大的, 极大的 огрóмная плóщадь 大广场 огрóмное впечатлéние 强烈的印象

одевáть, -áю, -áешь【未】одéть, одéну, одéнешь【完】когó-что во что 给……穿上（衣服）, 给……盖上 одéть ребёнка в чи́стое бельё 给小孩穿上干净的内衣

одéжда, -ы【阴】衣服 жéнская одéжда 女装

одея́ло, -а【中】被子, 毯子 шерстянóе одея́ло 毛毯

оди́н, одногó【数】一, 一个 оди́н метр 一米 однá кни́га 一本书 однó письмó 一封信 одни́ брю́ки 一条裤子 Сéмеро одногó не ждут. 七个人不等一个人；少数服从多数。

одинáковый, -ая, -ое【形】一样的, 同样的 одинáковый размéр 一样的尺寸 одинáковое расстоя́ние 同样的距离

оди́ннадцатый, -ая, -ое【数】第十一 оди́ннадцатый час 10 点多钟

оди́ннадцать, -и【数】十一, 十一个 в оди́ннадцать часóв 在 11 点

одинóкий, -ая, -ое【形】单独的 одинóкое дéрево 单独的一棵树 одинóкая прогýлка 单独散步

однáжды【副】有一次；有一天 Однáжды веснóй мы встрéтились. 春天的一天我们相逢了。

однáко【连】可是, 但是, 然而 Ужé стари́к мой дя́дя, однáко он бодр душóй. 我的叔叔已是老人, 但精神很饱满。

одноврéменно【副】同时

óзеро, -а, 复 озёра, озёр, озёрам【中】湖, 湖泊 гóрное óзеро 山中湖 óзеро Байкáл 贝加尔湖

окáнчивать, -аю, -аешь【未】окóнчить, -чу, -чишь【完】что ①完毕, 完结 окóнчить рабóту 结束工作 ②毕业 окóнчить университéт 大学毕业

океáн, -а【阳】海洋 Ти́хий океáн 太平洋 Сéверный Ледови́тый океáн 北冰洋 Атланти́ческий океáн 大西洋 Инди́йский океáн 印度洋

окнó, -á, 复 óкна, óкон, óкнам【中】窗户 смотрéть в окнó 往窗外看 цветы́ на окнé 放在窗台上的花

óколо【副】近旁, 附近 Óколо никогó не ви́дно. 附近一个人也看不见。【前】когó-чегó ①在……旁边, 在……附近 Сядь óколо меня́. 坐到我旁边来。②大约, 左右 Мáльчику óколо десяти́ лет. 男孩 10 岁左右。

окончáние, -я【中】①完毕, 结束 окончáние спектáкля 演出结束 ②毕业 по окончáнии шкóлы 学校毕业之后

окружéние, -я【中】包围

октя́брь, -я́【阳】十月 в октябрé 在十月

он, егó, емý, егó, им, о нём【阳】他；它 Егó нет дóма. 他没在家。

они́, их, им, их, и́ми, о них【代】他（她、它）们

опáздывать, -аю, -аешь【未】опоздáть, -áю, -áешь【完】迟到, 来晚 опоздáть на рабóту 上班迟到 опоздáть на пóезд 没赶上火车

опáсно【副】危险

опáсность, -и【阴】危险性 опáсность положéния 情况危险

опáсный, -ая, -ое【形】危险的 опáсный террори́ст 危险的恐怖分子

óпера, -ы【阴】歌剧 рýсская класси́ческая óпера 俄罗斯古典歌剧 пеки́нская óпера 京剧

операция, -и【阴】手术 сдéлать опéрацию 做手术

опубликовáть, -кýю, -кýешь【完】что 发表, 颁布 опубликовáть наýчную рабóту 发表论文

о́пыт, -а【阳】①经验 подели́ться свои́м о́пытом с кем 把自己的经验和……分享②实验，试验 хими́ческие о́пыты 化学试验

опя́ть【副】又，再 Опя́ть пришёл вчера́шний гость. 昨天的客人又来了。

ора́жевый, -ая, -ое【形】橘黄色的 ора́нжевые ли́стья 桔黄色的叶子

организа́ция, -и【阴】组织，机构，团体 парти́йная организа́ция 党组织 Организа́ция Объединённых На́ций 联合国

организо́вывать, -аю, -аешь【未】организова́ть, -зу́ю, -зу́ешь【未/完】кого-что 组织，建立 организова́ть кружо́к 组织小组

ору́жие, -я【中】武器，兵器 я́дерное ору́жие 核武器

освобожда́ть, -а́ю, -а́ешь【未】освободи́ть, -ожу́, -оди́шь【完】кого-что от чего 解放，释放 освободи́ть пти́цу 放出小鸟 освободи́ть по́лку от книг 把书架上的书拿走腾空书架

осе́нний, -яя, -ее【形】秋天的 осе́нний дождь 秋雨

о́сень, -и【阴】秋天 по́здняя о́сень 晚秋，深秋

о́сенью【副】在秋天

осма́тривать, -аю, -аешь【未】осмотре́ть, -отрю́, -о́тришь【完】кого-что①（从各方面）细看，察看，打量 осмотре́ть кого с головы́ до ног 从头到脚打量②检查 осмотре́ть больно́го 检查病人

основа́тель, -я【阳】创始人，奠基人 основа́тель ру́сского теа́тра 俄罗斯戏剧的奠基人

основно́й, -а́я, -о́е【形】基本的，根本的 основно́й при́нцип 基本原则

осно́вывать, -аю, -аешь【未】основа́ть, -ную́, -ну́ешь【完】что на чём 建立，创立 основа́ть музе́й 创建博物馆 основа́ть тео́рию на диалекти́ческом материали́зме 以辩证唯物主义为理论基础

осо́бенный, -ая, -ое【形】特别的,特殊的；独特的,与从不同的 осо́бенный вкус 特殊味道 осо́бенное обстоя́тельство 特殊情况

осо́бенно【副】特别

остава́ться, -аю́сь, -аёшься【未】оста́ться, -а́нусь, -а́нешься【完】①留下，留在，剩下 оста́ться на́ зиму в дере́вне 留在乡村过冬②始终存在 Тот день, когда́ меня́ при́няли в па́ртию, навсегда́ оста́нется в мое́й па́мяти. 我入党的那一天将永远留在我的记忆里。③кем-чем 仍然是,仍然是，始终是 остава́ться весёлым 始终高兴

остано́вка, -и, 复二 -вок【阴】（公共汽车等的）车站 трамва́йная остано́вка 电车站

о́стров, -а, 复 -а́, -о́в【阳】岛，岛屿 Со́лнечный о́стров 太阳岛

от/ото【前】кого-чего①自，从，由 отойти́ от стола́ 离开桌子 в двадцати́ киломе́трах от го́рода 离城20公里的地方 от Харби́на до Шанха́я 从哈尔滨到上海②从……起 слепо́й от рожде́ния 生下来就瞎的③（与до连用）从……至…… от двух часо́в до трёх часо́в 从两点到三点④（表示来源）从，由，来自 письмо́ от бра́та 哥哥的来信⑥预防，医治的对象 табле́тка от головно́й бо́ли 治头痛的药片

отве́т, -а【阳】на что 回答，答复；回信 отве́т на вопро́с 对问题的回答 отве́т на письмо́ 回信

отве́тственность, -и【阴】责任感

отве́тственный, -ая, -ое【形】①有责任的，负责的 отве́тственный реда́ктор 责任编辑②极其重大的，紧要的 отве́тственный моме́нт 紧要关头

отвеча́ть, -а́ю, -а́ешь【未】отве́тить, -ве́чу, -ве́тишь【完】①на что 回答 отве́тить на вопро́сы 回答问题 отве́тить на письмо́ 回信②чему 适合，相符，符合 отвеча́ть интере́сам наро́да 符合人民的利益③за кого-что 负责任 отвеча́ть за пору́ченное де́ло 对委托的事负责

отвыка́ть, -а́ю, -а́ешь【未】отвы́кнуть, -ну, -нешь【完】от чего（或与不定式连用）抛弃……习惯，不习惯于 отвыка́ть от куре́ния 改掉吸烟的习惯 отвыка́ть говори́ть по-ру́сски 说俄语生疏

отдавать, -даю, -даёшь【未】отдать, -дам, -дашь, -даст, -дадим, -дадите, -дадут【完】кого-что①交回, 退回 отдать книги в библиотеку 把书还回图书馆②送给, 献给 отдать себя науке 献身于科学事业

отдельно【副】单独地

отдых, -а【阳】休息, 休养 дом отдыха 休养所

отдыхать, -аю, -аешь【未】отдохнуть, -ну, -нёшь【完】休息, 休养 Семья отдыхает в Крыму. 一家人在克里米亚休养。

отец, отца【阳】父亲 родной отец 生父 отец русской литературы 俄罗斯文学之父

отзываться, -аюсь, -аешься【未】отозваться, отзовусь, отзовёшься【完】①на что 响应, 应答 отзываться на призыв 响应号召②о ком-чём 对……评论, 对……评价 хорошо отзываться о книге 对书的评价很好

открывать, -аю, -аешь【未】открыть, -рою, -роешь【完】что 开, 打开 открыть окно 开窗 открыть глаза 睁开眼睛

открыт, -а, -о, -ы【短尾】打开 Окно открыто. 窗户开着。

открытие, -я【中】发现 научное открытие 科学发现

открытка, -и, 复二-ток【阴】明信片 открытки с видами Парижа 带有巴黎风景的明信片

откуда【副】从哪儿(来) Откуда вы родом? 你是哪儿生人?

отличаться, -аюсь, -аешься【未】отличиться, -чусь, -чишься【完】①出众, 出色 отличаться в работе 工作出色②от кого-чего 与……不同 отличаться от товарищей 与同学不同③чем 特点是 отличаться талантом 特点是有才华

отлично【副】优秀地

отличный, -ая, -ое【形】①极好的, 出色的 продукция отличного качества 优质产品②от кого-чего 与……不同的; 有区别的 отличное от прежнего решение 与以前不同的决定

отметка, -и, 复二-ток【阴】①记号, 标记 отметка на карте 地图上的标记②分数 получить хорошую отметку на экзамене 考试时得到好分数

отмечать, -аю, -аешь【未】отметить, -ечу, -етишь【完】кого-что①做标志; 做记号; 标出 отметить карандашом 用铅笔标出②表扬, 表彰; 庆祝, 纪念 отметить день рождения 庆祝生日

относиться, -ошусь, -осишься【未】отнестись, -сусь, -сёшься【完】к кому-чему①对待 относиться внимательно к приезжему 关切地对待外来人②属于 Китай относится к числу развивающихся стран. 中国属于发展中国家。

отношение, -я【中】①态度, 对待 отношение к работе 工作态度②关系 дипломатические отношения 外交关系

отправлять, -яю, -яешь【未】отправить, -влю, -вишь【完】кого-что 寄; 派遣, 打发 отправить деньги почтой 从邮局汇款

отправляться, -яюсь, -яешься【未】отправиться, -влюсь, -вишься【完】出发, 动身, 开出(车站)等 отправиться в путь 上路 отправиться в командировку 出差

отпуск, -а, в отпуске 及 в отпуску, 复-а, -ов【阳】休假, 假期 находиться в отпуске 正在休假

отсталый, -ая, -ое【形】落后的 отсталая страна 落后的国家 отсталый взгляд 落后的观点

оттуда【副】从哪里 Они оттуда давно уехали. 他们早就离开那里了。

отходить, -ожу, -одишь【未】отойти, -ойду, -ойдёшь【完】от кого-чего 离开, 走到一旁; (车、船)开出 отойти от двери к окну 离开门走到窗口 Поезд отошёл от станции. 火车从车站开走了。

отчество, -а【中】父名、父称 сообщить своё имя, отчество и фамилию 说出自己的名

字、父称和姓

отъезжа́ть, -ю, -ешь【未】отъе́хать, -еду, -едешь【完】от чего 驶离 отъе́хать от воро́т 驶离大门

офице́р, -а【阳】军官 офице́р фло́та 海军军官

охраня́ть, -я́ю, -я́ешь【未】охрани́ть, -ню́, -ни́шь【完】кого-что 保护，保卫 охраня́ть иму́щество 保护财产

оце́нка, -и【阴】估计,评价 дать высо́кую сце́нку 给予很高评价

о́чень【副】很,非常 о́чень интере́сная кни́га 很有趣的书

очки́, -о́в【复】眼镜 тёмные очки́ 墨镜 очки́ для близору́ких 近视镜

ошиба́ться, -а́юсь, -а́ешься【未】ошиби́ться, -бу́сь, -бёшься【完】в ком-чём 或 чем 弄错,犯错误 ошиба́ться в ударе́ниях 重音错误 ошиба́ться в челове́ке 认错人 ошиба́ться но́мером 打错电话号码

оши́бка, -и, 复二-бок【阴】в ком-чём 错误, 过失; 误差 испра́вить оши́бку 改正错误 оши́бка в ударе́ниях 重音错误

оштрафова́ть, -фу́ю, -фу́ешь【完】кого-что 罚款 оштрафова́ть води́теля за наруше́ние пра́вил у́личного движе́ния 因违反交通规则罚司机款

П

па́дать, -аю, -аешь【未】упа́сть 及 пасть, паду́, падёшь【完】①落下, 跌倒 па́дать с ло́шади 从马上跌下②降(雨、雪等) Снег переста́л па́дать. 雪停了。

па́лец, -льца【阳】手指，脚趾 счита́ть на па́льцах 扳着手指数数 большо́й па́лец 大姆指

пальто́【中, 不变】大衣, 外衣 ходи́ть в пальто́ 穿着大衣

па́па, -ы【阳】爸爸

па́мятник, -а【阳】кому 纪念碑 па́мятник А. С. Пу́шкину 普希金纪念碑 па́мятник наро́дным геро́ям 人民英雄纪念碑

па́мять, -и【阴】记忆力, 记性 говори́ть на па́мять 凭记性说

парла́мент, -а【阳】议会

парк, -а【阳】公园 тени́стый парк 绿树成荫的公园

парохо́д, -а【阳】轮船 пассажи́рский парохо́д 客轮

па́ртия, -и【阴】党, 政党 коммунисти́ческая па́ртия 共产党

па́спорт, -а, 复-а́【阳】身份证, 公民证, 护照 заграни́чный па́спорт 出国护照

пассажи́р, -а【阳】旅客, 乘客

певе́ц, -вца́【阳】歌手; 歌唱家 о́перный певе́ц 歌剧演员

пенсионе́р, -а【阳】退休人员

пе́нсия, -и【阴】退休金, 养老金; 抚恤金 уйти́ на пе́нсию 退休 быть на пе́нсии 退休

пе́ние, -я【中】唱

пе́рвый, -ая, -ое【数】第一 пе́рвый уро́к 第一课 пе́рвая глава́ 第一章

перево́д, -а【阳】①翻译 у́стный и пи́сьменный перево́д 口译和笔译②汇款 вы́слать де́ньги перево́дом 通过邮局汇钱

переводи́ть, -ожу́, -о́дишь【未】перевести́, -веду́, -ведёшь【完】что на что 翻译 переводи́ть статью́ с ру́сского языка́ на кита́йский 把文章从俄语译成汉语

перево́дчик, -а【阳】翻译，翻译家 перево́дчик с ру́сского языка́ 俄文翻译

перевози́ть, -жу́, -зишь【未】перевезти́, -зу́, -зёшь【完】кого-что 运送 перевози́ть о́вощи 运送蔬菜

пе́ред【前】кем-чем 在……前面, 在……之前 стоя́ть пе́ред до́мом 站在房子前面 мыть ру́ки пе́ред едо́й 饭前洗手

передава́ть, -даю́, -даёшь【未】переда́ть, -а́м, -а́шь, -а́ст, -ади́м, -ади́те, -аду́т【完】кого-что①转交, 转达, 传给 передава́ть приве́т друзья́м 向朋友们转达问候②传播, 广播, 传

递 передавáть концéрт по телевúзору 通过电视转播音乐会

передáча, -u【阴】（电视、电台的）广播节目 слýшать передáчу для детéй 听儿童广播节目

переезжáть, -áю, -áешь【未】переéхать, -éду, -éдешь【完】что 或 через что①（乘车等）越过 переéхать железнодорóжную лúнию 穿越铁路线②迁往, 迁居 переезжáть в нóвую квартúру 迁居新房

перепúсывать, -аю, -аешь【未】переписáть, -ишý, -úшешь【完】что 抄写, 誊写 перепúсывать рýкопись 誊清手稿

перерыв, -а【阳】暂停, 间歇, 休息 перерыв мéжду заня́тиями 课间休息 обéденный перерыв 午间休息

пересáдка, -u, 复二 -док【阴】①移植；更换 пересáдка капýсты 移栽白菜 пересáдка пóчки 移植肾脏②换乘（车、船、飞机等）сдéлать пересáдку в Харбúне 在哈尔滨换车

переставáть, -таю́, -таёшь【未】перестáть, -áну, -áнешь【完】①停止, 不再 перестáть курúть 戒烟②（雨、雪等）停息 Дождь перестáл. 雨停了。

перехóд, -а【阳】①穿过, 越过 перехóд чéрез шоссé 穿过公路②通道, 过道 подзéмный перехóд 地下通道

переходúть, -ожý, -óдишь【未】перейтú, -йдý, -йдёшь【完】что 或 через что①穿过, 越过 переходúть ýлицу 过马路②（从一个地方）移动到（另一个地方）перейтú в другýю кóмнату 去另一个房间

перчáтка, -u, 复二 -ток【阴】手套 кóжаные перчáтки 皮手套

пéсня, -u, 复二 -сен【阴】歌, 歌曲 петь нарóдные пéсни 唱民歌 популя́рная пéсня 流行歌曲

петь, пою́, поёшь【未】пропéть 及 спеть【完】что 唱歌 петь рýсскую пéсню 唱俄罗斯歌曲

печáтать, -аю, -аешь【未】напечáтать【完】что①印刷, 打字 печáтать на пúшущей машúнке 用打字机打字②登载, 发表 печáтать статьú в газéте 在报上发表文章

печáть, -u【阴】印刷品, 报刊 центрáльная печáть 中央报刊 партúйная печáть 党的刊物

печéнье, -я【中】饼干 миндáльное печéнье 杏仁饼干

пешкóм【副】徒步走, 步行 идтú пешкóм 步行

пианúно【中, 不变】钢琴 игрáть на пианúно 弹钢琴

пирóжное, -ого【中】冰淇淋

писáть, пишý, пúшешь【未】написáть【完】что 写 писáть статью́ 写文章 Рýчка плóхо пúшет. 钢笔不好使。

пúсьменно【副】书面地

пúсьменный, -ая, -ое【形】书写用的, 书面的 пúсьменный и ýстный экзáмен 笔试和口试

письмó, -á, 复 пúсьма, -сем, -сьмам【中】①信 отпрáвить письмó 寄信②文字 славя́нское письмó 斯拉夫文字

пить, пью, пьёшь【未】вы́пить【完】что 喝, 饮 пить чай 喝茶 пить молокó 喝牛奶 пить за дрýжбу 为友谊干杯

плáвать, -аю, -аешь【未】游泳；航行, 乘船走 плáвать в рекé 在河里游泳 плáвать на парохóде 乘船走

плáкать, плáчу, плáчешь【未】哭, 哭泣, 流泪 гóрько плáкать 痛哭, 大哭

план, -а【阳】①平面图 план гóрода 城市平面图②计划, 规划 производственный план 生产计划

планúровать, -рую, -руешь【未】что 计划 планúровать поéздку 计划出行

планéта, -ы【阴】行星 искýсственная планéта 人造行星

пластúнка, -u【阴】唱片 напéть пластúнку 灌唱片

платúть, плачý, плáтишь【未】уплатúть 及 заплатúть【完】что 付, 支付, 缴纳 платúть дéньги 付钱 платúть штраф 交罚款 платúть за покýпку 付货款 платúть злом за добрó 以怨报德

плáта, -ы【阴】交费

плен, -а【阳】俘房

плáтье, -я, 复二 -ьев【中】①衣服 вéрхнее плáтье 外衣②连衣裙 надéть нóвое плáтье 穿新连衣裙

плащ, -á【阳】斗篷，风衣 меховóй плащ 皮斗篷

плéер, -а【阳】随身听

плóхо【副】комý 病情严重；心情不好，心情沉重 Больнóму сегóдня плóхо. 病人今天状况不好。У меня на душé плóхо. 我心情不好。

плохóй, -áя, -óе【形】坏的，不好的 плохóй вóздух 空气不好 плохóе настроéние 心绪不佳

плóщадь, -и, 复-и, -éй【阴】①广场 Крáсная плóщадь 红场②面积 измéрить плóщадь 测量面积

плыть, плывý, плывёшь【未】①漂浮，游泳 плыть на спинé 仰泳②航行，乘船走 плыть на парохóде 乘轮船航行

плюс, -а【副】①加号，正号 знак плюса и мúнуса 加号和减号②（不变）加，加上 Два плюс три равнó пятú. 二加三等于五。③长处，优点 плюсы и мúнусы 优点和缺点④（温度）零上 плюс пять грáдусов 零上5℃

по【前】комý-чемý①沿着，顺着 идтú по дорóге 顺着路走②按照，根据 поступáть по закóну 按法律行事③去……（表示去的地方）бéгать по магазúнам 常跑商店④向，朝……（表示行为的方向和对象）стреляñть по врагý 向敌人开枪⑤表示活动的范围、形式、领域 чемпиóн по шáхматам 象棋冠军

послéдний, -яя, -ее【形】最后的，末尾的；尽头的 послéдний день óтпуска 假日的最后一天 послéдний сын в семьé 家里最小的儿子

послезáвтра【副】后天 Он приéдет послезáвтра. 他后天来。

послóвица, -ы【副】谚语 рýсская послóвица 俄罗斯谚语

послýшать, -аю, -аешь【完】когó-что 听一会儿 послýшать лéкцию 听讲座 послýшать мýзыку 听一会儿音乐

посóл, -слá【阳】大使

посóльство, -а【中】大使馆 посóльство КНР в Москвé 中国驻莫斯科大使馆

посредú不е【前】чегó 在……中间

постéль, -и【阴】被褥，床铺 встать с постéли 起床 лежáть в постéли 躺在床上

постепéнно【副】逐渐地

поступáть, -áю, -áешь【未】поступúть, -уплю, -ýпишь【完】①行事，做事，处事，行事 с э́тим дéлом поступáть неосторóжно 这件事办得不慎重②进入，加入，参加 поступúть в технúческий университéт 考上工业大学 поступúть в аэрокосмúческий университéт 考入航空航天大学

посýда, -ы【副】食具，器皿 стекляñнная посýда 玻璃器皿 чáйная посýда 茶具

посылáть, -áю, -áешь【未】послáть, пошлю, пошлёшь【完】когó-что①派，打发 посылáть няню в магазúн 打发保姆去商店②寄出，汇出，拍出，送出 послáть письмó на пóчте 在邮局寄信

посылка, -и【阴】包裹 почтóвая посылка 邮包

потолóк, -лкá【阳】天花板 лáмпа под потолкóм 吊灯

потóм【副】以后，后来，随后 Я потóм придý. 我随后到。

потомý что【连】因为

похóж, -а, -е, -и【短尾】на когó-что 像 Сын похóж на отцá. 儿子像父亲。

почемý【副】为什么 Почемý ты не соглáсен? 你为什么不同意？

пóчта, -ы【阴】邮政局 рабóтать на пóчте 在邮局上班

почтú【副】差不多，几乎 Онá почтú не изменúлась внéшне, тóлько сúльно похудéла. 她外表上几乎没什么变化，只是消瘦得厉害。

поэзия, -и【阴】诗，诗歌作品 классúческая

поэ́зия 经典诗歌作曲 про́за и поэ́зия 散文与诗歌

поэ́т, -а【阳】诗人 А. С. Пу́шкин — вели́кий ру́сский поэ́т. 普希金是伟大的俄罗斯诗人。

поэ́тому【副】所以，因此 Я спеши́л домо́й, поэ́тому не мог зайти́ к тебе́. 我着急回家，所以没能去你那儿。

появля́ться, -я́юсь, -я́ешься【未】появи́ться, -явлю́сь, -я́вишься【完】出现，呈现 появи́ться на свет 出生，诞生 Появи́лась Луна́. 月亮出来了。

пра́вда, -ы【阴】真理，正义 иска́ть пра́вды 寻找真理

пра́вило, -а【中】规定，规则 граммати́ческие пра́вила 语法规则 пра́вила у́личного движе́ния 交通规则

пра́вильно【副】正确地

прави́тельство, -а【中】政府 кита́йское прави́тельство 中国政府

прави́тельственный, -ая, -ое【形】政府的

пра́во, -а, 复-а́【中】①法律；法学 избира́тельное пра́во 选举法 междунаро́дное пра́во 国际法 ②на что 权利 пра́во челове́ка 人权 пра́во на образова́ние 受教育的权利③（驾驶的）证件，证 води́тельские права́ 驾驶证

прав, -а́, -о, -ы【短尾】正确 Ты прав. 你是对的。Вы соверше́нно пра́вы. 您完全正确。

пра́вый, -ая, -ое【形】①右的，右边的 пра́вая рука́ 右手 пра́вый бе́рег реки́ 河的右岸②右翼的，右派的 пра́вая па́ртия 右翼政党③正义的，公正的 пра́вое реше́ние 正义的决定

пра́здник, -а【阳】节日 пра́здник Весны́ 春节 пра́здник Луны́ 中秋节

пра́здничный, -ая, -ое【形】节日的 пра́здничный день 节日 пра́здничный у́жин 节日晚宴

пра́здновать, -ную, -нуешь【未】отпра́здновать【完】что 庆祝（节日），过节 пра́здновать годовщи́ну побе́ды над фаши́стами 庆祝战胜法西斯的周年纪念日

пра́ктика, -и【阴】实践，实际 не отрыва́ть тео́рию от пра́ктики 理论不能脱离实践

предлага́ть, -а́ю, -а́ешь【未】предложи́ть, -ожу́, -о́жишь【完】кому что 建议，提议 предлага́ть руководи́телю но́вый прое́кт 向领导提出新方案

предложе́ние, -я【中】①建议 о́чень вы́годное для нас предложе́ние 对我们有益的建议②句子 безли́чное предложе́ние 无人称句③（向女子的）求婚 сде́лать кому предложе́ние 向……求婚

предме́т, -а【阳】①东西，物体 предме́т широ́кого потребле́ния 日用品②对象，科目，课程 получи́ть отли́чно по всем предме́там 各门功课都得五分

представи́тель, -я【阳】代表 представи́тель учрежде́ния 机关代表

представля́ть, -я́ю, -я́ешь【未】предста́вить, -влю, -вишь【完】кого-что ①（常与себе́ 连用）想象，设想 представля́ть себе́ карти́ну бо́я 想象战斗的情景②（常与собо́й 连用）是 представля́ть собо́й о́чень сло́жную маши́ну 是一台很复杂的机器③提出，提交 представля́ть доказа́тельства 提出证据④кому 介绍 представля́ть го́стя собра́вшимся 把客人介绍给与会者

пре́жде【副】以前，原先；首先 Пре́жде поду́май, пото́м скажи́. 请先想一想，然后再说。

президе́нт, -а【阳】总统 президе́нт Росси́и 俄罗斯总统

прекра́сно【副】非常好

прекра́сный, -ая, -ое【形】①非常美丽的 прекра́сный вид на мо́ре 美丽的海上景色②卓越的，极好的 прекра́сный врач 出色的医生

прекраща́ть, -а́ю, -а́ешь【未】прекрати́ть, -щу́, -ти́шь【完】что 停止，使……终止，使……中断 прекраща́ть перегово́ры 停止谈判

прекраща́ться, -а́ется【未】прекрати́ть, -и́тся【完】停止，终止 Дождь прекрати́лся. 雨停了。

преподава́тель, -я【阳】(中、高等学校的)教师 преподава́тель ру́сского языка́ 俄语教师

преподава́ть, -даю́, -даёшь【未】препода́ть, -а́м, -а́шь, -а́ст, -адим́, -адите, -аду́м【完】что кому 教，教授 преподава́ть студе́нтам кита́йский язы́к 教大学生们中文

при【前】ком-чём ①在……旁边，在……附近 го́род при реке́ 临河的城市 ②附属于 я́сли при заво́де 工厂附设托儿所

приблизи́тельно【副】大约地，大概地 подсчита́ть приблизи́тельно 大约地计算

приве́т, -а【阳】问候，致意，致礼 переда́ть кому приве́т 转达对……的问候

привози́ть, -ожу́, -о́зишь【未】привезти́, -зу́, -зёшь【完】кого-что 运来，运到 привезти́ строи́тельные материа́лы 运来建筑材料

привыка́ть, -а́ю, -а́ешь【未】привы́кнуть, -ну, -нешь【完】к чему ①习惯(于)，养成……习惯 привыка́ть ра́но встава́ть 习惯早起 привы́кнуть к зде́шнему кли́мату 习惯当地的气候

привы́чка, -и【阴】к чему 习惯 поле́зная привы́чка 好习惯 привы́чка ра́но встава́ть 习惯早起 привы́чка к у́тренней заря́дке 习惯做早操

приглаша́ть, -а́ю, -а́ешь【未】пригласи́ть, -шу́, -си́шь【完】кого-что 请，邀请 приглаша́ть дру́га к себе́ в го́сти 邀请朋友来做客 пригласи́ть на обе́д 邀请吃午饭

приглаше́ние, -я【中】邀请 официа́льное приглаше́ние 正式邀请

пригота́вливать, -аю, -аешь 及 приготовля́ть, -я́ю, -я́ешь【未】пригото́вить, -влю, -вишь【完】кого-что к чему ①把……准备好，把……安排好 пригото́вить ученика́ к экза́мену 使学生准备好考试 ②做好，掌握 пригото́вить уро́ки 准备好功课 ③烧好（饭菜）пригото́вить у́жин 做好晚饭

прие́зд, -а【阳】(乘车、马、船)来到

приезжа́ть, -а́ю, -а́ешь【未】прие́хать, -е́ду, -е́дешь【完】(乘车、马、船)来到，到达 прие́хать на парохо́де 坐轮船到达

признава́ть, -аю́, -аёшь【未】призна́ть, -а́ю, -а́ешь【完】кого-что 承认 признава́ть но́вое прави́тельство 承认新政府 призна́ть свои́ оши́бки 承认自己的错误

призна́ние, -я【中】承认

прика́зывать, -аю, -аешь【未】приказа́ть, -ажу́, -а́жешь【完】кому-чему 命令，吩咐 приказа́ть шофёру пода́ть маши́ну в 8 часо́в 吩咐司机八点把车开来

прилета́ть, -а́ю, -а́ешь【未】прилете́ть, -лечу́, -лети́шь【完】飞来，飞到

приме́р, -а【阳】①例子 привести́ приме́р 举例 ②榜样；示范 показа́ть приме́р во всём 在各方面起模范作用 взять приме́р с него́ 以他为榜样

принадлежа́ть, -жу́, -жи́шь【未】①кому-чему 属于，归……所有 Эта кни́га принадлежи́т мне. 这本书是我的。②к чему 属于……之列 На́ша страна́ принадлежи́т к тре́тьему ми́ру. 我们国家属于第三世界。

принима́ть, -а́ю, -а́ешь【未】приня́ть, приму́, при́мешь【完】кого-что ①接受 приня́ть пода́рок 接受礼物 ②服（药），吃（药）принима́ть лека́рство 吃药

приноси́ть, -ошу́, -о́сишь【未】принести́, -су́, -сёшь【完】кого-что 拿来，带来 приноси́ть письмо́ 带来一封信

приплы́ть, -лыву́, -лывёшь【完】游来

приро́да, -ы【阴】自然界 зако́ны приро́ды 自然界的规律

присыла́ть, -а́ю, -а́ешь【未】присла́ть, пришлю́, пришлёшь【完】кого-что 寄来，邮来 присла́ть письмо́ 寄来信 присла́ть пода́рок 捎来礼物

приходи́ть, -ожу́, -о́дишь【未】прийти́, приду́, придёшь【完】①来到，到来 прийти́ домо́й 回到家 прийти́ в го́сти 来做客 ②来临，降临 Весна́ пришла́. 春天来到了。

причи́на, -ы【阴】原因，缘故 причи́на войны́ 战争的起因 причи́на пожа́ра 引起火灾的原因

прия́тный, -ая, -ое【形】愉快的，令人高兴的 прия́тная но́вость 令人高兴的消息 прия́тный за́пах 好闻的气味

прия́тно【副】愉快地

пробле́ма, -ы【阴】问题 пробле́мы воспита́ния 教育问题 поста́вить и разреши́ть пробле́мы 提出并解决问题 Э́то не пробле́ма! 这不成问题!

про́бовать, -бую, -буешь【未】попро́бовать【完】что ① 尝，品尝 про́бовать вино́ 品酒 про́бовать чай 品茶 ② 尝，尝试 про́бовать вы́яснить 试着弄明白

проверя́ть, -я́ю, -я́ешь【未】прове́рить, -рю, -ришь【完】кого-что 检查 прове́рить докуме́нты у пассажи́ров 检查旅客们的证件

проводи́ть, -ожу́, -о́дишь【未】провести́, -еду́, -едёшь【完】кого-что ① 引……通过，领……过 проводи́ть ло́дку че́рез ре́ку 引导船只过河 ② 度过 ве́село проводи́ть пра́здник 欢度节日

провожа́ть, -а́ю, -а́ешь【未】проводи́ть, -ожу́, -о́дишь【完】кого-что 送别，伴送 провожа́ть госте́й до вокза́ла 送客人到火车站

програ́мма, -ы【未】① 节目 програ́мма конце́рта 音乐会的节目（单） ② 计划，规划 програ́мма разви́тия инду́стрии 工业发展规划 ③ 大纲 уче́бные програ́ммы 教学大纲 ④ (计算机) 程序 програ́мма для ЭВМ 计算机程序

прогре́сс, -а【阳】进步 прогре́сс нау́ки 科学的进步

прогресси́вный, -ая, -ое【形】进步的 прогресси́вное о́бщество 进步的社会 прогресси́вные взгля́ды 进步的观点

прогу́лка, -и, 复二 -лок【阴】散步，闲游 у́тренняя прогу́лка 早晨散步

продава́ть, -даю́, -даёшь【未】прода́ть, -а́м, -а́шь, -а́ст, -ади́м, -ади́те, -аду́т【完】кого-что 卖，出售 продава́ть вещь 把东西卖掉

продаве́ц, -вца́【阳】售货员，店员 продаве́ц магази́на 店员

продолжа́ть, -а́ю, -а́ешь【未】продо́лжить, -жу, -жишь【完】что 继续，持续 продолжа́ть свою́ речь 继续发言 продолжа́ть рабо́тать 继续工作

продолжа́ться, -а́ется【未】продо́лжиться, -ится【完】持续 Кри́ки продолжа́лись недо́лго. 叫喊声持续了不长时间。

продолже́ние, -я【中】继续，持续 Продолже́ние рома́на в очередно́м журна́ле. 小说下期继续连载。

проду́кт, -а【阳】① 产品，产物 проду́кт обме́на 交换产品 ② 食品 моло́чные проду́кты 乳制品 мясны́е проду́кты 肉制品 экологи́чески чи́стые проду́кты пита́ния 绿色食品

прое́кт, -а【阳】① 草案，方案 прое́кт догово́ра 合同草案 ② 设计，设计图 прое́кт моста́ 桥梁设计图 дипло́мный прое́кт 毕业设计

прои́грывать, -аю, -аешь【未】проигра́ть, -а́ю, -а́ешь【完】что 输，输掉 прои́грывать войну́ 打败仗 проигра́ть матч 输比赛

произведе́ние, -я【中】创作，著作，作品 произведе́ние иску́сства 艺术作品 и́збранные произведе́ния Ле́нина 列宁选集

производи́ть, -ожу́, -о́дишь【未】произвести́, -еду́, -едёшь【完】кого-что ① 进行 производи́ть ремо́нт 进行修理 ② 生产，制造 производи́ть вино́ 制酒 ③ 引起，使产生 производи́ть си́льное впечатле́ние на кого-что 对……产生深刻印象

произво́дство, -а【中】生产 това́рное произво́дство 商品生产 спо́соб произво́дства 生产方式

происходи́ть, -ожу́, -о́дишь【未】произойти́, -ойду́, -ойдёшь【完】发生，出现 Произошла́ неприя́тность. 发生了不愉快的事。

промы́шленность, -и【阴】工业 лёгкая промы́шленность 轻工业 тяжёлая промы́шленность 重工业

промы́шленный, -ая, -ое【形】工业的 промы́шленный кри́зис 工业危机 промы́шленная револю́ция 工业革命

пропада́ть, -а́ю, -а́ешь【未】пропа́сть, -аду́, -адёшь【完】失去, 失踪 Письмо́ пропа́ло. 信不见了。

про́пуск, -а【阳】通行证

проси́ть, -ошу́, -о́сишь【未】попроси́ть【完】кого-что 请, 请求, 求 проси́ть соблюда́ть тишину́ 请保持肃静 проси́ть госте́й к столу́ 请客人们入席

прослу́шать, -аю, -аешь【完】что 听完; 听若干时间 прослу́шать о́перу 听完歌剧

проспе́кт, -а【阳】大街 широ́кий проспе́кт 宽敞的大街 пешехо́дный проспе́кт 步行街

про́сто【语】只不过

просто́й, -а́я, -о́е【形】①简单的, 单纯的 проста́я зада́ча 简单的任务 просто́е де́ло 简单的事 ②普通的, 平常的, 一般的 ходи́ть в просто́й руба́шке 穿着普通的衣衫

простра́нство, -а【中】空间 простра́нство и вре́мя 空间和时间

просту́да, -ы【阴】感冒, 伤风 си́льная просту́да 重感冒

простужа́ться, -а́юсь, -а́ешься【未】простуди́ться, -ужу́сь, -у́дишься【完】受凉, 感冒, 伤风 Одева́йся потепле́е, а то просту́дишься. 多穿点儿, 不然会感冒的。

про́сьба, -ы【阴】请求, 要求, 申请 обрати́ться к учи́телю с про́сьбой 向老师请求

про́тив【前】кого-чего ①正对着, 对着 дом про́тив по́чты 邮局对面的房子 ②医治 лека́рство про́тив бессо́нницы 安眠药 лека́рство про́тив головно́й бо́ли 治头疼的药 ③逆着, 顶着 плыть про́тив тече́ния 逆流而上 ④违背, 反对 поступи́ть про́тив со́вести 违背良心而做

противополо́жный, -ая, -ое【形】相反的, 对立的 противополо́жный бе́рег 对岸 два противополо́жных ла́геря 两个对立的阵营

профессиона́льный, -ая, -ое【形】职业的

профе́ссия, -и【阴】职业 выбира́ть профе́ссию 选择职业

профе́ссор, -а, 复-а́, -о́в【阳】教授 профе́ссор матема́тики 数学教授

проходи́ть, -ожу́, -о́дишь【未】пройти́, пройду́, пройдёшь【完】①走过, 通过 проходи́ть ле́сом 从林中走过 ②что 走过, 驰过 (若干里程) проходи́ть де́сять шаго́в 走10步 ③что 学习, 学完 проходи́ть глаго́лы 学习动词

проце́нт, -а【阳】百分率, 百分之一 двена́дцать проце́нтов 百分之十二

проце́сс, -а【阳】过程 проце́сс разви́тия 发展过程

про́шлый, -ая, -ое【形】过去的, 上次的 про́шлый год 去年

проща́ть, -а́ю, -а́ешь【未】прости́ть, прощу́, прости́шь【完】кого-что 原谅, 宽恕 прости́ть нево́льную оши́бку 原谅无意中犯的错误 Прости́те, я опозда́л. 对不起, 我迟到了。

проща́ться, -а́юсь, -а́ешься【未】прости́ться, прощу́сь, прости́шься【完】с кем-чем 告别, 告辞 проща́ться с хозя́евами 向主人告辞

пря́мо【副】一直, 笔直 стоя́ть пря́мо 站得笔直 идти́ пря́мо 一直走

прямо́й, -а́я, -о́е【形】笔直的 пряма́я ли́ния 直线 прямы́е вы́боры 直接选举

психо́лог, -а【阳】心理学家

психоло́гия, -и【阴】心理学

пуга́ться, -а́юсь, -а́ешься【未】испуга́ться【完】кого-чего 害怕, 畏惧 Соба́ка пуга́ется незнако́мого челове́ка. 狗害怕陌生人。

пусто́й, -а́я, -о́е【形】空的, 空心的 пусто́й чемода́н 空箱子 пусты́е разгово́ры 空谈

пусты́ня, -и【阴】沙漠 преврати́ть пусты́ню в зелёный сад 把荒漠变成绿洲

пусть【语】让, 愿, 祝 Пусть он войдёт! 让他进来吧!

путеше́ственник, -а【阳】旅行者

путешéствие, -я【中】旅行, 游览 путешéствие по Еврóпе 在欧洲旅行

путешéствовать, -твую, -твуешь【未】旅行, 游览 путешéствовать по Китáю 在中国旅行

путь, -и́, -и́, путь, путём, о пути́, 复-и́, -éй【阳】①道路, 路线, 途径 путь в горáх 山路 Велúкий шёлковый путь 丝绸之路②路, 线, 道 воздýшные пути́ 航线 вóдные пути́ 水路③方法, 办法 избрáть простóй путь 选择简单的办法

пытáться, -áюсь, -áешься【未】попытáться【完】企图, 试图, 想办法 пытáться опрáвдываться 企图表白自己

пьéса, -ы【阴】剧本 постáвить нóвую пьéсу 上演新剧本

пятёрка, -и, 复二-рок【阴】(学习成绩) 五分 получúть пятёрку 得到5分

пятнáдцатый, -ая, -ое【数】第十五

пятнáдцать, -и【数】十五

пя́тница, -ы【阴】星期五

пя́тый, -ая, -ое【数】第五

пять, пяти́, пятью́【数】五

пятьдеся́т, пяти́десяти【数】五十

пятьсóт, пятисóт【数】五百

Р

рабóта, -ы【阴】①工作, 劳动 искáть рабóту 找工作 ýмственная рабóта 脑力劳动 физúческая рабóта 体力劳动②工作地点, 上班地点 вернýться с рабóты 下班

рабóчий, -его【阳】工人 рабóчие фáбрики 工厂的工人

равнопрáвие, -я【中】权利平等

рад, -а, -о, -ы【形】кому-чему 高兴, 喜欢, 乐意 рад вас вúдеть 很高兴见到您 рад вáшему приéзду 对你们的到来感到高兴

рáдио【中, 不变】无线电 специалúст по рáдио 无线电专家 слýшать рáдио 听广播

рáдоваться, -дуюсь, -дуешься【未】обрáдоваться【完】чему 高兴, 喜悦 рáдоваться успéхам 为取得的成绩而高兴

рáдостный, -ая, -ое【形】高兴的, 喜悦的, 快乐的 рáдостное настроéние 喜悦的心情

рáдость, -и【阴】高兴, 喜悦, 愉快, 快乐 испы́тывать рáдости трудá 感受劳动的快乐

раз¹, -а (-у), 复-ы́, раз, разáм【阳】①一次, 一回, 一下 вúдеть нéсколько раз 见了几次 Семь раз примéрь, одúн раз отрéжь. 三思而后行。Лýчше одúн раз увúдеть, чем сто раз услы́шать. 百闻不如一见。②倍 увелúчить в 5 раз 增加为原来的五倍 уменьшúть в 5 раз 减少到五分之一

раз²【连】既然 Раз сказáл, придý. 既然都说了, 我一定来。

разбивáть, -áю, -áешь【未】разбúть, разобью́, разобьёшь【完】что①打破, 粉碎 разбивáть тарéлку 打碎盘子②打败, 击溃 разбúть врагá 打败敌人

рáзве【语】难道, 莫非, 真的吗 Рáзве мóжно? 难道可以吗?

развивáть, -áю, -áешь【未】развúть, -зовью́, -зовьёшь【完】что 使发育, 使发达, 增强 развúть пáмять 增强记忆力 развúть тяжёлую индýстрию 发展重工业

развивáться, -áется【未】развúться, -зовьётся【完】发展, 扩大 Развивáется произвóдство. 生产扩大了。

развúтие, -я【中】发展 исторúческое развúтие 历史的发展

разговáривать, -аю, -аешь【未】谈话, 交谈 разговáривать по-рýсски 用俄语交谈 разговáривать с друзья́ми о мýзыке 和朋友谈音乐

разговóр, -а【阳】谈话, 交谈 разговóр по телефóну 在电话里交谈

раздевáть, -áю, -áешь【未】раздéть, -éну, -éнешь【完】кого-что 给……脱去衣服 раздевáть ребёнка 给小孩脱去衣服

раздевáться, -áюсь, -áешься【未】раздéться,

-енусь, -енешься【完】(自己) 脱衣服

разделять, -яю, -яешь【未】разделить, -лю, -елишь【完】① кого-что на что 分开，划分，分成 разделить учеников на группы 把学生分成组 ② что с кем 分享，享受 разделять с женой радости и печали 与妻子同甘共苦

размер, -а【阳】大小，尺寸 размер обуви 鞋的尺码 размер заработной платы 工资额

разница, -ы【阴】区别，差别，不同 уменьшить разницу 缩小差别 разница во времени 时差

разный, -ая, -ое【形】不同的，不一样的 разные характеры 不同的性格 Они живут в разных комнатах. 他们住在不同的房间。

разрешать, -аю, -аешь【未】разрешить, -шу, -шишь【完】① что 解决，解答 разрешать трудности 解决困难 ② кому 准许，允许 разрешать им поехать 准许他们出发

разрешение, -я【中】许可，许可证 получить разрешение на поездку 得到旅行证

разрушать, -аю, -аешь【未】разрушить, -шу, -шишь【完】что 破坏，毁坏，损坏 разрушать здоровье 损坏健康 разрушить надежду 使希望破灭

разрушение, -я【中】破坏

район, -а【阳】① 地区，区域 угольный район 产煤区 район наводнения 水灾区 ② 区 один из районов Москвы 莫斯科的一个区

ракета, -ы【阴】① 爆竹，焰火 праздничная ракета 节日焰火 ② 火箭，导弹 космическая ракета 宇宙火箭

рана, -ы【阴】伤，伤口 пулевая рана 枪伤 душевная рана 心灵的创伤

раненый, -ая, -ое【形】受伤的 раненая птица 受伤的小鸟

ранить, -ню, -нишь【未】кого-что 使……受伤

ранний, -яя, -ее【形】早的 ранняя любовь 早恋 ранние произведения этого писателя 这位作家的早期作品

рано【副】早，初，清早 поехать рано утром 一清早就走 рано или поздно 迟早，早晚

раньше【副】在……时候以前，早于 Не вернусь раньше вечера. 我傍晚前回不来。② 从前 Раньше он был здесь. 他从前来过这儿。

расписание, -я【中】时刻表，时间表 расписание поездов 列车时刻表 расписание занятий 课程表

рассказ, -а【阳】短篇小说，故事 сборник рассказов 短篇小说集

рассказывать, -аю, -аешь【未】рассказать, -кажу, -кажешь【完】что 或 о ком-чём 讲，讲述，叙述 рассказывать о работе 谈工作

рассердиться, -жусь, -дишься【完】на кого-что 生气 рассердиться на сына 生儿子的气

рассматривать, -аю, -аешь【未】рассмотреть, -отрю, -отришь【完】кого-что ① 细看，观察，看清楚 рассматривать предмет в микроскоп 用显微镜观看物体 ② 分析，研究，审核 рассматривать данные 分析资料

рассудить, -ужу, -удишь【完】кого-что 评判是非 рассудить спор 判断争论中的是非

растение, -я【中】植物 лекарственное растение 药用植物 трансгенное растение 转基因植物

расти, -ту, -тёшь【未】生长，成长 Дети на глазах растут. 孩子们眼看着成长。Растут народные доходы. 国民收入在增加。

ребёнок, -нка, 复 ребята, -ят 及 дети, детей【阳】婴儿，小孩 здоровый ребёнок 健康的小孩

революция, -и【阴】革命 социалистическая революция 社会主义革命 научно-техническая революция 科技革命

регулярно【副】定期地

редко【副】稀少

режиссёр, -а【阳】导演 известный режиссёр 著名导演

результат, -а【阳】① 结果，成果 результат опыта 试验结果 результат конкурса 竞赛结果 ② 成绩 улучшить свои результаты 提高自己的成绩

река, -и, 四格 реку 及 реку, 复 реки, рек, рекáм【阴】河流 рекá Вóлга 伏尔加河 Ухáньский мост чéрез рекý Янцзы́ 武汉长江大桥

релúгия, -и【阴】宗教

ремóнт, -а【阳】修理 капитáльный ремóнт 大修 ремóнт домóв 装修房屋

ремонтúровать, -рую, -руешь【未】что 修理 ремонтúровать машúну 修车

рéктор, -а【阳】校长 рéктор технúческого университéта 工业大学的校长

респýблика, -и【阴】共和国 социалистúческая респýблика 社会主义共和国 Китáйская Нарóдная Респýблика 中华人民共和国

ресторáн, -а【阳】饭馆，餐厅 заказáть стол в ресторáне 在饭店订餐

речь, -и, 复-и, -éй【阴】①言语 óрган рéчи 言语器官 ②言语, 语体 ýстная и пúсьменная речь 口语和书面语 разговóрная речь 口语 ③演讲, 发言 вступúтельная речь 开幕词

решáть, -áю, -áешь【未】решúть, -шý, -шúшь【完】что ①解决, 解答 решáть проблéмы 解决问题 ②决定，决心 решáть заключúть догóвор 决定签署合同

решéние, -я【中】解决，解答 решéние срóчных вопрóсов 紧急问题的解决

решúтельный, -ая, -ое【形】坚决的; 确定的 решúтельная вéра 坚定的信念 решúтельный харáктер 果敢的性格

рецéпт, -а【阳】药方 купúть лекáрство по рецéпту 按药方买药

рис, -а【阳】①稻，稻子 На э́той равнúне растёт рис. 在这片平原上生长着稻子。②大米; 大米饭 варúть рис 煮大米饭

рисовáние, -я【中】画画 учúтель рисовáния 美术老师

рисовáть, -сýю, -сýешь【未】нарисовáть【完】кого-что 画，素描 рисовáть лóшадь 画马 рисовáть портрéт 画肖像

рисýнок, -нка【阳】图画，素描 карандáшный рисýнок 铅笔画

рóвно【副】平等地，平坦地

рóдина, -ы【阴】①(第一个字母大写) 祖国 любóвь к Рóдине 对祖国的爱 ②故乡, 家乡 вернýться на рóдину 回故乡

родúтели, -ей【复】双亲, 父母 родúтели с детьмú 父母与儿女

родúться, -жýсь, -дúшься【未/完】рождáться, -áюсь, -áешься【未】出生，诞生 У моéй подрýги родúлся сын. 我女朋友生了一个儿子。родúться в рубáшке 生来有福，生来幸运

роднóй, -áя, -óе【形】亲的, 亲生的 роднáя мать 亲生母亲 встрéча с роднúми 和亲人见面

рóдственник, -а【阳】亲戚，亲属 дáльний рóдственник 远亲

рождéние, -я【中】出生，诞生 глухóй от рождéния 天生的聋子 пригласúть на день рождéния 邀请过生日

рождествó, -á【中】圣诞节 отмечáть Рождествó 庆祝圣诞节

роль, -и, 复-и, -éй【阴】①角色 глáвная роль 主要角色 ②作用 игрáть вáжную роль 起重要作用

ромáн, -а【阴】①长篇小说 исторúческий ромáн 历史小说 ②爱情，恋爱关系 фильм «Служéбный ромáн» 电影《办公室的罗曼史》У неё с ним ромáн. 她和他有恋爱关系。

россúйский, -ая, -ое【形】俄罗斯的

россиянúн, -а, 复-яне, -ян【中】俄罗斯人

рост, -а【阳】①生长，增长 врéмя рóста растéний 植物的生长期 рост промышленности 工业的发展 ②身材 высóкий рост 高身材

рот, рта, о рте, во рту【阳】口，嘴 дышáть ртом 用口呼吸 открыть рот от удивлéния 吃惊得张大嘴

рубáшка, -и, 复二-шек【阴】衬衣，衬衫 нúжняя рубáшка 内衣，贴身衬衣 шёлковая рубáшка 绸衬衣

рубль, -я【阳】卢布 купúть кнúгу за сто рублéй 用100卢布买一本书

рукá, -ú, 四格 рýку, 复 рýки, рук, рукáм【阴】

①手,胳膊 подня́ть ру́ку 举手 пожа́ть ру́ку 握手 ②人,人手 Не хвата́ет рабо́чих рук. 人手不够。

руководи́тель, -я【阳】领导人 руководи́тель организа́ции 组织的领导人

руководи́ть, -ожу́, -оди́шь【未】кем-чем ①领导,指导 руководи́ть аспира́нтом 指导研究生 ②管理,主持 руководи́ть заво́дом 管理工厂

ру́сский, -ая, -ое【形】俄罗斯(人)的 ру́сский язы́к для делов́ых люде́й 商务俄语

ру́сско-англи́йский, -ая, -ое【形】俄英语的

ру́чка, -и【阴】钢笔 автомати́ческая ру́чка 自来水笔

ры́ба, -ы【阴】鱼 уди́ть ры́бу 钓鱼 морска́я ры́ба 海鱼

ры́нок, -нка【阳】市场,集市 купи́ть о́вощи на ры́нке 在市场买菜 чёрный ры́нок 黑市 вну́тренний ры́нок 国内市场

ря́дом【副】并列着,在旁边 сиде́ть ря́дом с ма́терью 坐在母亲旁边

С

с/со【前】I кого-чего ①由,自,从 верну́ться с заво́да 从工厂回来 ②(表示时间)由……起 с семи́ часо́в 从七点起 со среды́ 从星期三起 с де́тства 从童年起 ③(表示行为方式或工具)从……角度,从……方面 окружа́ть со всех сторо́н 从四面包围 полюби́ть с пе́рвого взгля́да 一见钟情 ④(表示原因、根据)因为,由于(在口语中常用于 с го́ря, с жа́ру, с доро́ги, со сме́ху, со стра́ха, с го́лоду, с хо́лоду, с испу́га 等短语中)уста́ть с доро́ги 旅途疲惫 ⑤(表示来源)从,由,自 собра́ть нало́ги с населе́ния 向居民收税 студе́нт с факульте́та ру́сского языка́ 俄语系学生 Ско́лько с меня́? 我交多少钱? ⑥(表示摹拟、仿效、翻译)向,从,照着 брать с него́ приме́р 以他为榜样 перевести́ с ру́сского языка́ на кита́йский 从俄语译成汉语 II кем-чем ①和,与,及,同 Мы с бра́том ходи́ли в кино́. 我和弟弟看了电影。②拿着,带着,装着,附着 корзи́на со цвета́ми 花篮 ③(表示与某事物相连或相邻)挨着,靠着 сиде́ть ря́дом с сестро́й 挨着妹妹坐 ④与……, 同……сс́ориться с дру́гом 与朋友争吵 ⑤表示行为方式 одева́ться со вку́сом 穿得有品味 есть с аппети́том 津津有味地吃

сад, -а, о са́де, в саду́, 复-ы́【阳】①花园 цвету́щий сад 花园 фрукто́вый сад 果园 ②幼儿园 де́тский сад 幼儿园

сади́ться, сажу́сь, сади́шься【未】сесть, ся́ду, ся́дешь【完】坐下 сади́ться отдохну́ть 坐下休息 сесть на по́езд 坐上火车 сесть за кни́гу 坐下来读书

сала́т, -а【阳】沙拉 сала́т из овоще́й 蔬菜沙拉

сам, самого́【代】自己,本人,亲自 Дире́ктор сам реши́л. 经理本人亲自决定。

самолёт, -а【阳】飞机 лета́ть на самолёте 乘飞机飞行

самостоя́тельно【副】独立地

са́мый, -ая, -ое【代】①正是,恰好,就是 тот са́мый челове́к 就是那个人 ②紧,尽,最 у са́мого мо́ря 紧靠海边 Сейча́с са́мая пора́ обе́дать. 现在正是吃午饭的时候。③(与性质形容词连用构成最高级)最 са́мый че́стный 最诚实的

санато́рий, -я【阳】疗养院

сантиме́тр, -а【阳】厘米 пять сантиме́тров 五厘米

са́хар, -а (-у)【阳】糖 чай с са́харом 加糖的茶

свари́ть, -рю́, -ри́шь【完】что 煮 свари́ть яйцо́ 煮鸡蛋

све́жий, -ая, -ее【形】①新的 све́жая мысль 新颖的想法 ②新鲜的 све́жие цветы́ 鲜花

све́рху【副】从上面,从高处 па́дать све́рху 从上面落下来 прика́з све́рху 上级命令

свет, -а【阳】光 со́лнечный свет 太阳光 электри́ческий свет 电灯光 Сего́дня не све́та. 今

天停电。

свéтлый, -ая, -ое【形】①光亮的 свéтлая кóмната 明亮的房间 свéтлое бýдущее 光明的未来②浅色的 свéтлые вóлосы 浅色的头发 свéтлый костю́м 浅色的西服

свидáние, -я【中】会见，会面 свидáние с роднымú 与亲属团聚 деловóе свидáние 工作上的会晤 до свидáния 再见

свобóда, -ы【阴】自由 борóться за свобóду Рóдины 为祖国的自由而斗争 свобóда слов 言论自由

свобóдно【副】自由地

свобóдный, -ая, -ое【形】①自由的 свобóдный нарóд 自由的人民 свобóдный вход 免费入场②от чего 空的，空闲的 свобóдное мéсто 空座 свобóдное от занятий врéмя 课余的空闲时间

свой, своегó【代】自己的 сдéлать свои́ми рукáми 亲手做成 жить свои́м трудóм 自食其力

сдавáть, сдаю́, сдаёшь【未】сдать, сдам, сдашь, сдаст, сдади́м, сдади́те, сдадýт【完】когó-что①交给，交到 сдать бельё в химчи́стку 把内衣送去干洗②通过考试 сдать экзáмен 通过考试

сдáча, -и【阴】①交给，交到 сдáча рабóты 移交工作②找回的钱 получи́ть сдáчу 拿到找回的钱

сéвер, -а【阳】①北 к сéверу от Москвы́ 莫斯科以北②北方 сéвер нáшей страны́ 我国北方

сéверный, -ая, -ое【形】北方的 сéверный пóлюс 北极

сегóдня【副】今天 Сегóдня хóлодно. 今天很冷。

сегóдняшний, -яя, -ее【形】今天的 сегóдняшняя газéта 今天的报纸

седьмóй, -áя, -óе【数】第七 седьмóе числó 七号

сейчáс【副】现在 Я сейчáс зáнят. 我现在正忙着。

секрéт, -а【阳】秘密 вы́дать секрéт 泄密 секрéт успéха 成功的秘诀

секретáрь, -я́【阳】①秘书 ли́чный секретáрь 私人秘书 генерáльный секретáрь ООН 联合国秘书长②书记 генерáльный секретáрь ЦК КПК 中共中央总书记

секýнда, -ы【阴】秒 В минýте 60 секýнд. 1 分钟有 60 秒。

селó, -á, 复 сёла, сёл【中】村庄 Селó нахóдится на берегý реки́. 村庄坐落在河边。

сéльский, -ая, -ое【形】农村的 сéльское хозя́йство 农业经济

семéстр, -а【阳】（大学、中等专业学校的）学期

семинáр, -а【阳】课堂讨论 семинáр по истóрии 历史课课堂讨论

семнáдцатый, -ая, -ое【数】第十七

семь, семи́【数】七，七个 семь я́блок 七个苹果

сéмьдесят, семи́десяти【数】七十，七十个 сéмьдесят автóбусов 70 辆公共汽车

семьсóт, семисóт【数】七百，七百个 семьсóт книг 700 本书

семья́, -и́, 复 сéмьи, семéй, сéмьям【阴】家庭 дрýжная семья́ 和睦的家庭 Нáша семья́ состои́т из пяти́ человéк. 我们家有五口人。

сентя́брь, -я́【阳】九月 Занятия начнýтся в сентябрé. 九月份开学。

серди́ться, сержýсь, сéрдишься【未】рассерди́ться【完】на когó-что 发怒，生气 серди́ться на ученикá 生学生的气

сéрдце, -а, 复 сердцá, сердéц, сердцáм【中】心，心脏 Сéрдце бьётся. 心跳。У меня́ плóхо с сéрдцем. 我心脏不好。

сéрый, -ая, -ое【形】灰色的 сéрые глазá 灰色的眼睛 сéрый дохóд 灰色收入

серьёзный, -ая, -ое【形】①严肃的，认真的 серьёзное отношéние 严肃的态度②重大的，重要的 серьёзные заслýги 重大功劳

сестрá, -ы́, 复 сёстры, сестёр, сёстрам【阴】①姐姐，妹妹 роднáя сестрá 同胞姊妹 стáршая сестрá 姐姐 млáдшая сестрá 妹妹②护士 медици́нская сестрá 护士

сидéть, -жý, -ди́шь【未】坐着 сидéть за столóм

坐在桌旁 сидéть за газéтой 坐着读报

сѝла, -ы【阴】①力,力量 физúческая сúла 体力 ②武装力量,兵力 мосрскúе сúлы 海军 воéнно-воздýшные сúлы 空军

сѝльный, -ая, -ое【形】有力的,力气大的 сúльный удáр 有力的打击 сúльный мотóр 强大的发动机 сúльное госудáрство 强国

симпатúчный, -ая, -ое【形】可爱的

сúний, -яя, -ее【形】蓝色的,青色的 сúнее нéбо 蓝天

систéма, -ы【阴】①系统 систéма просвещéния 教育系统②体制 госудáрственная систéма 国家体制

скáзка, -и, 复二 -зок【阴】童话,神话,故事 дéтские скáзки 童话

сквозь【前】что 通过,经过 смех сквозь слёзы 噙着眼泪的笑

скóлько【副】多少,若干 Скóлько вам лет? 您多大了? Скóлько лет, скóлько зим. 久违了。

скóро【副】很快

скрóмный, -ая, -ое【形】①谦虚的 скрóмный человéк 谦逊的人②朴素的,简单的 скрóмный обéд 便饭,粗茶淡饭③不大的,微薄的,微不足道的 скрóмный подáрок 小礼物

скучáть, -áю, -áешь【未】①感到寂寞 скучáть от бездéлья 闲得无聊②по кому-чему 思念 скучáть по сýну 想念儿子 скучáть по дóму 想家

скýчно【副】寂寞

слáбый, -ая, -ое【形】弱的,衰弱的 слáбый старúк 体弱的老人 слáбое здорóвье 健康欠佳

слáдкий, -ая, -ое【形】甜的 слáдкое винó 甜酒 ýтка под слáдким сóусом 蜜汁鸭

слéва【副】从左边,在左边 слéва пройтú от дорóги 从道路左边走过

следúть, слежý, следúшь【未】за кем-чем ①目送,注视 следúть за друзьями 目送朋友②观察,注意 следúть за успéхами наýки 关注科学成就 Онá следúт за мóдой. 她关注时尚。③照料 следúть за демьмú 照料孩子

слéдовательно【副】因此

слéдующий, -ая, -ее【形】①其次的 поéхать на слéдующий день 第二天出发②以下的 привестú слéдующие примéры 列举下列例子

служáщий, -его【阳】职员

словáрь, -я【阳】词典 крáткий словáрь 简明词典 составлять толкóвый словáрь 编写详解词典

слóво, -а, 复 словá, слов, словáм【中】①单词 значéние слóва 词义②语言,话语 живóе слóво 生动的语言 сказáть нéсколько слов 说几句话

слог, -а【阳】音节

слóжный, -ая, -ое【形】复杂的 взять на себя слóжную задáчу 承担繁重的任务

слýжба, -ы【阴】①кому-чему 服务 слýжба наýке 为科学服务②职务,工作 искáть слýжбу 找工作 Дрýжба дрýжбой, слýжба слýжбой. 友谊归友谊,工作归工作。

служúть, служý, слýжишь【未】послужúть【完】①кем-чем 任职,担任 служúть в компáнии дирéктором 在公司任经理②кому-чему 服务 служúть экономúке 为经济服务

слýчай, -я【阳】①事情,事件 говорúть о стрáнном слýчае 谈论奇怪的事情②机会 упустúть слýчай 错过机会

случáйно【副】意外地,偶然地

случáться, -áется【未】случúться, -úтся【完】发生 Что случúлось с тобóй? 你出什么事了?

слýшать, -аю, -аешь【未】прослýшать【完】кого-что 听 слýшать Чайкóвского 听柴哥夫斯基的音乐

слýшать, -шу, -шишь【未】услýшать【完】кого-что 听见 плóхо слýшать голосá 听不清声音 Одúн раз увúдеть лýчше, чем сто раз услýшать. 百闻不如一见。

смéлый, -ая, -ое【形】大胆的,勇敢的 смéлый человéк 勇敢的人 смéлый постýпок 勇敢的

行为

смéрть, -u【阴】死,死亡 находи́ться на краю́ смéрти 处在死亡边缘

смешнóй, -áя, -óе【形】可笑的 смешнóе выступлéние 滑稽的表演

смея́ться, смею́сь, смеёшься【未】①笑,发笑 смея́ться от рáдости 高兴得笑 ②над кем-чем 讥笑,嘲笑 смея́ться над чьи́ми оши́бками 嘲笑……的错误

смотрéть, смотрю́, смóтришь【未】посмотрéть【完】①на когó-что 或 во что 看,望 смотрéть на собесéдника 看着交谈者 смотрéть в окнó 往窗外(里)看 ②за кем-чем 照料,照看 смотрéть за ребёнком 照看小孩

смысл, -а【阳】意义,意思 смысл слóва 词义 в ширóком смы́сле 按广义说 в у́зком слы́сле 狭义上讲

снача́ла【副】起初,最初 Снача́ла подýмай, потóм отвечáй. 先想想,然后再回答。

снег, -а, 复-á【阳】雪 Снег тáет. 雪在融化。Вы́пал снег. 下了一场雪。

снимáть, -áю, -áешь【未】снять, снимý, сни́мешь【完】когó-что①取下,拿下 снять очки́ 摘下眼镜 снять пальтó 脱下大衣 снять шáпку 摘下帽子 ②拍照,摄影 снять фильм 拍电影 Сними́те нас грýппой. 请给我们照一张集体照。

снóва【副】又,重新 снóва объясни́ть 重新讲一遍

собáка, -и【阴】狗,犬 домáшняя собáка 家犬

собирáть, -áю, -áешь【未】собрáть, -дерý, -берёшь【完】когó-что 使聚到一起,召集 собирáть людéй 把人们召集在一起

собрáние, -я【中】会议 собрáние избирáтелей 选民大会

собы́тие, -я【中】事件,事情 разговáривать о междунарóдных собы́тиях 谈论国际时事

совершáть, -áю, -áешь【未】совершить, -шý, -ши́шь【完】что 做,进行,完成 совершить путешéствие по свéту 周游世界

совéт, -а【阳】①劝告,忠告 послéдовать совéту отцá 听从父亲的劝告 ②会议 заяви́ть на педагоги́ческом совéте 在校务会议上宣布

совéтовать, -тую, -туешь【未】посовéтовать【完】комý-чемý 建议,劝告 совéтовать дрýгу идти́ на экзáмен 劝朋友去应试

совремéнный, -ая, -ое【形】现代的 совремéнная рýсская литератýра 当代俄罗斯文学 совремéнный рýсский язы́к 现代俄语

совсéм【副】完全 совсéм нóвое решéние 全新的决定

соглáсен, -сна, -сно, -сны【短尾】с кем-чем 或 на что 同意 Я соглáсен с вáми. 我同意你的观点。Больнóй соглáсен на операцию. 病人同意手术。

соглашáться, -áюсь, -áешься【未】согласи́ться, -ашýсь, -аси́шься【完】①на что 同意,答应 согласи́ться на операцию 同意手术 ②с кем-чем 赞同,承认 согласи́ться с э́тим мнéнием 赞同该意见

совремéнник, -а【阳】现代人

содержáние, -я【中】内容 просмотрéть содержáние договóра 浏览合同的内容

содержáть, -ержý, -éржишь【未】что 含有 Кни́га содержи́т в себé мнóго интерéсного. 这本书里有许多有趣的情节。

создавáть, -даю́, -даёшь【未】создáть, -áм, -áшь, -áст, -ади́м, -ади́те, -адýт【完】что 创立,创作,建立 создáть нóвое произведéние 创作出新作品 создáть теóрию 创建理论

создáние, -я【中】创作,创立,建立 придáть внимáние создáнию худóжников 重视艺术家的创作

сок, -а【阳】汁,液 берёзовый сок 白桦树汁 В томáтном сóке мнóго витами́нов. 番茄汁里含有许多维生素。

солдáт, -а, 复二 солдáт【阳】兵,士兵 стáрый солдáт 老兵

солёный, -ая, -ое【形】咸的 солёное óзеро 盐水湖 солёные огурцы́ 腌黄瓜

сóлнечный, -ая, -ое【形】太阳的 сóлнечный свет 太阳光 сóлнечная систéма 太阳系

сóлнце, -а【中】太阳 восхóд сóлнца 日出 лучи́ сóлнца 阳光 Земля́ враща́ется вокру́г Сóлнца. 地球围绕太阳旋转

соль, -и【阴】盐 столóвая соль 食盐 морска́я соль 海盐

сомнева́ться, -а́юсь, -а́ешься【未】в ком-чём 怀疑 сомнева́ться в свои́х си́лах 怀疑自己的力量

сообща́ть, -а́ю, -а́ешь【未】сообщи́ть, -щу́, -щи́шь【完】что кому-чему 通知 сообща́ть реше́ние суда́ ему́ 把法院的判决告诉他

сообще́ние, -я【未】①通告,消息,报道,报告 сообще́ние о нóвых месторожде́ниях зóлота 关于黄金产地的报告②交通,通信 прямóе сообще́ние 直达运输 Министе́рство сообще́ния 交通部

сóрок, сорока́【数】四十,四十个 сóрок я́блок 40个苹果

сосе́д, -а, 复 сосе́ди, сосе́дей【阳】邻居

сосе́дний, -яя, -ее【形】邻近的,隔壁的 сосе́дний дом 邻舍 сосе́днее госуда́рство 邻国

состоя́ние, -я【中】状态,状况 состоя́ние здорóвья 健康状况 состоя́ние погóды 天气状况

состоя́ть, -ою́, -ои́шь【未】①из кого-чего 由……组成 Кварти́ра состои́т из четырёх кóмнат. 这套房子共有四个房间。②в чём 在于 Ра́зница состои́т гла́вным óбразом в окра́ске. 区别主要在于色彩方面。

состоя́ться, -ои́тся【完】举行 Концéрт состои́тся в апре́ле. 音乐会将在四月举行。

сохраня́ть, -я́ю, -я́ешь【未】сохрани́ть, -ню́, -ни́шь【完】что 保存,保留,保藏 сохраня́ть истори́ческие па́мятники 保存历史古迹

спаса́ть, -а́ю, -а́ешь【未】спасти́, -су́, -сёшь【完】кого-что 救,拯救,抢救 спаса́ть дру́гу жизнь 救朋友的命

спаси́бо【语】感谢,谢谢 Спаси́бо за угоще́ние. 谢谢款待。Спаси́бо за внима́ние. 谢谢关照。

спать, сплю, спишь【未】睡,睡觉 ложи́ться спать 躺下睡觉 спать на спине́ 仰面睡觉

спекта́кль, -я【阳】戏剧 ста́вить спекта́кль 上演戏剧

специали́ст, -а【阳】专家 специали́ст по вну́тренним болéзням 内科专家

специа́льность, -и【阳】学科,专业 избра́ть свое́й специа́льностью истóрию 选历史作自己的专业

специа́льный, -ая, -ое【形】①专门的,特别的 специа́льный самолёт 专机②专业的 специа́льная литерату́ра 专业书籍

спеши́ть, -шу́, -ши́шь【未】поспеши́ть【完】①赶紧(做),赶快(做),急于,急忙,忙于,赶 спеши́ть с отве́том 赶快回答 спеши́ть на пóезд 赶火车②(钟表)走得快 Часы́ спеша́т на де́сять мину́т. 表快10分钟。

спокóйно【副】平静地

спокóйный, -ая, -ое【形】平静的,宁静的 спокóйное мóре 平静的大海

спор, -а【阳】争论 нау́чный спор 学术上的争论 горя́чий спор 热烈的争论

спóрить, -рю, -ришь【未】поспóрить【完】с кем 争论,争执 тру́дно спóрить с ним 很难同他辩论

спорти́вный, -ая, -ое【形】体育运动的 спорти́вная площа́дка 运动场 спорти́вный костю́м 运动服

спортсмéн, -а【阳】运动员 прекра́сный спортсмéн 出色的运动员

спосóбность, -и【阴】①能力 покупа́тельная спосóбность населе́ния 居民的购买力②к чему 才能,才干 спосóбность к матема́тике 数学才能

спосóбный, -ая, -ое【形】①有能力的,有才能的 спосóбный молодóй врач 有才华的年轻医生②к чему 有……才能的,能做……的 спосóбный к пе́нию 有歌唱才能的 Он спосóбен к матема́тике. 他擅长数学。

спра́ва【副】在右边,从右边 спра́ва от доро́ги 道路右边

справедли́вый, -ая, -ое【形】公正的,公平的 справедли́вое реше́ние 公正的解决 справедли́вый челове́к 公正的人

спра́шивать, -аю, -аешь【未】спроси́ть, -ошу́, -о́сишь【完】кого-что 问,打听 спра́шивать уро́ки 提问功课 спроси́ть прохо́жего 问过路的人 спроси́ть о здоро́вье 询问健康

спуска́ться, -а́юсь, -а́ешься【未】спусти́ться, -ущу́сь, -у́стишься【完】下来;放下来 спусти́ться с горы́ 从山上下来 спусти́ться с тре́тьего этажа́ на ли́фте 乘电梯从三楼下来

сравне́ние, -я【中】比喻,比拟,比较 неуда́чное сравне́ние 不恰当的比喻

сра́внивать, -аю, -аешь【未】сравни́ть, -ню́, -ни́шь【完】① кого-что 比较 сравни́ть два фа́кта 比较两个事实 ② кого-что с кем-чем 把……比喻成…… сравни́ть мо́лодость с весно́й 把青春比作春天

сра́зу【副】马上,立即 сра́зу отвеча́ть 马上回答

среда́, -ы́, 四格 сре́ду, 复 сре́ды, сред, сре́дам【阴】星期三 по сре́дам 每逢周三

среди́【前】чего 在……中间 останови́ться среди́ у́лицы 停在街中心

сре́дний, -яя, -ее【中】① 中间的 сре́дний пери́од 中期 челове́к сре́днего во́зраста 中年人 ② 中等的 сре́дняя шко́ла 中学 ③ 平均的 сре́дняя температу́ра 平均气温

сро́чный, -ая, -ое【形】紧急的,定期的 сро́чное де́ло 急事

ссо́риться, -рюсь, -ришься【未】поссо́риться【完】с кем 不和,反目;争吵 ссо́риться с дру́гом из-за де́нег 为钱和朋友发生争执

ста́вить, -влю, -вишь【未】поста́вить【完】что 摆,竖放 ста́вить столбы́ 竖电线杆子 поста́вить и разреши́ть вопро́сы 提出并解决问题

стадио́н, -а【阳】体育场 закры́тый стадио́н 室内体育场 на стадио́не 在体育场

стака́н, -а【阳】玻璃杯 вы́пить стака́н ча́ю 喝一杯茶

станови́ться, -влю́сь, -о́вишься【未】стать, ста́ну, ста́нешь【完】кем-чем 成为,变成 Он стал писа́телем. 他成了作家。

ста́нция, -и【阴】车站 ста́нция метро́ 地铁站 железнодоро́жная ста́нция 火车站

стара́ться, -а́юсь, -а́ешься【未】постара́ться【完】努力,力求 стара́ться изо всех сил 全力以赴

стари́к, -а́【阳】老人,老头 седо́й стари́к 白发苍苍的老头

стари́нный, -ая, -ое【形】古代的,古老的 стари́нный парк 古老的公园

ста́рость, -и【阳】老年 счастли́вая ста́рость 幸福的晚年

ста́рший, -ая, -ее【形】年纪大些的,年长的 ста́ршее поколе́ние 长辈 ста́рший брат 哥哥 ста́ршая сестра́ 姐姐

ста́рый, -ая, -ое【形】年老的 ста́рый дед 年迈的祖父

статья́, -и́, 复 -е́й【阴】文章 газе́тная статья́ 报纸上的文章

стена́, -ы́, 四格 сте́ну, 复 сте́ны, стен, стена́м【阴】墙 Вели́кая Кита́йская стена́ 长城

стих, -а́【阳】诗 стихи́ А. С. Пу́шкина 普希金的诗

сто, ста【数】一百,一百个 в ста шага́х от нас 离我们100步远的地方

сто́ить, сто́ю, сто́ишь【未】что 或 чего ① 值 Это пальто́ сто́ит больши́х де́нег. 这件大衣值很多钱。② 花费 Это сто́ило большо́го труда́. 这件事耗费了很大力气。

стол, -а́【阳】桌子 пи́сьменный стол 书桌

столи́ца, -ы【阴】首都 Пеки́н — столи́ца на́шей Ро́дины. 北京是我们祖国的首都。

столо́вая, -ой【阴】饭厅,餐厅 обе́дать в столо́вой 食堂吃饭

стоя́ть, сто́ю, сто́ишь【未】站立,(竖)放着 стоя́ть на посту́ 站岗

страна́, -ы́, 复 стра́ны, стран, стра́нам【阴】

国家

страни́ца, -ы【阴】面, 页 Откро́йте уче́бник на 20-ой страни́це. 请把教科书翻到第20页。

стра́шно【副】可怕地

стра́шный, -ая, -ое【形】可怕的 стра́шная война́ 可怕的战争

стреми́ться, -млю́сь, -ми́шься【未】к кому-чему́ 力图, 力求 стреми́ться к зна́ниям 渴求知识 стреми́ться в вуз 渴望考上大学

стро́гий, -ая, -ое【形】要求严格的, 严厉的 стро́гий учи́тель 严厉的教师 стро́гое тре́бование 严格要求

строи́тель, -я【阳】建筑者 инжене́р-строи́тель 建筑工程师

строи́тельный, -ая, -ое【形】建设的, 建筑的 строи́тельная инду́стрия 建筑业 строи́тельный факульте́т 建筑系

строи́тельство, -а【中】建筑, 施工 городско́е строи́тельство 城市建筑

стро́ить, -ою, -оишь【未】постро́ить【完】что 建筑, 建造 стро́ить желе́зную доро́гу 修建铁路

стро́йка, -и, 复二 -о́ек【阴】建筑; 建筑工程 На стро́йке кипи́т рабо́та. 工地上工作干得热火朝天。

студе́нт, -а【阳】大学生 гото́вить студе́нтов 培养大学生

студе́нческий, -ая, -ое【形】大学生的 студе́нческий биле́т 学生证 студе́нческая жизнь 大学生活

стул, -а, 复 -лья, -льев【阳】椅子 мя́гкий стул 软座椅子

сты́дно【副】кому 害羞, 害臊, 惭愧 Мне сты́дно за тебя́. 我替你害臊。

суббо́та, -ы【阴】星期六 Суббо́та — выходно́й день. 星期六是休息日。

судья́, -и́【阳】裁判, 法官 судья́ по футбо́лу 足球裁判

судьба́, -ы́, 复 су́дьбы, су́деб, су́дьбам【阴】命运, 机遇, 机缘 го́рькая судьба́ 苦命 покори́ться судьбе́ 屈服于命运

суме́ть, -е́ю, -е́ешь【完】会 суме́ть за коро́ткий срок преврати́ть свою́ страну́ в могу́чую инду́стриальную держа́ву 会在短期内把自己的国家变成一个工业化强国。

су́мка, -и, 复二 -мок【阴】袋, 包 су́мка для книг и тетра́дей 书包 да́мская су́мка 女士包

суп, -а, 复 -ы́【阳】汤, 菜汤 есть суп 喝汤

су́тки, -ток【复】昼夜 отдыха́ть дво́е су́ток 休息两昼夜 В су́тках 24 часа́. 一昼夜有24小时。

сухо́й, -а́я, -о́е【形】干的 сухо́е полоте́нце 干毛巾 сухо́й во́здух 干燥的空气

сходи́ть, схожу́, схо́дишь【未】сойти́, сойду́, сойдёшь【完】с чего 下去, 下来 сходи́ть с горы́ 从山上下来 сойти́ с трамва́я 下电车

сце́на, -ы【阴】戏台, 舞台 вы́йти на сце́ну 登台 сойти́ со сце́ны 下台

счастли́вый, -ая, -ое【形】幸福的 счастли́вое бу́дущее 幸福的未来

сча́стье, -я【中】幸福 стремле́ние к сча́стью 追求幸福

счёт, -а (-у), 复 счета́, -о́в【阳】账目, 账户 откры́ть счёт в ба́нке 在银行开账户 за счёт кого-чего 依靠, 有赖于

счита́ть, -а́ю, -а́ешь【未】счесть, сочту́, сочтёшь【完】① кого-что 数数, 计数 счита́ть про себя́ до десяти́ 默数到10 счита́ть де́ньги 数钱 ② кого-что кем-чем 认为, 以为 счита́ть его́ поги́бшим 以为他已经牺牲

счита́ться, -а́юсь, -а́ешься【未】счёсться, сочту́сь, сочтёшься【完】кем-чем 被认为, 被看作 Он счита́ется хоро́шим инжене́ром. 他被看作是一位好工程师。

сын, -а, 复 сыновья́, -ве́й【阳】儿子 ста́рший сын 长子

сыр, -а【阳】奶酪

сюда́【副】往这里, 往这儿 Посмотри́ сюда́! 往这儿看!

Т

так как【连】因为

тайна, -ы【阴】奥秘,秘密 тайна Вселéнной 宇宙的秘密 тайна успéха 成功的秘诀

так【副】这样,那样 По-рýсски так не говорят. 俄语不这么说。

таким образом【词组】因此

также【副】同样地,以及 Мы также согласны. 我们也同意。

такой, -ая, -ое【代】这样的,如此的 Такой работник нам нужен. 这样的工作人员我们需要。

такси【中,不变】出租汽车 взять такси 打车 éхать на такси 乘出租车

талáнт, -а【阳】天才,才能 талáнт худóжника 艺术家的才能

талáнтливый, -ая, -ое【形】天才的,有才能的 талáнтливый музыкáнт 天才音乐家 талáнтливое произведéние 才气横溢的作品

таможня, -и【阴】海关

там【副】在那里 Они бýдут там только завтра. 他们明天才到那儿。

танец, -нца【阳】舞,舞蹈 национáльный танец 民族舞蹈

танцевáть, -цую, -цуешь【未】станцевáть【完】跳舞 легкó танцевáть 舞蹈跳得轻盈

тарéлка, -и, 复二-лок【阴】盘子,碟子 глубóкая тарéлка 深盘 налить что в тарéлку 往盘子里倒

твёрдый, -ая, -ое【形】①固体的 твёрдое тéло 固体②硬的 твёрдое яблоко 硬苹果③坚强的,坚毅的,坚决的 твёрдая воля 顽强的意志

твой, -егó【代】你的 твой дом 你的房子

творчество, -а【中】创作,作品 худóжественное творчество 艺术创作

теáтр, -а【阳】剧院 пригласить когó в теáтр 邀请……去看剧

текст, -а【阳】课文 выучить текст наизусть 背熟课文

телевизор, -а【阳】电视机 цветнóй телевизор 彩色电视机 чёрно-бéлый телевизор 黑白电视机

телеграмма, -ы【阴】电报;电文 послáть поздравительную телеграмму 拍贺电

телепередáча, -и【阴】电视节目 смотрéть телепередáчу 看电视节目

телефóн, -а【阳】电话 служéбный телефóн 办公电话 домáшний телефóн 住宅电话 мобильный телефóн 手机

тéма, -ы【阴】题目,话题 писáть доклáд на актуáльную тéму 写现实题材的报告

темнотá, -ы【阴】黑暗;黑夜 пóлная темнотá 一片漆黑

тёмный, -ая, -ое【形】黑的,暗的 тёмная ночь 黑夜 тёмные вóлосы 发黑的头发

температýра, -ы【阴】温度 срéдняя температýра 平均温度 нормáльная температýра 正常的体温

тéннис, -а【阳】网球(运动) игрáть в тéннис 打网球 игрáть в настóльный тéннис 打乒乓球

теóрия, -и【阴】理论 передовáя теóрия 先进的理论 сочетáть теóрию с прáктикой 理论与实践相结合 применять теóрию на прáктике 把理论应用于实践

теперь【副】现在,目前 прéжде и теперь 以前和现在

теплó¹, -á【中】①热,热能 На ýлице один грáдус теплá. 外面是零上1℃。②热情,温度 теплó дрýжбы 友情的温暖

теплó²【副】(室内、室外)暖和 В кóмнате теплó. 屋里很暖和。

тёплый, -ая, -ое【形】热的,暖和的 тёплые лучи сóлнца 温暖的阳光

термóметр, -а【阳】温度表,体温表 постáвить больнóму термóметр 给病人测体温

терпéть, терплю, тéрпишь【未】кого-что 忍耐,忍受 терпéть боль 忍受疼痛

территóрия, -и【阴】领土;区域 территóрия государства 国家的领土 территория завода 厂区

терять, -яю, -яешь【未】утерять 及 потерять【完】кого-что 遗失 терять книгу 丢书 терять ключи 丢钥匙

тетрадь, -и【阴】本子，练习簿 домашняя тетрадь 家庭作业本

тётя, -и【阴】姑母，姨母，婶母，舅母

техника, -и【阴】技术 наука и техника 科学与技术

техникум, -а【阳】中等技术学校 техникум связи 邮电学校

технический, -ая, -ое【形】技术的 технический уровень 技术水平 техническая литература 技术文献 технический университет 工业大学

течь, течёт, текут【未】流，流动 Река течёт с севера на юг. 河水从北向南流。

тихо【副】安静地

тихий, -ая, -ое【形】①轻的，低声的 тихий голос 轻声②平静的，安静的 тихая жизнь 平静的生活

тишина, -ы【阴】安静，沉静 соблюдать тишину 保持安静

товар, -а【阳】商品 импортный товар 进口商品 экспортный товар 出口商品

то есть【词组】也就是说

товарищ, -а【阳】同志，同事 товарищ по школе 学友

тогда【副】当时，那时候 Тогда он был молод. 当时他还年轻。

тоже【副】也，也是 Он тоже уехал. 他也走了。

толстый, -ая, -ое【形】①粗的，厚的 толстое бревно 粗圆木 толстая доска 厚木板②胖的 толстый человек 胖人

только【语】只，仅仅 Это стоит только рубль. 这只值1卢布。

том, -а, 复 -а, -ов【阳】卷，册 роман в двух томах 两卷本长篇小说

только что【词组】刚刚

торт, -а【阳】蛋糕

тот, та, то, те【代】那，那个 тот дом 那座房子 в тот раз 那次 В тот день было холодно. 那天天气很冷。

точка, -и, 复二 -чек【阴】点，圆点 едва заметная точка 隐约可见的点 точка зрения 观点

точно【副】准确地 точно ответить 准确地回答

точный, -ая, -ое【形】正确的，精确的 точный результат 准确的结果 точные приборы 精密仪器

трава, -ы, 复 травы, трав, травам【阴】草 сухая трава 干草 лекарственные травы 药草

традиция, -и【阴】传统 религиозные традиции 宗教传统 революционная традиция 革命传统

трамвай, -я【阳】(有轨)电车 ехать на трамвае 坐电车

транспорт, -а【阳】运输，运送 железнодорожный транспорт 铁路运输

требовать, -бую, -буешь【未】потребовать【完】чего от кого 要求 требовать билетов от пассажиров 要求乘客拿出车票

третий, -ья, -ье【数】第三 третье лицо 第三人称 На третье — сладкое. 第三道菜是甜品。

три, трёх【数】三

тридцатый, -ая, -ое【数】第三十

тридцать, -и【数】三十

тринадцатый, -ая, -ое【数】第十三

тринадцать, -и【数】十三

триста, трёхсот【数】三百

троллейбус, -а【阳】无轨电车 ехать на троллейбусе 乘坐无轨电车

труд, -а【阳】①劳动，工作 физический труд 体力劳动 умственный труд 脑力劳动②努力，费力 без труда 不费力 с трудом 费力③著作 научный труд 学术著作

трудность, -и【阴】困难 преодоление трудностей 克服困难

трудный, -ая, -ое【形】难的，费力的 трудный вопрос 难题 трудный день 艰难的日子

туда́【副】往那边 Вы не туда́ попа́ли. 您打错电话了。

тури́ст, -a【阳】旅游者,旅行者 гру́ппа тури́стов 旅行团

тут【副】这里,此地 Тут мно́го люде́й. 这里人很多。

ты, тебя́, тебе́, тебя́, тобо́й 或 тобо́ю, о тебе́【代】你 Что ты там твори́шь? 你在那儿干什么呢?

ты́сяча, -и, 五格 -ей 或 -чью【阴】一千 сто ты́сяч челове́к 十万人

тысячеле́тие, -я【中】一千年

тяжело́【副】① 严重地；沉重地 тяжело́ боле́ть 得重病 ② кому 觉得困难,吃力 Ма́льчику тяжело́ нести́ э́тот чемода́н. 小男孩提这只手提箱吃力。У него́ бы́ло тяжело́ на душе́. 他心里很难过。

тяжёлый, -ая, -oе【形】重的,笨重的 тяжёлый чемода́н 重箱子 тяжёлый труд 繁重的劳动 тяжёлая промы́шленность 重工业

У

у【前】кого-чего ① 在……旁边,在……附近 у теа́тра 在剧院旁 дом у са́мого бе́рега 紧靠海边的房子 ②(某人)有；在(某人)那儿 У меня́ есть кни́га. 我有一本书。

убега́ть, -а́ю, -а́ешь【未】убежа́ть, -гу́, -жи́шь【完】跑开,跑走 убежа́ть из ко́мнаты 从房间里跑出去

уве́рен, -а, -о, -ы【短尾】в чём 相信 Я уве́рен в побе́де. 我对胜利有信心。

убива́ть, -а́ю, -а́ешь【未】уби́ть, убью́, убьёшь【完】кого-что 打死,杀死 убива́ть зве́ря 打死野兽 убива́ть враго́в 消灭敌人

уби́йство, -a【中】打死

уби́йца, -ы【阳】杀人犯,凶手

убира́ть, -а́ю, -а́ешь【未】убра́ть, уберу́, убере́шь【完】кого-что ① 拿走,拿开 убира́ть посу́ду 收拾餐具 ② 收割,收获 убира́ть урожа́й 收割庄稼 ③ 收拾 убира́ть ко́мнату 收拾房间

уважа́ть, -а́ю, -а́ешь【未】кого-что 尊敬 уважа́ть учи́теля 尊敬老师 уважа́ть ста́рших 尊敬长者

уваже́ние, -я【中】к кому-чему 尊敬,尊重 уваже́ние к учителя́м 尊敬老师

увели́чивать, -аю, -аешь【未】увели́чить, -чу, -чишь【完】кого-что 增加,增大,增强 увели́чить вы́пуск това́ров 增加商品产量

увели́чиваться, -ается【未】увели́читься, -ится【完】增加；扩大；放大；提高 Чи́сленность учителе́й увели́чилась во мно́го раз. 教师的数量增加很多倍。

увеличе́ние, -я【中】增加

уве́ренно【副】有信心地

уве́ренный, -ая, -оe【形】в ком-чём 确信的,坚信的；有信心的 уве́ренный отве́т 有信心的回答 уве́ренный в себе́ челове́к 对自己充满信心的人 Мы уве́рены в побе́де. 我们坚信会胜利。

увлека́ть, -а́ю, -а́ешь【未】увле́чь, -еку́, -ечёшь【完】кого-что ① 引起,带走 Пото́к воды́ увлёк ло́дку. 水流把小船冲走了。② 吸引住 увлека́ть ребя́т к чте́нию 吸引孩子读书

увлека́ться, -а́юсь, -а́ешься【未】увле́чься, -еку́сь, -ечёшься【完】кем-чем 对……入迷,醉心于 увлека́ться футбо́лом 对足球入迷 увле́чься де́вушкой 爱上一个姑娘

увлече́ние, -я【中】① 兴致,兴趣 рабо́тать с увлече́нием 很有兴致地工作 ② чем 迷恋,醉心；爱好 увлече́ние футбо́лом 爱踢足球

ударе́ние, -я【中】重音

удивле́ние, -я【中】惊奇,奇怪 смотре́ть с удивле́нием 惊奇地看

удивля́ться, -я́юсь, -я́ешься【未】удиви́ться, -влю́сь, -ви́шься【完】кому-чему 觉得奇怪,(感到)惊讶 удиви́ться стра́нному костю́му 对奇特服装感到惊讶

удо́бно【副】方便

удо́бный, -ая, -ое【形】舒适的；方便的 удо́бная по́за 舒服的姿势 удо́бные усло́вия 合适的条件 удо́бный слу́чай 适当的机会

удово́льствие, -я【中】高兴，快乐 с удово́льствием 高兴地 испы́тывать удово́льствие 感到高兴

уезжа́ть, -а́ю, -а́ешь【未】уе́хать, уе́ду, уе́дешь【完】到……去，离开 уезжа́ть из го́рода 离开城市

уже́【副】已经 Он уже́ уе́хал. 他已经走了。

у́жин, -а【阳】晚饭，晚餐 по́здний у́жин 很晚的晚饭 Что у нас на у́жин? 我们晚餐吃什么？

у́жинать, -аю, -аешь【未】поу́жинать【完】吃晚饭 у́жинать в семь часо́в 七点吃晚饭

у́зкий, -ая, -ое【形】①窄的 у́зкая у́лица 窄的街道 ②紧的 у́зкое пла́тье 紧身的裙子

украша́ть, -а́ю, -а́ешь【未】укра́сить, -а́шу, -а́сишь【完】кого-что чем 装饰，点缀 укра́сить кварти́ру цвета́ми 用花装饰房间

у́лица, -ы【阴】街，街道 гла́вные у́лицы го́рода 城市的主要街道 широ́кая у́лица 宽阔的街道

улучша́ть, -а́ю, -а́ешь【未】улу́чшить, -шу, -шишь【完】变好，改善，改进 Пого́да улу́чшилась. 天气变好了。Здоро́вье улу́чшилось. 健康得以改善。

улучше́ние, -я【中】改善

улыба́ться, -а́юсь, -а́ешься【未】улыбну́ться, -ну́сь, -нёшься【完】微笑 улыба́ться клие́нтам 向顾客微笑 улыба́ться сквозь слёзы 含着泪笑

улы́бка, -и, 复二 -бок【阴】微笑，笑容 до́брая улы́бка 善意的微笑 весёлая улы́бка 愉快的微笑

ум, -а́【阳】智慧，智力 челове́к большо́го ума́ 聪明绝顶的人

уменьша́ть, -а́ю, -а́ешь【未】уме́ньшить, -шу, -шишь【完】что 使减少，使缩小 уме́ньшить объём 缩小体积 уме́ньшить расстоя́ние 缩短距离

уменьша́ться, -а́юсь, -а́ешься【未】уме́ньшиться, -шусь, -шишься【完】缩小，减小 Вес уме́ньшился. 重量减少了。Боль уме́ньшилась. 疼痛减轻了。

уменьше́ние, -я【中】减少

уме́ть, -е́ю, -е́ешь【未】会，能 уме́ть жить 会生活

умира́ть, -а́ю, -а́ешь【未】умере́ть, умру́, умрёшь【完】死 умира́ть от боле́зни 因病去逝

у́мный, -ая, -ое【形】聪明的 у́мное лицо́ 聪明的面孔 у́мный челове́к 聪明人

умыва́ться, -а́юсь, -а́ешься【未】умы́ться, умо́юсь, умо́ешься【完】洗干净（自己的脸、手等）умыва́ться холо́дной водо́й 用凉水洗脸

университе́т, -а【阳】大学 университе́т техни́ческого про́филя 工科大学

упада́ть, -ю, -ешь【未】упа́сть, -ду́, -дёшь【完】摔倒

управле́ние, -я【中】чем 驾驶，操纵 управле́ние госуда́рством 管理国家

упражне́ние, -я【中】练习，锻炼 упражне́ние па́мяти 锻炼记忆力 сбо́рник упражне́ний 习题集

уро́к, -а【阳】功课 уро́к му́зыки 音乐课

уси́ливать, -аю, -аешь【未】уси́лить, -лю, -лишь【完】что 加强；放大 уси́ливать звук 放大声音

уси́ливаться, -аюсь, -аешься【未】уси́литься, -люсь, -лишься【完】变得更强烈，加强，增强 Ве́тер уси́ливается. 风越刮越大。Боль уси́лилась. 疼痛加剧了。

уси́лие, -я【中】用力，努力 приложи́ть уси́лие 用力，努力

усло́вие, -я【中】条件 стро́гие усло́вия 苛刻的条件

успева́ть, -а́ю, -а́ешь【未】успе́ть, -е́ю, -е́ешь【完】来得及，赶得上 успе́ть на собра́ние 赶得上开会

успе́х, -а【阳】成绩，成就，成功 успе́х в нау́ке 科学上的成就 доби́ться успе́ха 取得成功

успéшно【副】成功地

успокáивать, -аю, -аешь【未】успокóить, -óю, -óишь【完】кого-что 使安静, 安慰 успокáивать ребёнка 使小孩安静下来

успокáиваться, -аюсь, -аешься【未】успокóиться, -óюсь, -óишься【完】安心, 放心; 得到安慰; 安静下来 Ребёнок успокóился. 小孩安静下来

уставáть, устаю́, устаёшь【未】устáть, -áну, -áнешь【完】感到疲劳, 疲倦 устáть от рабóты 工作得疲乏 устáть вставáть рáно 疲于早起

у́тро, у́тра (с утрá, во утрá, от утрá), у́тру (к у́тру)【中】早晨 с сáмого утрá 从一大清早 с утрá дó ночи 从早到晚

у́тром【副】在早晨 встать рáно у́тром 清早起床

у́хо, у́ха, 复 у́ши, ушéй【中】耳, 耳朵 прáвое у́хо 右耳

уходи́ть, -ожу́, -óдишь【未】уйти́, уйду́, уйдёшь【完】离开, 离去 уйти́ с рабóты 下班 Пóезд ужé ушёл. 火车已经开走了。

ухудшáться, -áюсь, -áешься【未】ухýдшиться, -шусь, -шишься【完】变坏, 恶化 Зрéние ухýдшилось. 视力减退了。 Состоя́ние здорóвья ухýдшилось. 健康状况恶化了。

ухудшéние, -я【中】恶化

учáствовать, -вую, -вуешь【未】в чём 参加, 加入 учáствовать в спектáкле 参加戏剧演出 учáствовать в соревновáниях 参加比赛

учáстие, -я【中】в чём 参加 принимáть акти́вное учáстие в чём 积极参加

учáщийся, -егося【阳】学生 льгóты для учáщихся 对学生的优惠

учёба, -ы【阴】学习 полити́ческая учёба 政治学习

учéбник, -a【阳】教科书, 课本 учéбник фи́зики 物理教科书

учéбный, -ая, -ое【形】学习的, 教学的 учéбный год 学年 учéбное посóбие 教学参考书 учéбная прогрáмма 教学大纲

учени́к, -á【阳】学生 учени́к пя́того клáсса 五年级学生 вы́звать ученикá к доскé 把学生叫到黑板前

учёный, -ая, -ое【形】①有学问的 учёный человéк 有学问的人 ②(用作名词) 科学家, 学者 учёный с мировы́м и́менем 举世闻名的学者

учи́лище, -a【中】学校 педагоги́ческое учи́лище 师范学校

учи́тель, -я, 复 -я, -éй【阳】(中小学)教员, 教师 учи́тель геогрáфии 地理老师 День учи́теля 教师节

учи́ть, учу́, у́чишь【未】вы́учить, научи́ть 及 обучи́ть【完】①кого-что чему 教, 训练 учи́ть нас му́зыке 教我们音乐 ②что 学, 记, 背 учи́ть стихи́ наизу́сть 背诵诗

учи́ться, учу́сь, у́чишься【未】вы́учиться, научи́ться 及 обучи́ться【完】чему 学习 учи́ться рýсскому языкý 学习俄语 учи́ться в шкóле 在学校学习

Ф

фáбрика, -и【阴】(主要指轻工业的)工厂 на фáбрике 在工厂

факс, -a【阳】传真 послáть факс 发传真

факт, -a【阳】事实 провéрить факт 核对事实 истори́ческий факт 历史事实

факультéт, -a【阳】(大学的)系 факультéт рýсского языкá и литератýры 俄语语言文学系 математи́ческий факультéт 数学系 на хими́ческом факультéте 在化学系

фами́лия, -и【阴】姓 фами́лия и и́мя 姓名

феврáль, -я́【阳】二月 зарплáта за феврáль 二月的工资

фи́зик, -a【阳】物理学家

фи́зика, -и【阴】物理学 теорети́ческая фи́зика 理论物理学 я́дерная фи́зика 核物理学

физи́ческий, -ая, -ое【形】①物理的 физи́ческий факультéт 物理系②体力上的 физи́ческий труд 体力劳动

фило́лог, -а【阳】语文学家

филоги́ческий, -ая, -ое【形】语文学的 филологи́ческий факультéт 语文系

филóсор, -а【阳】哲学家

филосóфия, -и【阴】哲学 филосóфия маркси́зма 马克思主义哲学

филосóфский, -ая, -ое【形】哲学的

фильм, -а【阳】影片,胶片 немóй фильм 无声电影 цветнóй фильм 彩色影片 снять фильм 拍电影 покáзывать фильм 放映电影

флаг, -а【阳】旗 подня́ть флаг 升旗 госудáрственный флаг 国旗

фиолéтовый, -ая, -ое【形】紫色的

фи́рма, -ы【阴】公司 фи́рма внéшней торгóвли 外贸公司

фотоаппарáт, -а【阳】摄影机,照相机 цифровóй фотоаппарáт 数码相机

фотографи́ровать, -рую, -руешь【未】сфотографи́ровать【完】кого-что 照相,摄影 фотографи́ровать пейзáж 照风景

фотогрáфия, -и【阴】照片 семéйная фотогрáфия 全家照

фрóнт, -а, 复-ы́, -óв【阳】前线;战线;前方 передовóй фронт 前线 сéверный фронт 北方战线

фру́кты, -ов【复】水果 спéлые фру́кты 成熟的水果 зелёные фру́кты 不成熟的水果 сок из фру́ктов 果汁

футбóл, -а【阳】足球(运动) игрáть в футбóл 踢足球

футболи́ст, -а【阳】足球运动员

X

харáктер, -а【阳】①性格,性情 си́льный харáктер 坚强的性格 мя́гкий харáктер 温和的性格 человéк с харáктером 性格坚强的人②性质 бесéда деловóго харáктера 商务交谈

хвали́ть, -алю́, -áлишь【未】похвали́ть【完】кого-что 夸奖,称赞,赞扬 хвали́ть ученикá за успéхи 夸奖学生成绩 хвали́ть магази́н за хорóшее обслу́живание 表扬商店的服务好

хи́мик, -а【阳】化学家,化工工作者

хими́ческий, -ая, -ое【形】化学的 хими́ческая реáкция 化学反应 периоди́ческая табли́ца хими́ческих элемéнтов 化学元素周期表 хими́ческий факультéт 化学系

химчи́стка, -и【阴】化学干洗,化学干洗店

хи́мия, -и【阴】化学 неоргани́ческая хи́мия 无机化学 органи́ческая хи́мия 有机化学

хиру́рг, -а【阳】外科医生

хлеб, -а, 复-á【阳】①面包 чёрный хлеб 黑面包②谷物,粮食 продáть хлеб 卖粮

ходи́ть, хожу́, хóдишь【未】①走,行走 ходи́ть по у́лице 在街上走 ходи́ть в шкóлу 上学②移动,行驶 Часы́ перестáли ходи́ть. 手表停了。Автóбусы хóдят на у́лице. 汽车在街上行驶。③в чём 穿着 ходи́ть в пальтó 穿着大衣 ходи́ть в очкáх 戴着眼镜

хозя́ин, -а, 复 хозя́ева, -яев【阳】主人,主人翁 хозя́ин дáчи 别墅的主人

хозя́йство, -а【中】经济 мировóе хозя́йство 世界经济

хоккéй, -я【阳】(运)冰球 игрáть в хоккéй 打冰球

хóлод, -а, 复-á, -óв【阳】冷,寒冷 боя́ться хóлода 怕冷

хóлодно【副】(天气)冷,天气冷 На у́лице хóлодно. 外边很冷。

холóдный, -ая, -ое【形】冷的,很凉的,冰冷的,寒冷的 холóдный вéтер 冷风 холóдное лéто 凉爽的夏天 холóдное блю́до 凉菜

хорони́ть, -оню́, -óнишь【未】похорони́ть【完】кого-что 埋葬 похорони́ть солдáта 埋葬战士

хорóший, -ая, -ее【形】好的,良好的 хорóший гóлос 好嗓子 хорóший харáктер 好的性格

хорошó【副】好 хорошó учи́ться 学习好

хотéть, хочу́, хóчешь, хóчет, хоти́м, хоти́-

те, хотя́т【未】захоте́ть【完】чего 想,要 хоте́ть ча́ю 想喝茶 хоте́ть писа́ть статью́ 想写文章

хотя́【连】即使,尽管

храм, -а【阳】庙

храни́ть, -ню́, -ни́шь【未】что 保存;收藏 храни́ть письмо́ 保存信件 храни́ть лес 保护森林

худо́жественный, -ая, -ое【形】艺术的;美术的 худо́жественный руководи́тель теа́тра 剧院的艺术指导 худо́жественный институ́т 美术学院

худо́жник, -а【阳】艺术家 худо́жник по костю́мам 服装艺术家 но́вая карти́на худо́жника 画家的新画

худо́й, -а́я, -о́е【形】瘦的,干瘦的 худо́й челове́к 瘦人 худо́е лицо́ 削瘦的脸

Ц

цари́ца, -ы【阴】女王

ца́рский, -ая, -ое【形】国王的

царь, -я́【阳】皇帝,沙皇 ру́сский царь 俄国沙皇

цвет¹, -а, 复-а́, -о́в【阳】颜色 я́ркие цвета́ 鲜艳的颜色

цвет², -а【阳】(集)花 Я́блони в цвету́. 苹果树花盛开。

цветно́й, -а́я, -о́е【形】彩色的 цветно́й телеви́зор 彩色电视机

целова́ться, -лу́юсь, -лу́ешься【未】поцелова́ться【完】接吻,相吻 Жени́х целу́ется с неве́стой. 新郎与新娘接吻。

це́лый, -ая, -ое【形】完整的,整个的 це́лый мир 整个世界 це́лая кни́га 整整一本书

цель, -и【阴】目标,目的 попа́сть в цель 命中目标 благоро́дная цель 高尚的目的

цена́, -ы́, 四格 це́ну, 复 це́ны, цен, це́нам【阴】价格,价钱 цена́ биле́та 票价 любо́й цено́й доби́ться успе́хов 不惜任何代价取得成功

цени́ть, ценю́, це́нишь【未】кого-что 估计,评价 Он высоко́ це́нит рабо́тника. 他对工作人员的评价很高。

це́нный, -ая, -ое【形】①有价值的 це́нные бума́ги 有价证券②贵重的,宝贵的 це́нное откры́тие 重要发现

центр, -а【阳】中心,中央 центр го́рода 市中心

центра́льный, -ая, -ое【形】中心的,中央的,核心的 центра́льные у́лицы го́рода 城市的中心街道

це́рковь, -кви, 复-кви, -кве́й【阴】教堂,礼拜堂 ходи́ть в це́рковь 去教堂

цирк, -а【阳】马戏 идти́ в цирк 去看马戏

ци́фра, -ы【阴】数字 ара́бские ци́фры 阿拉伯数字

Ч

чай, ча́я (ча́ю), 复 чаи́, чаёв【阳】茶叶 зелёный чай 绿茶 чёрный чай 红茶

ча́йник, -а【阳】茶壶,水壶 электри́ческий ча́йник 电(水)壶

час, -а 及 -а́, 复-ы́【阳】①小时 че́тверть ча́са 一刻钟②……点钟 в два часа́ 在两点钟 в восьмо́м часу́ 七点多

ча́стый, -ая, -ое【形】经常的,频繁的 ча́стые собра́ния 频繁的会议

часть, -и, 复-и, -е́й【阴】①部分 разделя́ть на ча́сти 分成几部分②(组成的)部分;部件,零件 ча́сти те́ла 身体的各个部分 запасны́е ча́сти 备件

часы́, -о́в【复】钟,表 ручны́е часы́ 手表 Часы́ иду́т то́чно. 手表走得很准。

ча́шка, -и, 复二-шек【阴】碗,杯 ча́шка для ко́фе 咖啡杯

чей, чья, чьё【代】①谁的 Чья э́то кни́га? 这是谁的书?②那个(人)的 геро́й, чьё и́мя изве́стно всем 大家都知道的英雄

челове́к, -а, 复лю́ди, люде́й, лю́дям, люде́й,

людьми́, о лю́дях【阳】人 молодо́й челове́к 年轻人 не́сколько челове́к 几个人

чем【连】①（与形容词、副词比较级连用）比,比较 Эта кни́га лу́чше, чем та. 这本书比那本书好。②（与тем连用）越……,越…… Чем бо́льше, тем лу́чше 越多越好

чемода́н, -а【阳】手提箱,皮箱 сдать чемода́н в бага́ж 把手提箱托运 сдать чемода́н в ка́меру хране́ния 把手提箱放到寄存处

чемпио́н, -а【阳】冠军 олимпи́йский чемпио́н 奥运会冠军

че́рез【前】кого-что①（横着）穿过,越过 Большо́й Наки́нский мост че́рез реку́ Янцзы́ 南京长江大桥②通过,透过 смотре́ть че́рез очки́ 透过眼镜看③经过（若干时间）че́рез пять лет 五年之后

чёрный, -ая, -ое【形】黑的,黑色的 чёрные глаза́ 黑眼睛 чёрный хлеб 黑面包 чёрный ры́нок 黑市

че́стно【副】诚实地

че́стный, -ая, -ое【形】诚实的,真实的,廉洁的 че́стный челове́к 诚实的人 че́стный труд 诚实的劳动

четве́рг, -а́【阳】星期四 по четверга́м 每逢周四

четвёртый, -ая, -ое【数】第四 четвёртый класс 四年级

четы́ре, четырёх【数】四,四个 четы́ре интере́сные кни́ги 四本有趣的书

четы́реста, четырёхсо́т【数】四百,四百个

четы́рнадцатый, -ая, -ое【数】第十四

четы́рнадцать, -и【数】十四,十四个

число́, -а́, 复 чи́сла, чи́сел【中】①数 це́лое число́ 整数②号,日 пе́рвое число́ ма́я 五月一号 Како́е сего́дня число́? 今天几号？

чи́стить, чи́щу, чи́стишь【未】вы́чистить及очи́стить【完】кого-что 弄干净,刷洗 чи́стить о́бувь 刷鞋 чи́стить грибы́ 把蘑菇洗净

чи́стый, -ая, -ое【形】干净的,清洁的 чи́стая ко́мната 干净的房间

чита́тель, -я【阳】读者 широ́кий чита́тель 广大读者

чита́ть, -а́ю, -а́ешь【未】прочита́ть【完】кого-что 阅读,读,看 чита́ть кни́гу 读书 чита́ть А. С. Пу́шкина 读普希金的作品

чте́ние, -а【中】阅读,看书 увлека́ться чте́нием 喜欢读书

что, чего́, чему́, что, чем, о чём【代】什么,什么东西,什么事情 Что случи́лось? 发生了什么事？

что́бы【连】①（连接目的从句）为了要,为的是,以便 На́до, что́бы все пришли́. 大家都应该来。②（用作语气词）（表示某种希望、命令）要……；必须……,非……不可 Что́бы э́того бо́льше не́ было! 不准再有这样的事！

чу́вство, -а【中】感觉 чу́вство бо́ли 痛觉 чу́вство вку́са 味觉 чу́вство ю́мора 幽默感

чу́вствовать, -твую, -твуешь【未】почу́вствовать【完】что 感觉 чу́вствовать волне́ние 感到激动

чуде́сный, -ая, -ое【形】非常好的,美妙的 чуде́сный го́лос 美妙的歌喉

чу́до, -а, 复 чудеса́, чуде́с【中】奇迹 чудеса́ иску́сства 艺术奇迹

чужо́й, -а́я, -о́е【形】别人的,非自己的 чужа́я страна́ 异国

чуть【副】①勉强（地），刚刚（地）чуть заме́тная улы́бка 勉强觉察得到的微笑 ②稍微 чуть лу́чше 好一点儿

Ш

ша́пка, -и, 复二 -пок【阴】帽子 мехова́я ша́пка 皮帽

шарф, -а【阳】围巾,头巾 шарф из шёлка 丝围巾

ша́хматы, -ат【复】国际象棋 игра́ть в ша́хматы 下象棋

шахмати́ст, -а【阳】象棋运动员

шестна́дцатый, -ая, -ое【数】第十六

шестна́дцать, -и【数】十六,十六个

шестóй, -áя, -óе【数】第六

шесть, -и́【数】六, 六个

шестьдеся́т, шести́десяти【数】六十, 六十个

шестьсóт, шестисóт【数】六百, 六百个

ширинá, -ы́【阴】宽, 宽度 доскá ширинóй в метр 宽一米的木板

ширóкий, -ая, -ое【形】①宽的, 宽阔的 ширóкий проспéкт 宽阔的街道②肥大的(指衣服等) ширóкие рукавá 肥大的袖子③辽阔的 ширóкие поля́ 广阔的田野

ширóко【副】宽阔地

шкóла, -ы【阴】学校 вы́сшая шкóла 高等学校 срéдняя шкóла 中学

шкóльник, -а【阳】学生 шкóльник и дошкóльник 学生及学龄前儿童

шкóльный, -ая, -ое【形】学校的, 学生的 шкóльный костю́м 校服

штраф, -а【阳】罚款 дéнежный штраф 罚金 плати́ть штраф 缴纳罚款

штрафовáть, -фу́ю, -фу́ешь【未】оштрафовáть【完】кого-что 罚款 штрафовáть води́теля за нарушéние прáвил у́личного движéния 因违反交通规则罚司机款

шум, -а【阳】吵声, 喧哗声 Шум мешáет мне рабóтать. 喧哗声干扰我工作。

шумéть, -млю́, -ми́шь【未】прошумéть【完】响, 发出响声; 喧哗, 喧嚷 В аудитóрии шумя́т. 教室里吵吵嚷嚷。

шу́мный, -ая, -ое【形】喧哗的, 吵闹的 шу́мный разговóр 嘈杂的谈话声

шути́ть, шучу́, шу́тишь【未】пошути́ть【完】①讲笑话, 开玩笑 Он шу́тит óчень остроу́мно. 他玩笑开得很俏皮。②над кем-чем 戏弄, 嘲弄 Нельзя́ шути́ть над физи́ческими недостáтками людéй. 不要嘲笑别人的生理缺陷。

шу́тка, -и, 复二-ток【阴】笑话 сказáть в шу́тку 开玩笑

Э

экзáмен, -а【阳】考试, 测验 у́стный экзáмен 口试 пи́сьменный экзáмен 笔试 вступи́тельный экзáмен 入学考试

эконóмика, -и【阴】经济 ры́ночная эконóмика 市场经济

экономи́ст, -а【阳】经济学家

экологи́ческий, -ая, -ое【形】生态的 экологи́ческий кри́зис 生态危机

эколóгия, -и【阴】生态学

экономи́ческий, -ая, -ое【形】经济的 экономи́ческое развитие 经济发展

экрáн, -а【阳】银幕, 屏幕 ширóкий экрáн 宽银幕 экрáн телеви́зора 电视屏幕

экску́рсия, -и【阴】游览, 参观 экску́рсия в музéй 参观博物馆

экскурсовóд, -а【阳】游览向导员, 导游 расскáз экскурсовóда 导游的讲解

эксперимéнт, -и【阳】实验, 试验 нау́чный эксперимéнт 科学实验 физи́ческий эксперимéнт 物理实验

э́кспорт, -а【阳】出口 э́кспорт и и́мпорт 出口和进口

электри́чество, -а【中】电, 电能 применéние электри́чества в тéхнике 电在技术上的应用

электрóника, -и【阴】电子学 изучáть электрóнику 研究电子学

энергéтик, -а【阳】能源学家 извéстный энергéтик 著名的能源学家

энерги́чный, -ая, -ое【形】精力充沛的 энерги́чный человéк 精力充沛的人

эпóха, -и【阴】时代, 时期 эпóха феодали́зма 封建主义时代

этáж, -á【阳】层, 层楼 на пéрвом этажé 在一层

э́то【语】这是, 这 Кто э́то пришёл? 这是谁来了?

э́тот, э́та, э́то【代】这个 Э́тот и́ли тот дом? 是这栋房子还是那栋房子?

Ю

юг, -а【阳】南方 жи́тели ю́га 南方的居民 на ю́ге Росси́и 在俄罗斯南部

ю́мор, -а【阳】幽默 чу́вство ю́мора 幽默感 говори́ть с ю́мором 说话幽默

ю́ноша, -и【阳】青少年 чемпио́н по ша́хматам среди́ ю́ношей 少年国际象棋冠军

ю́ный, -ая, -ое【形】少年的 ю́ные го́ды 少年时代 ю́ный во́зраст 少年年纪

ю́ность, -и【阴】少年时期 в ю́ности 在少年时代

юриди́ческий, -ая, -ое【形】法律的 юриди́ческий факульте́т 法律系

юри́ст, -а【阳】法律学家，法学家 междунаро́дный юри́ст 国际法专家

Я

я, меня́, мне, меня́, мной 或 мно́ю, обо мне【代】我 Я хочу́ спать. 我想睡觉。

я́блоко, -а, 复-и, я́блок【中】苹果 сла́дкое я́блоко 甜苹果 варе́нье из я́блок 苹果酱

явля́ться, -я́юсь, -я́ешься【未】яви́ться, явлю́сь, я́вишься【完】кем-чем 是 А. С. Пу́шкин явля́ется вели́ким ру́сским поэ́том. 普希金是伟大的俄国诗人。

язы́к, -а́, 复-и́【阳】语言 иностра́нные языки́ 外语 славя́нские языки́ 斯拉夫语 францу́зский язы́к 法语 родно́й язы́к 母语 говори́ть на кита́йском и ру́сском языка́х 说汉语和俄语

яйцо́, -а́, 复я́йца, яи́ц, я́йцам【中】卵，蛋 кури́ное яйцо́ 鸡蛋 вари́ть яйцо́ 煮鸡蛋

янва́рь, -я́【阳】一月 в январе́ 在一月

я́ркий, -ая, -ое【形】鲜艳的 я́ркие цвета́ 鲜艳的颜色

я́рко【副】明亮地 я́рко горе́ть 火着得很亮

я́сно【副】清晰地 я́сно объясня́ть 讲解清晰

я́сный, -ая, -ое【形】明亮的，光亮的 я́ркое со́лнце 明亮的太阳

参考文献

[1] Андрюшина Н. П. и др. Тренировочные тесты по русскому языку как иностранному. 1 сертификационный уровень[M]. Санкт-Петербург：Златоуст，2015.
[2] Есина З. И. и др. Образовательная программа по русскому языку как иностранному[M]. Москва，2001.
[3] 王利众.高等学校俄语专业四级考试语法解析[M].哈尔滨:哈尔滨工业大学出版社,2013.
[4] 王利众.全国高等学校俄语专业四级考试真题详解[M].哈尔滨:哈尔滨工业大学出版社,2013.
[5] 王利众.全国高校俄语专业四级、八级考试作文解析与指导[M].哈尔滨:哈尔滨工业大学出版社,2019.
[6] 王利众.全国高校俄语专业四级考试词汇与解析[M].上海:上海外语教育出版社,2017.